创新驱动发展
调研与思考

苑衍刚 著

学习出版社

图书在版编目（CIP）数据

创新驱动发展调研与思考 / 苑衍刚著. --北京：学习
出版社，2020.11
　　ISBN 978-7-5147-1017-5

　　Ⅰ．①创…　Ⅱ．①苑…　Ⅲ．①社会科学－文集
Ⅳ．①C53

　　中国版本图书馆CIP数据核字（2020）第178668号

创新驱动发展调研与思考

CHUANGXIN QUDONG FAZHAN DIAOYAN YU SIKAO

苑衍刚　著

责任编辑：崔建刚
技术编辑：贾　茹

出版发行：学习出版社
　　　　　北京市崇外大街11号新成文化大厦B座11层（100062）
　　　　　010-66063020　010-66061634　010-66061646
网　　址：http://www.xuexiph.cn
经　　销：新华书店
印　　刷：北京联兴盛业印刷股份有限公司

开　　本：787毫米×1092毫米　1/16
印　　张：20.25
字　　数：270千字
版次印次：2020年11月第1版　2020年11月第1次印刷

书　　号：ISBN 978-7-5147-1017-5
定　　价：68.00元

如有印装错误请与本社联系调换，电话：010-67081356

目 录
CONTENTS

把实施创新政策作为稳增长促升级的重要抓手

——中关村"1+6"政策实施情况及建议

（2013 年 7 月）

近期，我们就中关村实施促进科技创新和成果转化的先行先试政策情况，与科技部、财政部、税务总局等部门同志进行了座谈，到中关村管委会和有关企业进行了调研，发现这些政策在激发创新力和生产力方面取得了突出成效，但仍面临不少障碍。总结、深化和推开有关创新政策，能够为稳定经济增长和推动经济转型提供新的突破口。

一、中关村"1+6"政策实施总体情况

2010 年年底，国务院同意在中关村国家自主创新示范区实施"1+6"系列创新政策。有关部委出台了 12 项配套政策文件，北京市会同 19 个部委组成了中关村创新平台，建立了重大项目部市会商、100 亿元重大成果转化项目资金统筹、军民两用技术对接整合、科技与资本对接、高端人才服务等 8 个机制，形成了国家、军队、地方三方创新资源整合、协同运作与成果转化的制度框架，中关村正向具有全球影响力的科技创新中心和国

家战略性产业策源地的目标稳步迈进。2012年中关村企业总收入达到2.5万亿元，比2010年增长（以下同）56.8%。收入过亿元的近1900家，新创办企业超过4300家，上市公司224家。完成技术交易额2458亿元，增长56%。创业投资和案例数占全国的1/3。中关村在产业规模、人才总量、研发投入、中小企业成长等方面取得了长足进展，有些已可与世界级创新区域媲美，但在高端人才、创业活跃度、创新效率、市场环境、辐射带动作用、全球影响力等方面还有较大差距，需加大体制创新力度。

中关村与硅谷创新区域比较

	营收规模及同比增长	人均增加值	海归和外籍人员占比	新创办企业数及增长	创投天使投资及增长	企业R&D占比	企业专利授权及增长	具全球影响力公司
中关村	2.5万亿元 27%	23万元	1.5%	4300 10%	159亿元 降54%	3.9%	4992 （2011年） 72.7%	联想、百度等
硅谷	0.67万亿美元（4.3万亿元人民币）17.5%	15.7万美元（99万元人民币）	36%	46400 250%	65亿美元（410亿元人民币）降17%	10%	13520 （2011年） 1.5%	苹果、惠普、英特尔、思科、谷歌、脸谱、甲骨文等

注：除标明外，其他均为2012年数据，增长与2011年比较。

二、六项政策具体实施情况及如何扩大效果

（一）关于中央级事业单位科技成果处置权和收益权改革

这一改革使评审完成后作为国有资产管理而被束之高阁的大量科研成果，在项目承担单位拥有处置权和收益权后，只要院长、所长签字就可以产业化。2012年中关村地区中央和市属高校院所技术转让1026项，收入

超过 100 亿元，分别增长 3 倍、14.5 倍。目前主要障碍是"科技成果处置权与收益权归项目承担单位所有"与现行《事业单位国有资产管理规定》相抵触，虽然为中关村开了口子，但仍要履行投资审批、国有资产使用审批等。按新规定处置 800 万元以上的仍需报批，800 万元以下的备案即可，但由于法律和政策上未打通，院长、所长也不愿意签字，到目前为止还没有一家单位在自行处置科技成果后到财政部门备案，很多通过拆分项目、横向课题、技术许可规避了相关规定。

科技成果处置权和收益权改革是一项潜力巨大的制度创新，发达国家也有经验，如美国著名的《拜杜法案》明确项目承担单位拥有政府出资形成的科研成果的所有权，德国、日本、英国均有类似法律。应进一步深化此项改革，一是在《中华人民共和国促进科技成果转化法》（以下简称《促进科技成果转化法》）修订中明确科技成果处置权和收益权归项目承担单位。二是针对技术类无形资产的特点，修订事业单位国有资产管理相关规定。三是除特别规定的重大科研项目和涉及国家安全的项目外，均不需审批，同时简化备案手续。

（二）关于股权激励改革

这是一项深受科研单位和科技人员欢迎的改革。到 2012 年年底，中关村共有 500 多家单位实施了股权激励，其中 86 家方案获得批复。有关部委简化了审批程序，将时间缩短至 20 个工作日以内。但总的看实施数量与预期相比还有一定差距，同样实施股权激励的上海张江和武汉东湖，合计不超过 10 家。主要障碍仍是国有无形资产转化权责不清，同时科技成果入股最高奖励 30% 的比例过低，成果投到中关村以外的项目不适应该政策，而中关村 80% 的成果是在京外转化的。为进一步扩大效果，应适当提高科技成果入股奖励比例上限，加大股权、期权、分红奖励力度。对投资到中关村以外地区的成果，亦应适应股权激励试点政策。

（三）关于税收优惠

主要是3方面：企业研发费用按150%加计扣除；职工教育经费税前扣除比例由工资总额的2.5%提高到8%，超过部分准予结转；科技人员取得股权形式奖励的，可分期缴纳个人所得税。前两项政策实施成效明显，如2011年共有831家企业享受研发费用政策，所得税优惠1.46亿元；92家企业享受教育经费政策，所得税优惠375万元，但总的看覆盖面有限。第三项则与期望差距较大，目前还没有一家企业到税务部门备案。主要问题：一是3项政策均适用于国家认定的高新技术企业，而很多新创办企业因无法认定而无缘享受；二是个税分期缴纳最长不超过5年，意味着5年后还是要缴，影响了企业奖励股权的积极性，大多采用股权出售和分红，不愿长期持有或增持。

鉴于研发费用加计扣除和教育经费税前扣除是发达国家的普遍做法，下一步可扩大到中关村所有科技型企业，并扩大研发费用范围和提高教育经费扣除比例。对股权奖励个人所得税，可试用递延型所得税，即在取得股权时只备案不缴纳，在取得分红或转让所得时再依法缴纳。

（四）关于科研项目经费管理改革

主要是部市联合支持战略性新兴产业重大项目，开展科研间接费用补偿、分阶段拨付、后补助试点，增加科研单位和团队经费使用自主权。到2012年年底，中关村共有3163个项目纳入试点，列支间接费用2.3亿多元。改革有一定覆盖面，但深度不够，项目经费仍然管得过死，探索新的科研立项、经费使用和成果评价体系，需迈出更大步伐。

（五）关于高新技术企业认定

试点中增加了可申报的创新成果，放宽了申请条件，改革了评价指标。但实施起来仍限制过多，对注册满半年不足一年的只发蓝底证书而不享受所得税优惠。目前仅有 11 家企业获蓝底证书，有些企业害怕泄露技术秘密也不愿意申报。应继续完善高新技术企业认定办法，重点解决新创办企业认定及税收优惠问题。

（六）关于"新三板"

中关村从最先开展代办非上市公司股份转让到建立"全国中小企业股份转让系统"，取得了经验。2013 年 6 月，国务院确定将"新三板"试点扩大至全国。

（七）关于中关村创新政策的新进展

研发费用加计扣除、职工教育经费税前扣除、股权奖励分期缴纳个税、高新技术企业认定等 4 项政策试点于 2011 年 12 月到期后，国务院已经同意延期 3 年。2012 年 5 月，北京市提出了"新五条"建议，包括文化科技融合企业税收优惠、创业投资企业税收优惠、技术转让税收优惠、中小高新技术企业向股东转赠股本个人所得税优惠、非上市中小微科技企业投资者股息红利个税优惠等，有关部委已研究上报。

三、政策建议

在经济下行和就业压力加大的形势下，选择部分相对成熟的创新政策扩大试点范围，加大科技改革力度，可以迅速形成新的经济增长点。如武汉东湖 2012 年 8 月出台了促进科技成果转化的"黄金十条"，2013 年一季度就新增注册企业 800 多家，同比增长 40%。2012 年国家高新区产值和企业数均增长 15% 以上，吸纳大学毕业生超过 46 万人。这也有利于增强经济内在活力和内生动力，打造中国经济升级版。

（一）组织一次全面评估

可由科技部牵头，北京市和财政部、教育部、税务总局等相关部门参加，对中关村创新政策实施效果、存在问题作出阶段性评估，为深化试点和面上推开提供依据。同步进行第三方评估。

（二）尽快分层次分阶段推广

研发费用加计扣除、职工教育经费税前扣除已经在中关村和武汉东湖、上海张江、安徽合芜蚌成功推行，可以择机推向全国试点。股权激励和股权奖励个税政策也已在上述四地推开，高新技术企业认定也相对成熟，可选择有条件的高新区和部分地区分别推开。科技成果处置权收益权改革可在国家创新资源密集地区如天津、西安、成都等地扩大试点。

（三）把中关村创新平台做实成为相关部门审批制度改革的试验田

国家部委和北京市有关部门可以选择中关村为联系点和突破口，推进政府职能转变，下放审批权限，简化审批手续，优化审批程序。

（四）继续深化中关村科技创新改革

从国家宏观战略出发，按照建设科技创新特区的思路，对中关村战略定位、机制框架和法律保障等进行新一轮顶层设计，在小区域内进行大改革、寻求大突破。如试行"海外公民证"、外籍人才绿卡制度等，构建人事管理、收入分配、绩效评价等新机制，设立研发类进口科技产品免税区，简化知识产权代理服务机构审批、企业海外技术并购项目审批，等等。

（与国务院研究室侯万军、科技部火炬中心杨跃承合作）

推进科技成果产权制度改革的几个重要问题

——科技创新与体制创新结合研究之一

（2014 年 10 月）

  我国发展正处于提质增效升级的关键时期，要使经济保持中高速增长、向中高端水平迈进，必须以强有力的改革破除束缚创新的一切障碍，极大激发各类人才创造发明的潜能，极大激发人人立足岗位创新的活力，极大激发企业和全社会创业的激情，集聚起13亿人智慧迸发的强大力量，结合简政放权，形成新一轮大众创业、万众创新的热潮，为打造中国经济升级版提供源源不断的动力。可以说，科技创新体制改革搞好了，将如同改革开放以来的土地制度改革、国有企业改革等一样，具有里程碑式的意义。为此，我们到北京中关村、武汉东湖、上海张江等地调研，与科技部火炬中心、国家知识产权局、中国科学院、北大、北航、北理工、中国技术交易所、北京科学技术研究院等单位相关负责人，围绕科技创新体制与体制创新结合课题，就科技成果产权、股权激励、基础研究、科研人员办企业等问题进行了座谈。

中关村"1+6"政策和最近开展的中央级事业单位科技成果管理改革试点，明确将科技成果处置权收益权赋予承担单位。这项改革受到了科研院所、高校和科研人员的热烈欢迎，极大激发了各类创新主体的活力，提高了科技成果转化效率，但同时也暴露出一些理论、法律和政策问题。鉴于我国中高端科技资源70%以上集中在高校和科研院所，科技成果产权制度改革涉及数额庞大、潜力巨大的技术资产，意义重大。如果说土地制度改革"把土变成金"，那么科技成果产权制度改革"点石成金"的潜力同样极为巨大。同时这项改革关系事业单位改革和收入分配，牵一发而动全身。必须在试点中解决相关问题，创造成熟经验，以利于将来全国顺利推开。

一、已经取得的成效和存在的问题

（一）朝着建立完善的科技成果产权制度迈出了重要步伐

改革开放以来，我国先后将产权制度引入农村土地、房屋和城市国有企业等。最近中央要求，全面开展农村集体资产产权改革试点。科技成果作为重要资产，同样需要明晰产权，赋予拥有者更大权益，才能最大限度激发活力。2007年修订的《中华人民共和国科学技术进步法》规定，国家科学技术基金项目或科学技术计划项目所形成的发明专利权等，授权项目承担者依法取得。2008年修订的《中华人民共和国专利法》（以下简称《专利法》）规定，职务发明创造申请专利的权利属于该单位，申请被批准后，单位为专利权人。修订中的《促进科技成果转化法》也将作出规定。因此，将科技成果处置权收益权赋予承担单位于法有据。发达国家均有法律规定，将财政资助科技项目成果授权给承担单位，如美国《拜杜法案》、日本《产业活力再生特别措施法》等，德、英等国也有相关专门法律。

（二）实践证明将相关权利赋予承担单位是正确的

总的看，我国高校院所科技成果转移转化速度慢、总量少、效益差。据统计，高校科研院所成果转化比例不到 10%（发达国家转化率在 40% 以上），大量被束之高阁，很多通过私下渠道转化。原因在于此类成果被视为国有，转化有风险，只能赚不能赔，不转化没责任。将科技成果处置权收益权授予承担单位，改变了国家所有实际却无人负责的状况，调动了科研单位的积极性。如中关村改革当年高校科研院所技术转让数量和收入分别增长了 3 倍、14.5 倍，武汉东湖改革当季新注册科技企业增加了 40%。

（三）初步建立了科技成果管理制度

我国已经形成了科技成果登记、成果数据库、成果交易等制度。2013 年科技报告制度开始实施。技术市场发展迅速，2013 年技术合同成交额达 7469 亿元，增长 16%。

同时，随着科技成果产权制度改革试点的深入，矛盾和问题也逐渐凸显出来。

一是改革与现行《事业单位国有资产管理暂行办法》"打架"。该《办法》规定，事业单位国有资产产权归国家统一所有，政府分级监管，单位仅有占有、使用权，而没有处置和收益权。目前对高校院所的技术成果按国有有形资产管理，处置需审批，收益需上缴国库，实行"收支两条线"。我国高校科研机构多属国有事业单位，即使赋予其科技成果处置权，但负责人担心承担国有资产流失责任而不敢转化，配套不完善而不能转化，收益上缴又使他们不愿转化。

二是科技成果从创造发明到市场化应用的转化体系还有"短板"。虽然近年来我国技术交易市场、风险和创业投资等快速发展，但还存在不少缺陷。比如科技成果的标准化、可计量工作滞后，制约了科技成果资本化、知识资本证券化，使科技融资渠道不畅；科技中介服务不健全，使科技成果在上游成了"堰塞湖"。有机构认为，中国科技创新水平与美国等发达国家差十几年，但科技转化管理水平相差更大。

三是行政审批程序繁琐"痼疾"难消。按现有政策，以技术成果对外投资需完成投资行为审批、国有资产评估备案审批等程序，环节多、周期长、条件和时限不明确，实践中单位多采取变通办法规避了审批。

四是高校科研院所缺乏专业化科技成果转化体系成为转化链条上的"断点"。对知识产权"重申请、轻运用"，科技成果"沉睡"与"流失"并存，尤其是成果从实验室迈向市场化产业化的中间环节，还存在机构、职能、人员、经费保障等方面的缺失。

二、需要进一步明确的几个问题

（一）关于科技成果权属问题

科技成果的使用、收益、处分是权利人的权利，国家将这些权利赋予科研单位，实际上单位即行使了权利人的权利。科技成果的主要表现形式是知识产权，具有地域性、时间性、可复制性，科研单位获得专利授权后就具有排他权。同时，政府对利用财政性资金形成的成果具有优先使用权，但一般不介入商业化行为。从发达国家历程看，也经历了国家资助科技成果的产权从"谁投资、谁受益"到"谁完成、谁拥有"的过程。因此，应当进一步明确：高校科研院所利用财政资金和设施完成的科研成果作为知识产权，其处置和收益完全交给高校科研院所，国家只保留重大科研成果的处置权或优先使用权。按照"谁创造、谁拥有"的原则，绝大多数科技成果应由单位自主处置，取消相关行政审批和备案，处置收入全部留归单位，只记账不用上缴国库，单位可以自主决定收入的分配和股权激励方案。依此修订事业单位国有资产管理办法相关条款。

（二）关于是否会造成国有资产流失

有人担心，将政府投资形成的科技成果处置权赋予单位，会不会造成国有资产流失，政府白忙活。应当看到，科技成果不是有形资产，在表现形态、持有方式、价值实现等方面都具有特殊性，对它的最好保护和运用就是尽快转化。只有完成这"惊险的一跃"才能实现主要价值。因此，科技成果关键在"用"，不转化才是最大的流失，是"体制性流失"。政府投资的目的就是要使科技成果创造更大的经济和社会价值，不在于哪个主体完成。也有人认为，也可由政府专门机构或其他主体承担转化责任。事实上，高校科研院所作为承担单位与成果转化关系最紧密，又拥有产业化二次开发等优势，从技术研发到产业化还有相当长过程，不合作转化而另起炉灶，难以成功。同时，科技成果时效性强，如果不能在同类技术出现前实现经济过程，就面临被淘汰的命运。高校科研院所一头关联成果转化，一头关联研发团队，既有条件又有动力推动成果加快转化。

（三）关于转化中各方的责权利

根据国际通行做法，将科技成果处置权赋予高校科研院所后，单位就应承担转化的责任和义务，要将转化情况作为对单位及人员评价的重要依据。对一定期限内没有及时转化的，国家保留介入权，职务发明人也可按约定自行实施。高校科研机构同时承担起知识产权申请、维护和运用的责任。转化收益应在科技人员（研发团队）和单位之间合理分配，奖励比例过低影响科研人员积极性，过高则影响单位积极性。分配方式除现金外，可采取股权、期权、分红等多种方式。试点中原则掌握对科技人员奖励不超过 30%，实际上很多地方已经突破，比如北京市"京校十条"规定京属高校转化收益可按不少于 70% 的比例奖励科技人员，湖北省规定研发团队可获不低于 70% 最高达 99% 的转化收益。鉴于分配问题引起高度关注，虽然原则上由单位自主决定，但可以确定奖励的下限和上限作为统一参考。

三、几点具体建议

（一）制定事业单位科技成果类资产管理办法

可先在试点地区或中央级事业单位探索。要同有形资产管理区分，根据技术类无形资产的特点，以广泛扩散、有效转化为目标，对其确认、使用、收益、处置以及监督管理作出规定。随着事业单位分类改革，高校科研院所可探索分离经营性与公益性资产，成立专门投资运营公司，经营科技成果和向社会开放的科技资源。

（二）每个符合条件的科研机构和高校都应建立科技成果转化机构或机制

发达国家均有法律对财政资助的科研机构应建立技术转化机制作出规定。我国高校只有不到 1/4 建立了技术转化机构，大多由科技处等兼任，转化人员更只有发达国家平均数的 1/10。应当明确，年度预算和财政资助科研项目经费达到一定数额的科研机构与高校，都应建立技术转移机构，负责科技成果管理、评估、推介和交易，或者委托独立的技术转移机构，形成有效机制。司职转化的人员是我国所缺乏的既懂市场懂法律又懂技术的复合型人才，应同等参与评定高级职称并有相应较高待遇。

（三）建立标准化的科技成果评价定价机制

科技成果转化有技术转让、技术许可、股份合作、共同研发等方式，转化机构可以与企业合作、与风投等机构合作，因此定价方式也是多样的，可通过协议定价、技术市场挂牌交易、拍卖等多种方式，确定成果交易、作价入股的价格。科技成果评估是重要的价值确定方式，需要建立公正规范的科技服务平台，培养一批科技评估师、产权评议师等，为供需双方提供中立化服务，对接成果与资本，形成统一的创新要素市场。

（与科技部政策法规司唐玉立合作）

加快完善和推广股权激励政策

——科技创新与体制创新结合研究之二

（2014 年 10 月）

对科研人员实行股权与分红激励政策，是知识、技术等要素参与分配，实现科技成果经济价值，调动科研人员创新活力的重要措施。近年来国家开始对高校、科研院所等单位科研人员实行股权激励试点，人才和创新要素资源被有效激活，形成了多方共赢的效果。但实施中还存在一些问题，影响了股权激励范围的扩大和成效的进一步显现。加快完善并推广这一政策十分必要。

一、股权激励政策实施情况

20 世纪 80 年代股权激励在发达国家迅速兴起。我国改革开放后随着企业改革深化，从上市公司到非上市公司，从非国有企业到国有企业都开始实施股权激励。1999 年党的十五届四中全会提出，在部分高科技企业试点，从近年国有净资产增值部分中拿出一定比例作为股份，奖励有贡献的职工特别是科研人员和经营管理人员。《促进科技成果转化法》规定，"科技成果完成单位将其职务科技成果转让给他人的，单位应当从转让该项职务科技成果所取得的净收入中，提取不低于 20%（编者注：2015 年修订提高至 50%）的比例，对完成该项科技成果及其转化作出重要贡献的人员给予奖励"。2002 年财政部、科技部《关于国有高新技术企业开展股权激励试点工作指导意见》，提出了采用股权奖励、出售、折股、分红等方式进行激励的具体要求。2010 年开始，国务院先后批准在北京中关村、武汉东湖、上海张江和安徽合芜蚌开展股权和分红激励政策试点。截至 2014 年 3 月，不含自主开展股权激励的上市公司和民营企业，4 个试点地区中，北京中关村 92 个单位、武汉东湖 50 家企业、上海张江 10 家国有企业和科研院所、安徽合芜蚌 69 家企业实施试点。从试点成效看，一是激发了科技人才的积极性和创造性。科技人员以"智力成果"换得股权和分红"真金白银"，进一步激发了科研激情。二是加速了科技成果转化和产业化。股权激励政策使产学研更紧密地深层次对接，企业获得坚强的技术支撑，科研有了稳定的资金支持，科技成果更多更快地从实验室走向市场。三是进一步提升了企业的竞争能力和盈利能力。股权激励纽带将人才与企业的利益捆绑在一起，人才和科技助力试点企业营业收入、净利润和总资产快速增长。

二、主要问题

（一）与股权激励相关的税收政策不完善

科技成果入股或折股时，尚未形成现金流，但按现行税法要求，需要缴纳企业所得税和个人所得税，对企业和个人均造成较大负担，并造成双重征税。这尤其对创业型中小微企业不利。科技成果入股是技术转让的一种形式，但按现行税法要求，科技成果入股的技术股拥有者的资产评估增值部分应缴纳所得税，未将科技成果作价入股适用技术转让所得税优惠政策，获得股权的单位需要缴纳企业所得税，对企业造成较大负担。根据现行税法，股权激励员工获得股权时应按"工资、薪金所得"适用的规定计算缴纳个人所得税。由于科技成果转化有风险，科技人员获得股权时尚未获得现金收益，难以支付因获股权所需缴纳的个人所得税。中关村试点政策有所缓解，规定符合条件的股权奖励允许在不超过 5 年的期限内分期缴纳个人所得税。但科研人员届时仍难取得实际收入，同样难以缴纳。

（二）高校科研院所领导"双肩挑"问题

根据《中国共产党党员领导干部廉洁从政若干准则》和《关于进一步规范党政领导干部在企业兼职（任职）问题的意见》有关规定，领导干部不得在兼职企业领取薪酬、奖金、津贴等，不得获取股权和其他额外收益。高校科研院所不少人才"双肩挑"，既是领导干部又是科研骨干，在实施股权和分红激励时面临如何界定身份、如何体现价值等问题。教育部有关通知规定，高校党员干部不得在经济实体中兼职，确因工作需要兼职的，不得领取报酬，新提任的校级党员领导干部，应当在任职后 3 个月内辞去在经济实体中兼任的职务。2014 年 3 月国务院《关于改进加强中央财政科研项目和资金管理的若干意见》提出，鼓励科研院所、高等学校与企业创新人才双向交流，完善兼职兼薪管理政策。这为兼职兼薪开了口子，但仍没有实施细则。由于体制和传统原因，我国"双肩挑"干部相当普遍，持股与兼职问题就突出出来。政策模糊使这些单位持股的副处级以上科研骨干无所适从，有的采取"打擦边球"的方式由他人代持。

（三）国有股转持问题

2009 年财政部、国资委、证监会和社保基金会联合发布《境内证券市场转持部分国有股充实全国社会保障基金实施办法》，规定在境内证券市场首次公开发行股票并上市的含国有股的股份有限公司，均须按实际发行股份数量的10%，将部分国有股转由社保基金会持有，国有股数量少于10%的，按实际数量转持。国有股转持政策影响了科研事业单位以技术入股形式转化科技成果的积极性。实践中，高校和科研机构以科技成果出资入股时，在企业中所持比例一般都不高，按照上述转持政策，有可能将大学和科研机构大部分甚至全部股权划转至社保基金，严重影响了高校和科研机构通过技术入股的形式开展转化科技成果的积极性。同时，高校和科研机构在公司中的股份减少、甚至完全没有，将动摇其他股东对公司发展的信心。

（四）试点政策准入条件偏高、奖励比例偏低

现有政策对企业实施股权奖励和股权出售除满足一般性规定外，企业近3年税后利润形成的资产增值额应当占企业近3年年初净资产总额的30%以上（中关村等试点地区比例降至20%），且实施激励当年年初未分配利润没有赤字。目前中关村、东湖、合芜蚌的试点政策文件均将奖励比例上限设置为20%—30%，张江的试点政策为不超过50%。部分试点单位表示，由于奖励比例较低，加上办理手续繁琐，一些科研团队往往通过签订技术开发、技术咨询等横向课题合同实施成果转化（科技人员可自主支配70%以上的横向课题经费），或者通过私下交易方式实施成果转化（科技人员可取得几乎全部交易收入），参加股权激励试点的积极性受到影响。

三、政策建议

（一）出台股权激励税收政策相关办法

由税务、财政、科技等相关部门共同研究，完善和落实股权奖励个人

和技术入股所得税政策，也可先在试点地区实行。应当明确：个人在取得股份或出资比例时暂不缴纳个人所得税，取得按股份、出资比例分红或转让股份、出资比例所得时依法纳税，扩大税收优惠的企业和人员范围，明确企业依法宣告破产或科技人员进行相关权益处置后没有取得收益的，经主管税务机关审核，尚未缴纳的个人所得税可不予追征。将科技成果入股等技术转移转化形式纳入技术转让所得税优惠范围，超过税收优惠范围部分在取得现金分红或股份转让时缴纳。

（二）制定"双肩挑"人才持股与兼职兼薪管理办法

既要符合中央有关领导干部管理规定，又要符合科研事业单位的特点，不宜采取"一棍子打死"的办法，要精细管理、区别对待。一是允许高校科研院所领导班子成员外的其他"双肩挑"人才享受相关科技成果转化政策，可以科技成果作价入股、兼职兼薪，以知识、技术、管理等参与分配，但是有关情况需要在一定范围内进行公开公示，并经单位纪委批准备案。二是高校科研院所要制定相关规定，规定相关享受政策人员除在技术研发合作外，不得参与企业日常运行。三是对新提任的班子成员，不要求其对提拔前获得的股份进行清退，可以允许其委托第三方机构代持。四是对《中国共产党党员领导干部廉洁从政若干准则》第二条关于"禁止私自从事营利性活动"以及相关条款作出解释，明确"经报组织研究决定和批准，以本人科技成果作价折股、获得股权和分红除外"。

（三）放宽股权激励实施条件

借鉴对国有创投机构豁免的规定，对高校科研机构及其独立设置的技术转移转化机构、资产经营公司以技术入股形成的国有股，豁免国有股转持义务。将很多初创企业、处于成长期、利润指标不是很高的企业纳入政策实施范围，将奖励上限由目前的20%—30%，进行较大幅度提高。另外，对高校科研院所等事业单位实施股权奖励部分，不计入工资总额。

（四）鼓励各类企业对科技人员和科研成果实行多种形式的股权期权激励、按销售收入提成等办法，以更好体现科技成果的价值

（五）尽快扩大试点和面上推开

对中关村、东湖、张江和合芜蚌的试点政策，目前全国各地呼声很高，建议在完善的基础上尽快向全国推广，以充分发挥政策的应有作用。

（与科技部政策法规司唐玉立合作）

科技成果转化关键在管好用好知识产权

——科技创新与体制创新结合研究之三

（2014 年 10 月）

我国已经建立起与国际通行规则接轨的、比较完善的知识产权制度，有效地保护和激发了各类主体的创新动力。但也要看到，我国知识产权资本化产业化水平较低，转让许可不够活跃，重申请、轻运用问题突出，"沉睡"与"流失"现象并存，科研单位和人员创造、实施专利的热情还不高，转移转化渠道不畅，知识产权作为技术无形资产的作用没有充分体现。我国专利申请量连续 3 年居世界首位，但涉及专利的年度技术交易额仅 600 多亿元。2013 年全国专利调查数据显示，国内高校授权专利实施率不足三成。由于管理体系不适应发展需要，以及市场经济的法治秩序不够规范等问题，知识产权制度对于促进科技成果转移转化的作用没有得到充分发挥，加强知识保护和运用十分紧迫。

一、知识产权保护与运用中的主要问题

（一）知识产权执法保护不力，科技成果难以获得合理市场回报

侵权行为多发，与司法和行政保护力度不足相关。以专利为例，

据不完全统计，自 2008 年以来的专利权侵权案件中，法院按照法定赔偿方式判赔的平均赔偿额只有 8 万元，总体判赔额只有 15 万元，占起诉人诉求额的 1/3 不到，不仅和发达国家动辄百万、千万甚至上亿美元的判赔无法相比，而且和权利人的合理期待也相去甚远。据调查，全社会对"侵权现象严重程度"和"侵权损害赔偿的及时性足额性"满意度评价只有 40.11 分和 46.58 分。市场上商标、外观设计专利、包装装潢仿冒猖獗，消费者难辨真假，"劣币驱逐良币"现象明显。像上海家化每年投入打假的费用就高达亿元，一些国外企业则因害怕被仿制而不愿向中国出口高端装备，甚至都不愿到我国参展。创新产品很难充分实现市场价值，极大地制约了科研投入、技术引进和社会创新。

（二）科技成果知识产权主体不落实，科技成果创新和运用责任虚悬

《专利法》第二次修改时规定了单位申请专利被批准的，单位为专利权人。但这一规定并未得到有效实施，各部门对国有企事业单位、特别是各类事业单位所拥有的专利权视同国有资产加以管理，国有企事业单位对其专利并没有完整的处分权，无论是转让还是收益处置都需要经过主管部门批准。国有单位缺乏申请和运用专利的动力，往往把专利束之高阁。

（三）政府部门和科研机构大多对运用知识产权不在行，科技成果市场收益差

市场竞争仅靠新技术和新产品是远远不够的，必须把技术成果变成知识产权，并加以科学管理、高效运用，不然，好的成果的市场收益也可能很低。比如，由于专利撰写水平低，评估评价体系不完善，没有合理转让策略，布局不力，尽管我国科学家在研制治疗急性早期幼粒型白

血病的化合物三氧化二砷（As_2O_3）上做了大量工作，但专利却低价许可给了美方，摇身一变成为美国企业的拳头产品。同样由于专利布局问题，我国发明的特安纶尽管在主要技术指标上远超外国某公司产品Nomex，但市场却长期为这家外国公司所左右。特安纶每年境外销售额不过 2000 万美元，而 Nomex 全球销售额却高达 84 亿美元。政府部门在管理和运用知识产权手段支持创新上用力不足、针对性不强，社会服务支撑水平不高，也制约了科研人员和科研机构用知识产权实现市场收益的能力。

二、产生这些问题的主要原因

（一）观念滞后

我国知识产权制度实施已经 30 多年，但在传统思维和体制制约下，创新成果产权化改革没有实质性推进，科技成果管理方式变革不彻底，部门往往把资源投入等同于创新，忽视智力的创造性和决定性作用，用管有形资产的方式管无形资产，没能抓住保护知识产权以及知识产权运用这个市场化手段，来促进社会创新和科技成果转化运用。

（二）投入不足

我国发明专利申请量、商标申请量均居世界第一，存量逐年增加，但知识产权管理和执法体系却十分薄弱，财政等资源投入明显跟不上。我国年新增授权发明专利接近 30 万件，2013 年有效专利拥有量已经突破 400 万件，而中央财政投入行政执法仅 3500 万元，每年用在每件专利保护上的投入不足 10 元钱。2012 年我国从事知识产权审判的法官人均结案量达到 40.1 件。作为知识产权司法审判重点地区的北京，法官人均结案量达到了 157 件，平均每周审结 3 件诉讼，处在超负荷运转状态。

（三）体制不顺

我国现行知识产权执法监管体制距离社会实际需求差距较大。没有建立能够独立、完整行使行政执法和管理权的机构，知识产权保护、管理由 10 多个部门分类负责，工作不配套，甚至相互掣肘。知识产权议事协调机构缺乏有效协调和督查手段。对于跨地区、重大案件缺乏处置手段。地方政府知识产权管理部门设置层次低，规模小、模式五花八门，大多不是政府组成部门，工作很难纳入日程。法院民庭、行政庭、刑庭分别管辖各类知识产权案件，无统一上诉法院，尺度不一，程序复杂，地方保护现象突出。同时，企业、高校和科研院所缺少专业化、高水平的管理机构，专业人才培养滞后于现实需要。

三、管好用好知识产权的对策建议

加强知识产权保护、促进知识产权运用是促进技术成果创造运用的重要保障。严格的知识产权保护使创新者获得合理市场收益，进而促进市场要素向创新要素聚集，是创新驱动发展的原动力。应扭住加强知识产权保护和运用这个牛鼻子，全面推进科技成果的产权化和市场化改革。

（一）改革知识产权行政管理机构和司法审判机构

打破"九龙治水"现象，推进专利、商标、版权等知识产权的逐步统一管理和执法，加强基层执法监管队伍。重点针对涉及公共利益和扰乱市场秩序的侵权违法行为加大打击力度，完善知识产权维权援助体系。同时，加快设立知识产权专门法院和上诉法院，简化审判程序，提高侵权判赔额度，形成全国统一的、高标准保护知识产权的司法环境。

（二）落实科技成果知识产权收益和责任主体

把财政投入产生的科技成果知识产权作为特殊资产，直接把产权落实到单位、个人，国家仅保留特定优先权，放弃除涉及国家安全的成果运用之外的不必要审批，大幅减少至消除政府直接参与分配和其他干预行为。在产权明晰条件下，围绕收益分享推动构建"产学研金介用"共同参与、市场化运作的利益共同体，使科技成果转化从"要你转""管你转"变成"我要转"。

（三）创设以知识产权为载体的普惠性财税金融政策

当前我国支持创新的财税政策主要是建立在由政府审批的各类主体资格基础上，虽然有技术转让收入 500 万元以下的免税政策，但普通专利许可等有利于技术转移转化的市场行为却没有支持政策，除了专利申请资助外，也缺乏有针对性的财政政策，难以实现对小微企业和新生企业的支持。应借鉴英国有关"专利盒子"的政策，把知识产权许可转让、投资入股、合作生产等作为财税金融政策支持的依据，建立以知识产权许可转让行为为评价标准的税收政策，平等惠及所有企业，特别是中小微企业及新生企业，鼓励企业创新和成果转化。同时，对于专门从事专利转移转让、主要资产是知识产权的市场主体，在营改增中给予支持。

（四）健全专业化管理科技成果知识产权的服务机构

我国科技计划的实施往往依托于跨部门、跨单位的项目组，项目组一旦解散，所形成的科技成果就缺乏知识产权责任主体推广实施。可考虑建立国资入股、多元投资的商业化、专业化专利运营或管理公司，归集、购买各类国家项目所产生的、具有市场前景的知识产权，经过专业化布局完善和加工后开展再转让，实现市场收益。同时，鼓励和支持科研单位设立或合作设立专业化运作的技术（知识产权）转移办公室。加强专业人才培养，建立知识产权职称序列。在政府投资的科研项目中应用好专利信息，在项目实施过程中，全过程开展知识产权分析评议服务，切实解决过度重复研究和科研项目缺乏商业化目标的问题。

（与国务院研究室林秋朔、国家知识产权局张志成合作）

为科研人员办企业创造公平宽松的环境

——科技创新与体制创新结合研究之四

（2014 年 10 月）

鼓励科研人员创办科技型企业，是加快科技成果转化的一条捷径。从调研情况看，科研人员办企业蕴藏巨大潜力，但也面临现实诸多政策障碍，亟需创造更加宽松、公平竞争的环境。

一、科研人员办企业潜力巨大

创新活动的创业化是一大趋势。据统计，第二次世界大战以来 67% 的开拓性创新成果、95% 的重大发明源于创办小企业和独立发明的创新创业人才。20 世纪 80 年代以来，美国创新创业人才每年创造 70% 以上的新就业、新产品、新服务。美国一直高度重视在高校开展创新创业教育，现在更是通过设立创业种子基金、设置专门机构服务师生创业，激发师生创新精神和创业欲望，我们耳熟能详的惠普、升阳、思科、雅虎等国际科技巨头，都是由高校师生创办的。2011 年美国政府和考夫曼基金会、凯斯基金会、英特尔等机构和企业共同发起了旨在促进新的高成长企业出现的"创业美国"计划，成为新一轮经济刺激政策的重要环节。欧盟有一系列创业计划，如青年创业计划、女性创业计划等。日本大力建设创业孵化环境，并针对人才创业设立多项支持资金。

近年来，随着我国鼓励创新创业系列政策出台，环境逐步优化，科研人员创新创业的热情高涨，活力加速释放。

（一）科研人员创业逐步形成规模且趋于年轻化

据《2012年中关村创业调查报告》，中关村创业者中有海外留学和工作经历的创业者占25%、有丰富行业经验的大中型企业骨干占23%、高校师生创业者占18%、连续创业者占13%、其他各类创业者占32%。创业者日趋年轻化，34岁以下的青年创业者占33%，35—44岁的占39%。

（二）科研人员创业科技含量高成长快

科研人员创办企业有鲜明的特点。从创业的领域看，主要集中在电子信息、先进制造、生物医药、新材料新能源和节能环保、文化创意等新兴领域，这些领域门槛相对较高，有利于发挥科技人员的优势。从企业的成长性看，一旦越过"死亡期"就能实现快速成长，属典型"瞪羚企业"。如同方威视源于国家"八五"科技攻关项目，以辐射成像为核心技术，成立短短8年销售收入就超过10亿元，其产品、服务遍布130多个国家和地区。

（三）科研人员创新创业的内生循环机制逐步形成

以联想等为代表的第一代科技公司成功创业后，很多或投身天使投资，或创办新企业，继续激励和帮助后来者创业，形成了"科技人员—创业者—企业家—天使投资人—新创业者"的循环机制。我国科技研发人员总量达360万人年，居世界首位。如果按全国1%的科研人员办企业，1家企业带动10人就业测算，可创造近40万个就业岗位。可以说，科技人员办企业具有很大的空间。

二、科研人员办企业面临三大障碍

（一）社会、高校和科研人员对"科研人员办企业"问题都存在一定的思想包袱

从社会看，有的认为科研人员办企业非己所长，"如果让牛顿搞营销，未必发现万有引力，让袁隆平经营粮食买卖，就不会有杂交水稻的诞生"。有的认为，绝大部分科技人员不懂经济，不懂金融，不懂经营，不懂管理，最后失败的可能性大大高于成功的可能性。从高校看，很多高校科研院所领导担心科研人员办企业，难免分散教学科研精力，往往是口头上支持鼓励，内心则不太情愿。同时在科技成果相关产权政策法规相对不健全的情况下，如何给科技成果定价，怎么避免国有资产流失，这些好比是高校领导的"紧箍咒"，有的高校领导为防止秋后算账、引火烧身，对科研人员办企业积极性主动性不高。从科研人员看，一边是编制、身份、人事关系，一边是伴随高风险的高回报率，不少科研人员很"纠结"，难下"背水一战"的决心。科研人员普遍担心一旦创业失败会失去退路，即使是在一些成功案例中，绝大多数科研人员依然想方设法保留身份和职称。目前，中关村、武汉东湖等地出台了鼓励高校科研院所科研人员带着成果创办企业，并可在一定期限内保留身份和职称的先行先试政策，受到广大科研人员的欢迎。

（二）支持科研人员办企业的政策举措亟待完善

调研中大家普遍反映，现行国有资产管理法律法规中，多数是对有

形资产的，对无形资产怎么管、怎么处置还存在很多空白。科技成果作为无形资产交易，定价难、转化程中不确定性因素多、风险大。定价高了，创业的积极性就低了；定价低了，又与现行的国有资产管理保值增值规定存在冲突。有的高校为了避免承担国有资产流失风险，要么走层层报批，要么压着不表态。走审批备案程序，短则数月长则数年，经过漫长的审批之后，很多"新技术"变成了"老技术"，市场价值大打折扣甚至根本没有市场价值。创业的正门走不了，滋生了一些"偏门"，一些科研人员干脆通过私下技术服务、委托开发、技术许可转让获得的收益，这反而使国有资产造成了流失。同时，科研人员股权期权激励的持有成本高、未来行权风险大。按现行个人所得税规定，给予科研人员的股权激励需以现金形式缴纳个人所得税。科研人员反映，股权是"写在纸上的"，能不能行权还是未知数，且需要很长时间，但缴纳个税却是"真金白银"，这也增加了科研人员的创业成本。高校科研院所还反映了科技、教育、财政、工商、税务、审计等部门对科研人员办企业相关政策协调不够问题，导致政策不是变形走样，就是大大缩水、成色不足。

（三）社会化专业化的创业服务体系不完善

完善的社会化、专业化的创业服务体系是保障科研人员成功创业的重要支撑。很多科研人员在技术创新上是拔尖人才，但在决策、投资、市场开发等方面不一定具有优势。在办企业过程中既搞技术又搞经营，往往首尾难以兼顾。一些高校科研院所反映，部分科研人员手中掌握着先进适用技术，但不知道如何去寻找与社会资本合作，推动成果转化。

三、相关建议

（一）加强分类指导，讲清楚"鼓励支持"与"一刀切"的区别

在创办科技型企业方面，企业家和科研人员各有优势，前者有经营优势，后者有技术优势。鼓励科研人员办科技型企业，不是采取"一刀切"的办法，让所有科研人员都去办企业。一方面要充分尊重科研人员的意愿，另一方面要加强指导，特别是在组建创业团队方面，要充分吸纳技术人才、经营人才、管理人才等各方面人才，最大程度减少创业的盲目性。

（二）采取灵活方式，多措并举推进科研人员办企业

科研人员办企业并不要求都是科研人员直接下海，有些科研人员也不愿意放弃科研，因此，可采取股份合作、兼职兼薪、技术转让等多种方式，科研人员也可以与风险投资、中介机构、科技银行等开展合作。为此，必须建立科研院所与企业人才之间畅通的双向流动机制。支持高校院所在编制内建立科研人员流动岗，对愿意流向其他公共机构或企业的科技人员公布可流动的职位名额，同时允许有实际经验的研究机构的专家、企业研究机构的研究人员应聘大学教授，从事教学科研。允许高校科研院所科研人员在一定期限内保留原有身份和职称离岗创业，留出相应缓冲期，确保科研人员轻装上阵。可以借鉴"医师多点执业"办法，探索科研人员多岗制。

（三）结合事业单位分类改革，探索培育创业型科研机构

突破传统公益性科研机构和应用类科研机构的局限，采取"国有新制""民办公助"等形式，兼顾科技研发和创新创业，注重技术创新和商业模式创新，重在将研究成果应用、产业化和商业化，直接以衍生、创造新产业或新企业为导向的创业型科研机构。高校院所基于其优势学科，可通过剥离经营性资产办法创办高技术公司，也可通过组建产业创新研究院突破关键核心技术，引入社会资本共同设立产业化项目，构筑"学术教授＋专职产业研究教授＋产业科学家＋职业经理人"各司其职、统筹兼顾技术源头和市场需求的平台化创新创业模式。

（四）设立国家创业教育体系和科研人员创业支持基金

将创业教育纳入国民教育尤其是高等教育体系，建设高水平的创业导师队伍。设立科研人员创业支持基金，主要用于支持高校院所设立创业种子基金、创业实践基地，搭建服务科研人员创业的各类平台。

（五）加紧制定科研人员办企业的具体实施办法

针对科研人员办企业领导有包袱、科研人员有顾虑、部门之间有想法、社会舆论有非议等问题，明确对科研人员办企业采取创造宽松、公平竞争的政策环境，优先保障教学科研秩序，统筹兼顾个人、公司和单位等多主体利益，遵循服务规范并举、形式灵活多样、因人制宜分类引导的基本策略，将科研人员办企业逐步纳入规范化制度化轨道。

（与国务院研究室郑真江、中关村管委会核心区宋洁尘合作）

加快破解科技型中小企业面临的五大难题

——科技创新与体制创新结合研究之五

（2014 年 10 月）

作为市场经济最具活力、最具潜力、最具成长性的创新群体，科技型中小企业是保持经济创新活力和提升竞争力的重要源泉。调查显示，近年来科技型中小企业数量增长迅猛，但仍面临着研发创新、融资、市场、税负等方面的制约和问题，亟需加以解决。

一、科技型中小企业呈现爆发式增长

随着简政放权的不断深入，特别是工商注册登记和注册资本认缴等制度改革的实施，一批新的科技型中小企业涌现而出，以"滴滴打车""春雨医生"等为代表的新兴业态和创业型企业增长迅猛。2014 年 3 月以来，全国新登记注册企业增长 70%，其中高新技术、文化娱乐、科技服务业三行业增长均超过或接近一倍。在北京中关村，科技型企业增长势头更为强劲。1—7 月北京市新设科技型企业 2.96 万户，同比增长 65%；注册资本 1055 亿元，同比增长 100%。以海淀区为例，共有中小企业 14 万家，占企业总数的 99%，贡献了全区企业 57% 的营业收入、68% 的利润、62% 的税收和 73% 的就业岗位。

二、制约科技型中小企业发展的主要问题

我国科技型中小企业的迅猛增长，反映了社会创新创业的激情和活力正在加速释放，但与德国中小企业那样的行业"隐形冠军"相比，差距依然很大。

（一）研发创新投入不足

研发经费方面，我国科技型中小企业投入的研发经费仅占全部研发经费的 40%，远低于发达国家 70% 的水平；70% 的企业研发投入经费占当年销售收入比重不足 1%，而美国硅谷 1993—2003 年这一比重平均为 11%。研发人才方面，科技型中小企业绝大部分处于初创期或成长期，企业规模小、税收贡献低，很难获得人才引进的户籍指标，导致科技型中小企业面临"人难招、才难留"。激励机制方面，研发费用税前加计扣除、股权激励试点等相关政策，覆盖范围过窄，门槛要求过高，具体操作程序繁琐，导致科技型中小企业很难享受到，削弱了企业创新意愿和能力。

（二）融资难、融资贵

一是融资结构不合理，内源融资不足。科技型中小企业对内部股东融资的依赖程度高，内部利润分配存在短期化倾向，自我积累意识淡薄。资产负债率普遍高于大型企业，负债结构以短期负债为主，长期借款比重较小，加大了财务危机的可能性。二是间接融资困难，融资成本高。由于科技型中小企业是"轻资产"，加上信用体系不健全，银行对于数额少、频

率高、风险大、时间性强的科技型中小企业普遍有"惜贷""惧贷"心理，即使勉强贷款也将面临更高的融资成本。三是融资渠道狭窄、直接融资渠道不畅。多层次资本市场发育不完善，绝大多数中小企业无法直接通过股票和债券市场吸纳社会资金。

（三）市场拓展举步维艰

科技型中小企业特别是初创企业，往往缺乏品牌运营和市场营销经验，无力承担参加展会、广告投放等高额的市场拓展费用，缺乏产品推广渠道，导致"有产（品）无市（场）"。同时，新技术新产品在进入市场时，遭遇现有行业标准等资质壁垒。科技型中小企业的许多产品属于创新成果，没有成文标准可循，难以通过审批或经过很长周期才通过审批，导致企业的新技术新产品无法及时投放市场。此外，知识产权保护机制不完善，科技型中小企业对侵权行为的抵制和自我保护能力不足、维权渠道不畅。

（四）税费负担沉重

2014年4月，国家会计学院公布的全国首份《中小企业税收发展报告》显示，中小企业税负主要面临3方面问题：一是税负持续加重。参加调查的18个省份5002家中小微企业中，有12.93%认为"较重的税负"是经营过程中除"用工成本上升""原材料成本上升"以外最主要的困难。小微企业和大中型企业的增值税负担（增值税／收入）比例大致相当；但小微企业的个税负担明显高于大中型企业，差距接近一倍。纵向看，中小型企业集聚的创业板企业综合税负由2007年的40%上升至2012年的71%。二是中小企业税收优惠政策执行效果不理想。1447家小微企业中，获得所得税优惠的仅占17%。不能进行进项抵扣、企业规模超过规定标准等，是造成中小企业难以享受税收优惠的主要原因。"营改增"后，一定程度上解决了重复征税，但就增值税而言，中小企业基本属于小规模纳税人，进项税额不能抵扣，导致其实际税负高于一般纳税人。三是中小企业"隐性税负高"。在办理纳税事宜时发生的除税款和税收的经济成本以外的费用支出，特别是人工、公关等成本居高不下。《报告》显示，有37.91%的小微企业花费在5万元以下；36.38%的企业在5万到10万元；13.07%的企业在10万到20万元；12.64%的企业在20万元以上。

（五）公共服务平台支撑不足

我国科技型中小企业的技术创新实力普遍较低，仅凭自身之力难以完成技术研发创新，迫切需要外部资源和服务支撑。目前，面向科技型中小企业的公共服务平台和专业服务平台覆盖面不广、链条不全、效率不高，不能满足企业对创新的多样化个性化需求。

三、对策建议

（一）完善激励机制，引导企业加大研发投入

一要完善研发费用加计扣除政策，扩大政策覆盖面，将研发人员工资、研发设备购买、职工培训等在内的与研发行为相关的费用纳入核算和归集范围，适当时可考虑实施研发费用向后结转或追溯抵扣政策。落实好固定资产加速折旧政策。二要完善股权激励政策，鼓励高校、科研院所科研人员或团队以科技成果入股的方式参与创办科技型企业，提高科技成果入股奖励比例上限，完善股权激励个人所得税政策。放宽股权奖励和股权出售的激励对象在本企业连续工作的年限限制，由3年以上改为1年以上。三要加大对企业技术创新的资金支持，国家科研经费和专项支持资金向科

技型中小企业倾斜，采取设立科技型中小企业创新基金等方式，引导社会资本支持科技型中小企业发展。

（二）深化科技金融创新，为科技型中小企业发展输血造血

一是对科技银行等服务科技型中小企业的金融机构实行定向降准、放宽存贷比等定向调控措施，并鼓励进行产品创新、流程创新、服务创新、机制创新。二是在科技型中小企业聚集地适当放宽金融机构准入标准，大力发展地方中小银行以及社区银行、小额贷款公司等区域性、行业性的中小金融机构。加大对互联网小额贷款、众筹融资等互联网金融业态支持力度，率先形成社会资本通过网络众筹投向科技型、创新型、创业型企业的资本筹集机制，为科技型中小企业快速融资提供新通道。三是加快以中小企业板为核心的多层次资本市场建设，继续壮大中小企业板市场，积极发展创业板市场，完善中小企业上市育成机制。建立健全中小企业证券的场外交易系统和交易制度，规范发展各类产权交易市场，为中小企业产权、股权、债权等提供交易平台。四是建立完善科技型中小企业信用担保体系，包括设立中小企业信用担保基金，完善中小企业信用档案数据库，建立担保公司资信评级制度等。

（三）多措并举，扫除科技型中小企业市场拓展障碍

构建产品技术推广平台和新技术新产品展销平台，联合产业联盟、行业协会等社会组织和专业服务机构，组织企业参加或开展新技术新产品展示活动。围绕新技术新产品市场准入、定价、政府采购、招投标等政策瓶颈，探索采用政府购买服务或国际通行的保证金制度，突破中小企业面临的市场准入、行业资质等束缚。完善知识产权保护和运营机制，对科技型中小企业利用技术优势所形成的标准和关键专利等智慧资产，由政府设立专项资金，支持联盟运作，健全产业链，完善产业环境建设。

（四）减税清费，让科技型中小企业轻装快进

完善中小企业税收体系，破除现行增值税等制度中的不合理规定。完善税收优惠政策相关标准，降低政策适用门槛，扩大政策适用范围，简化政策审批流程，切实发挥优惠政策效用。加快推进简政放权，清理行政收费事项和各项不合理收费，降低企业"隐性"税负。

（五）加快建设创新服务平台，形成支撑科技型中小企业发展的产业公地

加快推进创新研发对接服务等公共服务平台和技术研发测试等专业服务平台建设，加快构建网络化、特色化、专业化的科技创新服务支撑体系。借鉴台湾成立工业技术研究院的做法，以市场需求为导向，在世界各地进行技术购买、信息追踪，获得技术后进行培育，待技术成熟后投向市场，转让给企业，有效降低企业技术创新成本。鼓励高校、科研院所、大型企业开放共享创新资源，为科技型中小企业研发创新提供理论和基础设施支撑。支持各类融资租赁公司开展与科技研发相关的境内外租赁服务，比照金融机构给予税收优惠政策。

（与国务院研究室范绪锋、中关村管委会核心区宋洁尘合作）

基础研究要加大投入、优化结构、创新方式

——科技创新与体制创新结合研究之六

（2014 年 10 月）

基础研究是科技创新之源、应用开发之基，直接关系到一个国家的创新能力和水平。我国作为影响力不断上升的大国，引进消化吸收的路子越来越难走，必须更多依靠加强基础研究来厚实创新基础，走自主创新之路。基础研究长期薄弱，提质增效升级就缺乏支撑和原动力，新一轮科技革命和产业变革的历史机遇也抓不住。我国已经到了必须比以往更加重视基础研究的时候了。

一、我国基础研究投入现状

近些年来，我国科技整体水平大幅提升，一些重要领域已经达到世界先进行列。同时，原始创新成果不多、自主知识产权缺乏、一些领域关键核心技术受制于人的问题凸显出来，这些问题都与基础研究不足有直接关系。突出表现为：

（一）基础研究经费投入总量和支持强度不足

美国 2000—2012 年基础研究经费占 GDP 的 0.4%—0.5%，占 R&D 经费的 15%—19% 左右（见表 1）。近年来，国际金融危机的影响不仅没有弱化发达国家对基础研究的重视，反而继续得到高度关注。奥巴马上台后即承诺未来 10 年基础研究经费翻一番；欧盟"地平线 2020 计划"三大战略目标之一即是提高基础研究水平。我国基础研究占 R&D 经费的比例长期徘徊在 5% 左右，远低于发达国家和处在同样发展阶段的其他发展中大国 15%—20% 的平均水平，R&D 经费 2013 年在创历史新高的情况下也仅占 GDP 的 2.09%，发达国家普遍为 3%。另外，基础研究投入强度不足，日本在其起飞阶段自然科学研究人员年均科研费达到人均 GDP 的 10 倍左右，我国目前约为 8.25 倍。近年来实验试剂、耗材仪器和人员开支上涨，而项目资助强度没有相应增加，科学家们需要花更多时间申请更多项目。

表 1　美国 2000—2012 年科研经费情况

单位：百万美元

经费类型	2000 年	2005 年	2010 年	2011 年	2012 年
基础研究	48024.862	61321	70336.371	66106.872	65573.737
应用研究	63671.809	70001	72281.423	73473.375	76020.119
实验开发	190374.002	195864	227944.702	242082.848	254882.434
R&D 经费	302069.549	327185	370561.587	381662.204	396474.538
GDP	11558790.64	13095400	13595644.35	13846778.43	14231574.7
基础研究经费 /GDP	0.42%	0.47%	0.52%	0.48%	0.46%
基础研究经费 / R&D 经费（%）	15.90	18.74	18.98	17.32	16.54
应用研究经费 / 研发经费（%）	21.08	21.39	19.51	19.25	19.17
实验开发经费 / 研发经费（%）	63.02	59.86	61.51	63.43	64.29

数据来源：OECD.stat. 以 2005 年的固定 PPP。

（二）基础研究投入结构不合理

从20世纪80年代开始，美国政府在基础研究方面的投入大体占全部基础研究经费的六七成，来自企业的经费则从不到15%增加到20%左右（见表2）。我国基础研究投入主要靠中央财政投入（占80%），企业、高校和研发机构对基础研究投入少。尤其是企业基础研究投入仅占全部基础研究投入的1.4%左右，占企业全部研发投入的比重则不到0.1%。投入以竞争性项目名目为主，稳定支持比例过低，相关项目名目多、交叉重复多，部门、条块分割，容易诱导科研人员变换名目多头申请，不利于静心从研，不利于学科交叉和激励原创。

表2 美国基础研究的经费投入

单位：百万美元（现价）

年份	总额	联邦政府	企业	大学	非营利机构	非联邦政府
1980	8790	6191	1286	544	463	307
1985	14857	9516	2915	1075	837	514
1990	23028	14056	4710	1929	1486	847
1995	29607	16989	6714	2510	2326	1069
2000	42567	24730	8236	4296	3755	1550
2001	47553	27557	9445	4731	4157	1663
2002	51033	30900	8753	5078	4533	1769

（三）经费管理不符合科研规律

社会上十分关注科研经费使用问题，热议所谓"科研腐败"，而科研人员也十分委屈，对被"当贼防"无奈，对项目管理存在的问题反应很大。有科学家说，项目申请费时费力，要填写项目申请书、预算、预答辩、答辩……特别是预算绞尽脑汁，一年光花在项目申请上的时间就得三四个月。经费支出见物不见人，过多投入在科研生产的资本品、耐用品购置，不仅会重复和浪费，也挤压了对人员的投入。美国自2000年以来科研机构R&D经费用于购置仪器的支出一直保持在5%以下并持续下降，2012年仅为3.2%。而我国2010年中央级科研院所用于购置仪器的总支出估计约占8%—10%。

（四）资金使用和科研效益与质量亟待提高

近年来我国科研人员发表的国际论文数量快速增长（见表3），总量已排到世界第二位，但科技论文质量相对不高，平均每篇被引用6.92次（见表4），大概超过1/3的论文是"零"引用论文，而世界平均值为10.69次／篇；相对引文影响指标（RCI）大体上是美国的一半（见表5），在全科学领域Top10%论文我国所占份额较低（见表6、表7）。这些表明基础研究的质量总体还不高，需要营造更加专注于科学研究的环境。

表3　主要国家全科学领域论文总量排名情况

年份	国别	中国	美国	日本	德国	法国	英国
2001	份额（%）	4.7	27.9	8.8	7.6	5.6	8.0
	位次	6	1	2	4	5	3
2002	份额（%）	5.2	27.8	8.6	7.5	5.5	7.8
	位次	6	1	2	4	5	3
2003	份额（%）	5.9	27.4	8.5	7.3	5.3	7.6
	位次	5	1	2	4	6	3
2004	份额（%）	6.8	27.5	8.2	7.2	5.2	7.5
	位次	5	1	2	4	6	3
2005	份额（%）	7.5	26.7	7.7	7.1	5.0	7.2
	位次	3	1	2	5	6	4

（续表）

年份	国别	中国	美国	日本	德国	法国	英国
2006	份额（%）	8.5	26.2	7.2	6.9	5.0	7.2
	位次	2	1	3	5	6	4
2007	份额（%）	9.4	25.0	6.8	6.7	4.8	7.1
	位次	2	1	4	5	6	3
2008	份额（%）	10.0	24.2	6.5	6.6	4.9	6.7
	位次	2	1	5	4	6	3

表4　主要国家全科学领域论文被引频次排名情况

年份	国别	中国	美国	日本	德国	法国	英国
2001	份额（%）	2.3	36.2	7.1	7.9	5.4	9.1
	位次	11	1	4	3	5	2
2005	份额（%）	4.7	32.7	6.2	7.7	5.1	8.5
	位次	6	1	4	3	5	2
2008	份额（%）	5.9	28.6	5.2	7.9	4.8	8.7
	位次	5	1	4	3	6	2

表5　2001—2008年主要国家相对引文影响指标（RCI）情况

年份	中国RCI	美国RCI	日本RCI	德国RCI	法国RCI	英国RCI
2001	0.50	1.30	0.81	1.03	0.97	1.13
2005	0.62	1.23	0.80	1.08	1.00	1.18
2008	0.59	1.18	0.80	1.20	0.98	1.30

注：相对引文影响指标表示国家发表论文的篇均被引频次与世界（国家）论文的篇均被引频次之比，用以测度论文质量或影响。

表 6　主要国家全科学领域 Top10% 论文排名情况

年份 \ 国别		中国	美国	日本	德国	法国	英国
2001	份额（%）	1.7	39.2	6.4	8.0	5.4	9.6
	位次	13	1	4	3	5	2
2005	份额（%）	3.9	35.4	5.6	8.2	5.1	8.9
	位次	7	1	4	3	5	2
2008	份额（%）	5.5	29.4	5.1	7.7	4.9	8.8
	位次	4	1	5	3	6	2

表 7　主要国家全科学领域 Top1% 论文排名情况

年份 \ 国别		中国	美国	日本	德国	法国	英国
2001	份额（%）	1.1	45.1	5.3	7.6	5.0	9.5
	位次	14	1	4	3	5	2
2005	份额（%）	2.9	38.8	4.4	7.8	4.9	9.8
	位次	9	1	5	3	4	2
2008	份额（%）	3.8	31.4	4.0	8.0	4.7	10.0
	位次	8	1	6	3	5	2

二、提升基础研究水平的主要举措

我国基础研究存在的问题是"成长中的烦恼"。长期以来，科技管理习惯于"跟踪模仿"和"快速增长"模式，依赖科技规划、热衷项目牵引和任务带动，使"短平快"的应用研究更受青睐，而对基础研究扶持较弱，培植创新的社会基础上欠账较多。同时，伴随着科技投入的大幅增加，政府的行政干预不可避免地渗入基础研究管理中，将管理指标定量化、工具化甚至功利化，造成了基础研究自由探索特征与行政管理刚性特征间的矛盾。这些问题的解决非一日之功，当前可从以下几方面入手：

（一）改革财政科技投入支出结构

美国在工业化第二阶段特别是 20 世纪 60—80 年代，基础研究投入占 R&D 比例在 10%—15%，1990 年以后到 15%—19%；德国一直在 20% 左右，且 20 世纪 80 年代中期后稳步提高；法国到 1999 年达到 R&D 的 24.1%；日本在工业化第二阶段波动较大，但也在 12%—17%。我国离 2020 年建成创新型国家还有 6 年时间，应争取 2015 年基础研究投入占 R&D 经费的 9%—10%，在 2020 年达 15% 左右。我国财政科技投入应以更大力度支持基础研究，应用研究和技术研发更多发挥市场和企业的作用，同时开辟渠道将更多资源引入基础研究。

（二）引导企业和社会加大基础投入

发挥大型国有企业尤其是央企的示范引领作用，将对基础研究的投入纳入绩效考核指标体系。从近年新增国有资本经营收益金要划出一定比例作为基础研究费用，可作为共性关键技术研究基金，亦可由国家自然科学基金会统筹使用。企业也可以采取捐助高校文理科基础性学科研究的方式支持基础研究，可按照加计扣除等方式免除相应税收；支持更多的企业家和社会组织捐赠和设立有关科学基金会。

（三）将基础研究与成果应用等后续科技活动协同规划

对国家自然科学基金、973 计划等支持基础研究的竞争性项目经费，应加快建立起基础研究与其他后续科技活动之间的联系，譬如考虑"计划组合"问题，建立起"项目—计划—计划组合—系统需求"的组织模式，使投入发挥更大效用。其他应用研究和工程化项目也应前延至相关关键、共性的基础部分，还可通过合同方式资助相关基础研究。

（四）加大对人和科研团队的稳定支持力度

重大科学发现需要长期潜心钻研才有望取得。国际上基础研究经费以稳定性为主，而我国竞争性比例较大。政府应增加稳定性长期性支持比例，增加对国家科研机构、优秀的研究团队和科学家直接稳定支持的力度。

（五）注重对中西部高校和科研院所的支持

我国西部高校和科研机构人才流失严重，"孔雀东南飞"问题仍然存在，有专家分析了1995—2005年兰州大学流失的高水平人才情况，认为完全可以再办一所同样水平的大学。应对中西部人才采取特殊支持，制定相应薪酬制度，在全国同职级研究人员的薪酬待遇争取基本相当甚至略高，使得中西部能留住和用好人才。

（六）科技管理进一步简政放权

美国灵活的科研经费使用政策是其能够吸引全世界人才的重要因素。要给予科学家及其团队更大自主管理权，只要把好入口关（申请条件符合、程序公开透明）和出口关（成果最终评价考核），至于中间经费使用、预算安排等，应更多由研发团队根据实际情况而定，政府要把精力集中到营造自由宽松、包容失败、避免急功近利的环境上来。在考核评价中取消复杂的层层指标，注重实际工作业绩和团队贡献。对资本型、耐用型仪器的投入要从增量投入转向存量盘活。

（与国务院研究室刘畅、中国科学院学部工作局谢光锋合作）

推动大众创业、万众创新需要采取的
十六项措施

（2015 年 3 月）

2015 年全国"两会"期间，大众创业、万众创新成为代表、委员们热议的话题和社会关注的焦点，大家给予高度评价和一致赞同，认为具有重大战略意义和鲜明时代特点，必将成为中国发展的新引擎。在简政放权等重大改革推动下，我国已经初步形成了创业创新潮，但还存在战略谋划不清晰、从中央到地方为"双创"松绑不够、激励机制和制度环境不健全、全过程服务不到位等问题。把愿景变为现实，把思想变为行动，还需出台更多扎实有效的措施，推动形成大众创业、万众创新的燎原之势。

一、将大众创业、万众创新作为国家战略作出部署

不少代表、委员认为，大众创业、万众创新是我国发展的最大潜力所在，许多省市负责同志敏锐地看到这一重大契机，纷纷表示将加大推进力度。为此，建议将大众创业、万众创新上升为全面建成小康社会的战略举措，并作为全面深化改革的重点任务。可考虑以中央和国务院名义出台文件，对大众创业、万众创新从实施方案、目标任务、政策体系等方面进行部署，在经

济社会发展规划中强化创业创新指标的约束，同时加大舆论宣传力度。

二、持续加大简政放权力度

大众创业、万众创新需要自由度高的市场环境和公平竞争的法治环境，还要继续深化行政审批制度和商事制度改革。重点要瞄准中小微企业和个人创业者，在放宽市场准入、注册和经营便利化、简化创新产品审批等方面加大力度，允许利用家庭住所、租赁房、商业用房、闲置库房、工业厂房等作为创业安置场所，扩大创业创新空间，同时继续加大减税降费、松绑减负力度，提供全过程服务，让创业创新者进得来、活得了、做得大。

三、培育大批创业创新公共平台

各级政府对众创空间、创新工场、车库咖啡以及网上创业空间等新型孵化器，要在租金、公共设施、税费等方面给予大力支持，鼓励将现有产业园区、开发区等培育成为孵化基地，发展一批创业特色社区、小镇等，鼓励发展创客实验基地、创业者加速器等多形式平台。企业也要由传统的管控型组织转型为新型创业平台，让员工成为平台上的创业者，从而形成市场主导、风投参与、企业孵化的创业生态系统。

四、为中小微企业创新提供服务业支持

中小微企业多具一技之长，其"成长的烦恼"一是缺钱，要优先支

持设立面向创业创新型企业的中小银行，允许用股权、商标、发明专利等质押贷款，探索科存科贷、知本银行、科技保险、科技担保等新模式；二是缺经验，要发展技术中介服务业，政府也可以购买服务等方式举办公共平台，帮助创业者和中小企业进行市场分析、拟订财务计划、提供法律服务等。

五、用好私募、股权众筹等融资工具

在当前"影子银行"、地方融资平台等受到抑制的情况下，创业创新需要开拓更多融资渠道。利用私募、众筹等方式将分散的社会闲置资金收集起来，可以有力支持创业创新者。2012年美国出台《乔布斯法案》，使私募、众筹等合法化，目前美国有私募基金37万亿美元，我国仅6万亿元；美国众筹融资企业超过30万家，近年来我国股权众筹爆发式增长，但2014年规模仅15亿元。私募、众筹潜力巨大，但也易涉嫌非法集资，与《中华人民共和国公司法》及中国证券监督管理委员会相关规定抵触。国务院已经要求开展股权众筹融资试点，建议出台文件，一方面要规范发展，另一方面要适时修订相关法律。

六、改革政府投入方式

要变以往的选择式、分配式为普惠式、引领式，也就是谁创新就支持谁，不能用于补贴"僵尸企业"。国家已经设立创业投资引导基金、科技成果转化基金、中小企业专项资金等，各级政府也要相应设立，还可考虑分别设立支持高校毕业生创业、科研人员创业、留学归国人员创业、农民工回乡创业等相关基金。基金主要以商业方式运作，政府有针对性补贴支持，同时要鼓励社会资本参与，以壮大基金规模。

七、深入实施知识产权强国战略

到 2020 年前，要形成知识产权市场化产业化的完整机制，加快知识产权证券化，下大力气保护知识产权，加大侵权行为惩处力度，将侵权人列入失信重点名单，解决侵权成本低、维权成本高的问题。还要大力保护财产权等物权，人们只有在看到创业创新的财产得到保护后，才能解除后顾之忧。

八、深化科技成果产权制度改革

国家将全面推开将科技成果处置权收益权赋予承担单位、股权激励等政策，要加快修订《促进科技成果转化法》《国有资产管理办法》、出台《职务发明条例》等，从法律上予以明确，给创新者和科研单位吃下"定心丸"。还要进一步明确转化责任、知识产权归属等问题，出台科技成果转化收益分配管理办法，提高科研人员收益。

九、尽快全面推开"6+4"政策

国家已经将研发费用加计扣除、股权和分红激励、职工教育经费税前扣除等 6 项政策在全国实施，同时在国家自主创新示范区实施股权奖励个税分期缴纳等4项政策，许多代表、委员和地方负责同志都希望尽快将这些政策全面推开。同时，要在推广过程中完善相关政策，比如研发费用税收优惠，可借鉴美、法、日等国做法，对中小企业向后结转或向前追溯抵扣、科研设备加速折旧等；比如股权奖励个人所得税，在取得股权时暂不缴纳，转让、分红等实际收益时再缴纳等。

十、改革科研项目经费管理体制

我国科研项目管理中的问题，一是申请难，科学家很大精力放在开会、跑项目上，用于科研的时间不到1/3，要简化程序，可考虑实施研发项目招投标制度。二是花钱难，财政部门对科研经费管理收紧，科研人员动辄得咎，应加大间接费用和人头费用比例，增加单位自主权，重点把好成果出口关，只要有好的成果，经费怎么用、用在哪，只要不违法，就可以放宽松些。面向企业的科研项目可以推开后补助和招投标制度。三是不实用，尤其对应用研究，应建立以产业化和经济社会发展贡献率为主要导向的科研项目评价考核体系。

十一、完善成果转化市场化机制

要在以下方面作出努力：今后各级政府在部署重大创新工程和科研项目时，要同步部署转化伙伴和机制；建立科技成果转移转化评价考核体系，每个符合条件的科研机构和高校都应建立成果转化机构或机制；完善科技成果可计量可标准化的评价定价机制，可采取协议定价、挂牌交易、拍卖、评估等方式；发展技术交易市场和区域性股权市场、"新三板"等，可在东、中、西部选择一批中心城市建设股权和技术交易中心。

十二、支持风险投资、创业投资、天使投资等发展

与美国相比，我国风险投资机构和数额都极低，制约了创新成果转化为生产力，必须大力发展。对从事成果转化的风投机构，要采取降低税率、政府补贴、提供担保等方式给予支持，对取得收益后再投资的，可考虑缓征所得税，支持部分民营贷款公司、担保公司甚至"地下钱庄"，转型为科技型风险投资公司。

十三、结合科研院所改革推动科研人员流动

2015年要出台科研人员流动相关政策文件，打破单位、部门"所有制"和身份的局限，可采取下海创业、兼职创业、多点执业等方式，借鉴发达国家做法，对创业的可在一定时期内保留职级和社会保障、职称资格评定等待遇，提供缓冲余地。

十四、实施更积极全面的人才开放政策

包括放宽外籍高端人才永久居留资格，完善"绿卡"制度，简化签证审批，放宽人才中介机构外资比例限制，扩大人力资源市场开放等，鼓励外国人才来华创业创新。

十五、研究制订创业创新促进法

明确针对创业创新的支持和保障措施，包括社会保障、财税金融政策等，明确各部门促进创业创新的职责。条件不成熟时，也可先制订条例。

十六、培育创新文化生态

各个领域、各个行业都鼓励创新精神，树立创新理念。要普及创业教育，强化创业引领，完善创业教育基金、创业资助和创业导师体系。利用各类媒体宣传创新文化和典型人物、成功故事，全国劳动模范要多吸纳蓝领创新者、草根创业者，通过举办创业论坛、创新大赛等多种形式，激发全民创新热情，增强全民创业意识。

发展动能接续期的特点和应对策略

（2015 年 7 月）

我国经济正处于"新四化"加快推进、发展方式转变的关键时期，结构性、体制性矛盾的显现加上周期性、外部性因素的影响，使得经济呈现出诸多不同以往的新特点，下行压力与结构优化、走势分化、动力切换并存。发展动能接续期就是保持中高速增长、向中高端水平迈进的时期，需要因时制宜，采取正确的战略和策略，才能顺利跨越"中等收入陷阱"，全面建成小康社会。

一、正确认识发展动能接续期的特点

目前，我国发展所处阶段、主要矛盾和经济总体向好的基本面没有改变，改革创新动力仍存，同时又表现出需求不足、动力不强等新特点新矛盾，大致可概括为 10 个方面：

（一）消费升级和结构性供给不足的矛盾

虽然我国模仿型、排浪式消费基本结束，但消费升级加快进行，个性化、多样化、精细化消费渐成气候。消费在经济中所占比重和贡献率稳步上升，已超过投资。同时抑制消费的因素还很多，国内商品和服务一时无法完全满足消费者的质量、技术、品牌、特色等要求，部分消费流向海外。因此表面上消费不旺，实际上与结构性供给不足有很大关系。汽车、住房及相关家电家具建材等消费约占全部消费的 50% 以上，虽然增速放缓，但节能环保、舒适个性的车房消费还有增长空间。融合式消费、发展型消费等新模式层出不穷，电子商务、网络购物、体验商店、借助 App 等新型消费快速兴起，将更多行业、更多领域产品和服务消费纳入其中，极大改善了人们的消费体验，拓展了消费需求。近年来信息通信消费增速一直在 20% 以上，2014 年和 2015 年上半年网上商品和服务零售额均增长 40% 以上，但占比仅 10% 左右。新的消费点虽然增长迅猛，但仍显势单力薄，不足以拉动消费"马车"跑起来。

（二）投资潜力大和有效投资不足之间的矛盾

近年来投资增速持续回落，平均每年下降 2 个百分点左右。但发展阶段和居民储蓄情况决定了我国有必要也有条件保持相对较高的投资水平，投资仍是稳增长的关键。过去制造业、房地产、基础设施投资分别占投资的 1/3、1/4、1/5，现在前两者增速大幅下滑，可能进入多支点支撑投资的阶段。我国人均公共设施存量仅为发达国家的 1/3 左右。据预测，"十三五"期间道路、高铁、能源管网、电信等基础设施建设，每年至少新增投资 2 万亿—3 万亿元，特定发展阶段衍生出高新技术、城市病治理、节能环保等新的投资需求，还将增加投资 1 万亿—2 万亿元，潜力巨大。制造业领域升级改造、设备更新、研发创新、新兴产业等方面投资需求仍然很大，新市民落户和老市民改善的住房投资有很大空间，金融、教育、医疗、健康养老等服务业投资方兴未艾。过去许多投资"一窝蜂"、大干快上，重复建设和低效投资导致产能严重过剩，未来通过市场作用，选准投资领域，提高投资效率，仍有条件保持强劲增速。

（三）新老产业青黄不接的矛盾

一些传统支柱产业由于产能过剩、市场收缩、资源环境约束等遭遇成长瓶颈，增速放缓。六大高耗能产业占工业比重30%以上，4年来增速下降3—4个百分点，拖经济下行。在全球产业链变革条件下，我国制造业内部面临成本上升、技术创新不足，外部面对发展中国家追赶和发达国家再工业化的双重挤压，迫切需要依靠市场、技术、人才等，重塑生产配置、物流配送和生产性服务业布局，培育新的竞争力。高技术产业增速近年来超过工业增速3—4个百分点，利润增幅更高，但占GDP比重仅6%左右，新兴产业占比不到10%，新旧力量此涨彼消需要一个过程。同时要看到，现代技术和创新使新旧产业更新换代明显加快，新业态成长迅猛，"互联网+"与大数据形成的智能制造、大医疗、大旅游等，极大拓展产业链条，改变产业形态，虽然处于初创阶段，但前景不可估量。

（四）外贸从"大进大出"转向"优进优出"的矛盾

我国经济已从外需拉动型转向内需拉动型。加入世界贸易组织后我国进出口一直以两位数增长，但近年来增速降至个位数，连续3年没有达到预期目标。2014年货物进出口、出口和进口增速分别较加入世界贸易组织后10年（2002—2011年）平均增速低18.3个、15.7个和21.2个百分点，净出口对经济增长的贡献率已经由10年前的10%左右降至2014年的1%。从趋势看，世界经济进入低速增长期，主要国家去债务化、去泡沫化还将持续数年，大宗商品需求不足，跨境投资趋缓，产品低成本优势弱化，进出口再难回到高增长时代。同时要看到，我国出口增速仍高于主要贸易伙伴，中高端制造业和高技术产品出口增长仍然较快，向全球产业链高端攀升既有条件更有压力。尤其是装备走出去和产能合作展现出广阔前景。我国对外投资已经超过引进外资，国外对我先进装备、技术、资金和工程服务的需求增加，产品走出去正向产业走出去和资本走出去转变。这个机会抓住了，完全能开辟优质高效的外贸新格局。

（五）劳动生产率增长放缓和工资增长加快的矛盾

过去城乡居民收入增速长期低于经济增速，劳动报酬增速低于劳动生产率增速，如"十一五"规划提出经济增长 7.5%，收入增长 5%。"十二五"规划提出"两个同步"后，2008 年情形开始逆转，2008—2013 年城乡居民收入增速平均高于经济增速 0.5 个百分点，如果说这带有补偿性的话，其间劳动生产率增速低于职工工资平均增速 0.5 个百分点，不符合"两个同步"和国民收入分配均衡原则。这一转折还体现在另一个指标全要素生产率（TFP）上，TFP 指数自改革开放以来持续增长了 2.6 倍，2008 年达到顶点，2009—2014 年则呈持续下降趋势。与此同时，劳动力总量出现"刘易斯拐点"，从 2012 年开始每年减少二三百万人，2014 年农民工数量增长 1.9%，2015 年上半年仅增长 0.1%，很快就会达到顶点，"人口红利"和农村人口转移红利都在减少。劳动者素质跟不上生产需要，就业难与用工荒并存。虽然劳动生产率下降与经济周期、要素结构、产能过剩等因素有关，但这一趋势不利于企业经营和社会积累扩大，必须尽快通过强化教育和创新、市场化改革和结构调整，大幅提升劳动生产率。

（六）企业经营成本上升和效益下滑的矛盾

国际金融危机后，我国劳动力、土地、技术和财务成本不断提高，要素投入的力度和边际效应减弱，追赶红利和人口红利递减，企业利润被压缩，资源型行业利润更是大幅下降。2008—2014 年，规模以上工业企业利润年均增长 14.5%，增速较危机前十年平均水平低 19 个百分点。以资金成本来看，2011 年到 2014 年，一般贷款加权平均利率一直高于 7%，加上负的 PPI，实际贷款利率超过 10%，而同期工业企业主营业务收入利润率只有 5%—6%。以前靠低工资、低地价、低资金成本，所获利润用于再投资、扩大再生产的盈利循环模式，现在这些都上升了、稀缺了，传统模式难以为继。企业效益是决定投资和消费的关键，如果不能使企业尽快转到低投入高产出的盈利模式上，产能过剩、产品积压就始终是个负担，市场难以出清，投资和需求就无法扩大，经济就走不出低迷期。

(七) 财政收支增速逆转的矛盾

1994 年分税制改革到 2011 年，我国公共财政收入年均增长约 20%，显著高于同期 GDP 增速。此后，财政收入增速逐步下滑，2012 年、2013 年、2014 年分别增长 12.9%、10.2%、8.6%，与 GDP 增速趋于接近，今后很可能进入个位数增长时代。与此同时，财政支出则进入"补短板"时期，近 3 年分别增长 15.3%、11.2%、8.2%。由于老龄化、环境恶化等原因，社保、环保等领域刚性支出快速增长。2011—2014 年，农林水、教育、医疗、社会保障、环境保护、科技等领域财政支出年均增长 11.9%，比同期财政支出增速高 0.4 个百分点。财政由过去的盈余常态转为赤字常态，加上预算管理强化，倒逼债务率和赤字率提升。一些地方"土地财政"、非税收入等减少，社保、公共服务等支出加大，财政收支困难更加凸显，亟需建立新的地方税体系和政府性债务管理机制。

(八) 流动性充裕与实体经济缺钱的矛盾

国际金融危机以后我国 M2 占 GDP 的比重从 151% 提高到 200% 左右，信贷占 GDP 之比是 176%，比 2008 年上升了 60 多个百分点，这两个比重在世界上都是高水平。目前银行各类存款 110 多万亿元，企业存款 38 万亿元左右，居民储蓄 50 多万亿元，储蓄率近 50%，为世界最高，财政存量资金 4 万亿元左右，但这些钱并没有用好，收益率很低。好比"池子里的水"已经很多了，但都是一汪一汪分开的，没有流动起来。尽管 2015

年以来多次降准降息释放流动性，但实体经济融资难问题没有解决，这与金融领域"不差钱"形成了对比。主要问题在于融资渠道不畅，衍生出众多中间环节，抬高了资金成本和企业杠杆率，也加剧了金融机构不良资产"双升"风险，还使货币政策不敢轻易"放水"，否则天量货币一旦放出来就难以控制。同时，我国以银行为主的间接金融比重过大，成本高、效率低，顺周期性强，不利于发挥调控作用。必须尽快完善多层次资本市场，修好"干渠和支渠"，让水迅速流到需要的地方。

（九）区域发展再次分化的矛盾

我国改革开放是从沿海开始的，因而东部地区获得了先发优势。20世纪90年代实施区域发展总体战略以后，加上产业转移、技术扩散、市场拓展、能源资源配置等因素，中西部和东北地区迅速赶上来，增速平均高于东部地区2—3个百分点，发展差距有所缩小。但近年来再度出现逆转趋势，东部地区经济结构调整较早，能够用较少的投资保持较高的增速，甚至出现逆势回升。而中西部尤其是资源依赖型地区增速回落。2015年一季度，经济增速同比回落5个百分点以上的17个省区市中，中西部和东北有13个，其中山西和辽宁回落超过10个百分点。怎样发挥我国巨大的回旋余地，推进区域均衡发展，促进要素自由流动，建立全国性统一大市场，需要新的区域发展战略。

（十）旧规则已破与新规则未立的矛盾

过去政府主导资源配置、擅长审批的方式，在简政放权、反腐败等冲击下正在打破，一些官员强力抓经济、上项目的劲头减弱了，不愿抓、不会抓、不敢抓的问题突出出来，如何适应法治政府要求，探索新的宏观调控和行政管理方式，建立新常态下的政绩激励约束机制，成为一项重大课题。政府抓经济的手松了，但市场的手又未用好，造成了动力断档。必须尽快建立公开透明、边界清晰、服务高效、多元平衡的行政机制，重塑政商和政府间关系。

从这10个方面看，发展动能接续期是周期性下行与中长期下行叠加的时期，是去杠杆、去产能、去库存与巨大潜力释放并存的时期，是分化加剧与转换加快的时期。这个时期非常关键，搞好了，经济运行就能跨上优质高效运行的新台阶，搞不好，就会坠入"中等收入陷阱"。要用辩证和发展的眼光看待发展动能接续期，不能急于求成，指望"毕其功于一役"，也不能纠结于一两个百分点的起落，在乎"一城一地之得失"，因为旧模式消弭和新动力培育都需要一个过程。要平心静心、凝神聚力，把当前和长远结合起来，把发展和改革结合起来，把国内和国际结合起来，统筹平衡稳增长、促改革、调结构、惠民生、防风险，围绕目标持续用力，久久为功，才能在平稳渡过接续期后，迎来强劲可持续增长的新时期。

我国发展改革进入了关键期和深水区，困难一年比一年大，矛盾一年比一年多，过去跟在别人后面拿过来就能用的经验和规律越来越少，这就要不断探索规律，创新政策，用中国式的办法解决中国发展中的问题。

二、渡过发展动能接续期要用好三个"政策组合"

这次经济下行，与1998年亚洲金融危机、2008年国际金融危机时相比，需求结构、产业结构和政策环境都有了很大不同，因而应对策略也有所不同。根据发展动能接续期的特点和规律，基于我国实践和国际经验，需要创新和完善政策组合。

（一）定向调控＋结构性改革

推动发展，最直接的工具是调控，最大的工具是改革，两者必须结合起来。我国经济处于三期叠加、两难处境和多重目标并存的阶段，要兼顾民生、社会、生态环境等多重目标，首先要坚持发展这个硬道理。庖丁解牛的诀窍在于沿骨缝下刀，经济的骨缝在结构，抓住了结构，也就抓住了需求不足和供给过剩的关键。定向调控就是结构性调控，抓住中小企业、"三农"、棚户区改造、水利等重点领域和薄弱环节，采取"靶向"疗法对症施治、补齐短板，使经济在趋于平衡中稳步回升。定向调控也是精细化调控，以治大国如烹小鲜的态度，精准发力、有序有效预调微调。社会学上有所谓"二八定律"，抓住关键少数，可以牵一发而动全身，取得最大实效。西方经济学也有宏观政策微观化，1993 年克林顿政府推行"综合经济发展计划"，采取了大量定向减税、公共事业发展计划等措施，使美国经济保持了十年高速增长。定向调控也是一种多目标调控，我国采取的定向降准降息减税等措施，达到了既稳增长、稳物价又调结构、惠民生的多重目标。

当前，定向调控要兼顾稳增长与调结构，把握平衡、善用巧劲，相机抉择、果断出手。当经济运行在合理区间时，要保持定力，重心放在调结构上；当经济滑出或接近下限时，该出手时就出手，否则一旦外部环境"风吹草动"，就易陷入顾此失彼的境地。要加强对苗头性倾向性问题的预判，当前过剩产能行业的库存调整、资产重组是正常现象，但对一些地方由于结构调整缓慢带来的经济下行就要重视。最近围绕要不要"放水""强刺激"的争论很激烈，我国不宜搞所谓"中国版量化宽松"，因为这会使过剩产能再度扩张，环境压力骤然加大，结构调整中断，股市、房市震荡加剧，给后续发展带来隐患。如果抓不住结构这个关键，即使宽松了，也会使经济在虚拟中空转，企业要么融不起资，要么不愿投资，所以根子在实体经济。要积极推动经济结构正向深度调整，扩大有效需求，培育新增长点，以增量拓展带动存量优化。

结构性改革也是瞄准结构性矛盾，着力提高生产率。人们担心，改革这个"远水"，能否解得了经济下行的"近渴"？我国市场化改革进行到今天，仍有大量形形色色的准入壁垒、行业垄断、经营限制等，约束了投资和消费潜力发挥，一旦破除这些障碍，将带来大量新就业新产业新模式，形成新的增长点。比如停车设施、养老设施等，群众有需求、社会有资金、运营可持续，只要体制一破，很快能形成巨大实物投资量，而且不会造成产能过剩。比如通过公私合作、特许经营、政府性基金、定向发债等办法，加大高速公路、铁路、水利、棚户区改造、市政设施等项目投入，以较少政府投入撬动更多社会投入，有的能达到1：3甚至1：5。不仅解决投融资难题，更提升公共产品和服务运营效率。机制一新天地宽，创新调控与结构性改革结合起来，展示出拓展经济空间的强大威力。

（二）简政放权＋大众创业、万众创新

大众创业、万众创新是我国发展的全新引擎。投资驱动力减弱后，需要转到更加依靠提高劳动生产率、资本产出率和全要素生产率上来。简政放权与"双创"在目的、手段和方式上高度契合，其内在逻辑与改革开放以来的逻辑是一致的，都是着眼于人的创造力的解放，实现社会生产力的解放和发展。现在到了实现更大解放的时候，要将人从土地、户籍、单位、所有制等的捆绑中解脱出来，实现迁徙自由、择业自由、创业自由、创新自由等，通过努力拼搏实现自我价值，进而推动经济社会发展，开辟提高生产效率的新渠道。这个进程从改革开放延续至今，现在还没有完成，许多领域的管制还很多，对人的束缚无处不在。比如个人和企业创业还有很多障碍，社会交易的制度成本较高，要素流动尤其是人才和科技成果流动还有很多约束等。随着互联网技术的快速发展，公司小型化、网络化、信息化成为趋势，创业创新门槛和成本空前降低，资本杠杆撬动和放大了创业创新能力，众联、众筹、众创、众包等新模式不断涌现。大众创业、万众创新的洪流迫切要求加大简政放权的力度。

简政放权核心是减少政府对经济活动的微观和具体干预，让市场活力和社会创造力充分发挥，政府主要把握好边界和行为方式，发挥补位、引导和营造环境的作用。美国是最富创业创新活力的国家之一，20世纪70年代，美国政府开始放松管制，1975年取消证券市场股票委托手续费，1978年撤销航空管制，此后相继放开石油、汽车运输、铁路运输、电力、银行等领域管制。90年代又发起"重塑政府"运动，放开大多数竞争性行业管制，同时对社会中介组织放权，逐步将资格审查、质量控制等权力向商业、行业等中介组织转移，优化政府服务。在美国注册企业，政府网站上有详尽的介绍和咨询服务，有关企业创建和经营的指导性内容划分得非常细致，创业者可以得到许多信息，如何制订创业计划，如何获得许可证和营业执照，如何获得税务号码，以及如何选址等，几乎涵盖了各个环节。我国简政放权已经取得很大成效，但与社会热切期待相比还有差距。要以"双创"为镜子，倒逼政府自身革命，简政放权、放管结合、优化服务协同推进、三管齐下。针对群众和企业办事还不方便、一些重大项目推进遇阻等问题，下一步要向深处用力，自上而下与自下而上相结合，变"政府点菜"为"群众点菜""企业点菜""项目点菜"，从群众和企业办事需求出发，倒逼暴露问题，重点解剖麻雀，破解难题，以更有效的改革释放更大的生产力。

（三）公共产品、公共服务投入+PPP

我国在几次经济下行时，都采取了扩大公共产品有效供给来扩大内需的办法。目前公共产品仍然严重不足，但各级政府债务高企、财政收入放缓，直接投入受到制约，不能再采取主要靠政府投资的办法，更可行的途径是以较少政府投入撬动更大社会资本投入公共产品和服务，也就是政府与社会资本合作（PPP）模式。PPP一手托政府，一手托市场，更符合市场经济规律。PPP不仅仅是投融资方式的变革，更是公共产品和服务运营理念和方式的变革。可以考虑将PPP上升为扩大内需的重要战略，以中央和国务院名义出台文件，对PPP从实施方案、目标任务、政策体系等方面作出部署。要创造出中国特色的高效的公共产品和服务建设与运营方式，既不同于福利国家政府全部承担的方式，也不同于自由市场国家多放给私人部门的方式。少量公共产品政府直接生产，大部分可采取政府购买后再向公众免费或部分有偿提供的方式，找到公共产品提供与社会资本运营之间的平衡点。对此，各级政府要进一步加大PPP实施的力度、领域和范围，尤其对一些准公益性项目，要深化开放合作，合理让渡利益，灵活运用BT、BOT、特许经营方式，设立PPP引导基金，加大实施力度。同时，尽快启动制订政府与社会资本合作（PPP）相关条例或办法，使PPP上升到法律层面，完善PPP项目规范化管理办法，设定社会资本盈利机制，给社会资本吃下"定心丸"。

激发新的发展动能，核心在于以极大的勇气和决心，破除思想观念的束缚和体制机制的桎梏，顺时应势、推陈出新，探寻新的发展路径和方式。

三、激发新的发展动能需要推进"四大革命"

（一）推进投融资革命

今后一个时期，新型城镇化和"一带一路"、京津冀协同发展、长江经济带等三大战略，以及"中国制造业升级"确定的10个领域等，是未来投资重要方向，所需新增投资超过"十三五"期间保持一定投资增速的要求，现在关键要解决融资机制即"钱从哪里来"的问题。在适度流动性环境下，除了传统的银行信贷，还必须加快创新投融资渠道和机制，大力发展直接融资，打通高储蓄率和实体经济需求之间的通道，提供多样化便捷融资渠道。具体看，至少有 11 个扩大融资途径：一是稳步扩大国债融资和地方债置换。现在中长期国债规模偏低，今后几年每年可以新增 1 万亿元。为控制地方政府债务风险和满足建设需求，地方债置换今年已经增加到 2 万亿元，还可继续增加，以后每年保持适度规模。同时适当扩大专项债券发行规模，用于有一定收益的准公共设施项目，放宽社会资本准入，每年也可新增 1 万亿元以上。二是扩大定向贷款规模。扩大向国开行和农发行等政策性金融机构发行抵押补充贷款（PSL），支持范围从棚户区改造扩大到铁路、水利等，可从每年 1 万亿元增加到至少 2 万亿元，今后 3—5 年规模可达 10 万亿元。同时财政要通过设立风险稳定基金、担保贴息补偿、利用收费权和预期收益质押贷款、专利权质押贷款等方式，促进银行定向放贷。三是实施信贷资产证券化。资产证券化是发达国家金融创新的普遍做法，也是我国银行腾挪额度、提高服务经济能力的重要选择。目前信贷资产支持证券 4500 亿元，与近 90 万亿元的信贷资产余额相比微不足道。最近已经明确将新增 5000 亿元信贷资产证券化试点规模，今后还可逐步扩大。比如地方融资平台资产 7 万亿—10 万亿元，汽车、住房等贷款都有稳定现金流，即使其中一半可以证券化，未来 3—5 年年均也将达 1 万亿元左右。四是加快推进政府与社会资本合作。预计未来 3—5 年 PPP 方式融资每年超过 1 万亿元，带动社会融资保守估计也达 2 万亿元以上。五是扩大企业债券融资。目前我国企业债占社会融资比重在 15% 左右，要在调整债务结构、控制债务风险的条件下，逐步扩大银行外主体参与债券市场比例，每年可新增债券融资 1 万亿元，力争 2020 年企业债融资达 10 万亿元，占社会融资比重 1/4 左右。六是完善资本市场融资功能。主板、创业板、新三板等融资由 2008 年的 3324 亿元迅速增加到 2014 年的 4350 亿元，2015 年将达 1 万亿元左右，今后可适时适度扩大 IPO，规范上市公司再融资。七是发展新型社会融资。私募、股权众筹、知识产权质押等新型融资工具在互联网推动下蓬勃兴起，集中闲散资金支持创业创新，使投融资由小众的事变成大众的事，人人是股东，是真正的投融资革命。目前美国私募基金约 37 万亿美元，众筹融资 650 亿美元，我国分别仅 6 万亿元和 15 亿元人民币，潜力巨大。我国私募、众筹等每年新增融资至少能达 1 万亿元。大力发展风险投资、天使投资、创业投资，规模可望从现在的 4000 亿元增加到 1 万亿—2 万亿元。八是发展产业引导基金。目前国家层面已有十几只总规模近 4000 亿元的产业引导基金，各地也设立了一些产业基金和城镇化基金，规模达数万亿元。预计未来几年，全国每年新增产业基金规模将达 1 万亿—2 万亿元，带动社会资金 2—3 倍以上。九是启动养老基金投资、保险投资基金等。国家已经设立 3000 亿元的保险投资基金，主要投向棚改、城市基础设施、重大水利工程、中西部交通设施等。今后还可以多种方式继续扩大保险等资金投资，同时带动其他社会资金。十是持续扩大利用外资。我国利用外资还有很大潜力可挖，如放宽部分行业外资股比限制和经营范围限制，放宽企业尤其是外资企业国外融资比例限制、放宽自贸区资本自由账户等办法，可以迅速增加融资，倒逼国内降低融资成本。十一是加大外债发行力度。国务院已明确，2015 年、2016 年两年支持境内符合条件企业赴境外发行人民币债券增加 3000 亿元，外币债券 2000 亿美元。今后几年即使按这一规模，每年也可新增融资来源近 1 万亿元。以上融资来源打通了，每年至少新增资金来源 10 万亿元，大大超过 2015 年新增投资 15% 的要求，加上盘活财政存量资金、简政放权释放民间投资等，不仅能满足今后几年的投资需求，而且将对我国投融资机制产生根本性影响。

（二）推进消费革命

适应大众消费时代的新趋势、新特点，积极推进消费革命。要从理念和政策上鼓励消费。20 世纪 20 年代美国推动了大众消费社会的形成，使当时的奢侈品汽车走进千家万户；20 世纪 50—80 年代日本经济升级的同时，推动了以汽车、电子产品、休闲、娱乐、健康等为主的三次消费革命。我国要借鉴美日扩大消费的合理经验，树立消费光荣的理念，区分正常的中高档消费和奢靡之风，不能一棍子打死，不能把合理消费与勤俭节约对立起来，制定合理的消费政策支持消费革命。要重视消费的预期管理和效应管理。现在 CPI 处于较低水平，PPI 连续 3 年多为负，影响居民收入和预期，不利于形成消费热潮。股市持续活跃有利于形成财富效应，促进企业融资投资，有利于扩大消费。要将扩大消费的长期战略与短期举措结合起来，在持续扩大就业、调节收入分配、完善社会保障体系、发展服务业的同时，研究制定稳定居民消费预期、让利居民消费和引导居民财富转向消费的系列政策。如用财政补贴支持农村居民改善居住条件，实施新一轮"村村通"等。要利用新兴供给创造新兴消费。运用大数据精准把握消费需求，运用互联网创新营销模式，培育和创造体验式消费、融合式消费、发展型消费等新型消费模式，从无到有创造消费，有中提质扩大消费。要加强消费基础设施和制度建设。2015 年政府工作报告提出汽车、住房、养老家政、信息、旅游、教育文化体育等六大消费领域，要加快网络普及和基础设施建设，如实现免费 Wi-Fi 全覆盖等。利用互联网和现代物流体系，加快农村网络、公路和物流网点建设，填平城乡、区域之间的"消费鸿沟"。

（三）推进产业革命

我国产业正处于世界新科技革命酝酿、新兴产业爆发的交汇点上，能否历史性地抓住机会，推动产业由中低端进入中高端，是对我们的真正考验。关键要用好四大机遇：一是利用以互联网为代表的信息技术与各产业各领域的跨界深度融合，推动我国经济技术结构产生脱胎换骨的变化。互联网思维正在产生全方位的革命性冲击，将对现有生产经营模式和组织方式形成强有力的替代。要以智能制造引领制造方式变革，开辟可穿戴智能产品、智能家电、智能汽车等制造业新领域，以网络众包、协同设计、大规模个性化定制、精准供应链管理、全生命周期管理、电子商务等重塑产业价值链体系，培育形成"互联网＋制造业""互联网＋教育医疗养老""互联网＋交通物流"等一系列新产业、新业态、新模式，并尽快培育成国民经济支柱产业。二是利用装备走出去和产能合作，推动新一轮产业在开放中升级。在学习引进中加大自主创新，破解制约我国产业升级的核心关键技术，推动制造业向设计、研发、标准等价值链高端提升。实施节能环保、新一代信息技术、生物、高端装备制造、新能源、新材料、新能源汽车、信息通信、健康养老、现代农业等十大新兴产业振兴计划。借鉴日本1978年《特定萧条产业安定临时措施法》，提出实施钢铁、建材、煤炭等传统产业改造升级计划。三是利用质量、技术、标准等，倒逼绿色环保等产业发展。目前我国天然气、太阳能等清洁能源的比重偏低，标准倒逼加上调整补贴、税收等经济性政策，可以迅速形成节能环保产业发展高潮。比如我国房地产建筑中用钢比例是20世纪80年代制定的，不到5%，影响安全也远低于国际标准，如果调整到10%，按每年建筑10亿平方米，将多消费钢5000万吨，还有利于化解产能过剩。四是利用并购重组和产业政策，提升企业效益。2014年我国兼并重组额度占全球的13.3%，而美国占25%。要通过财税金融政策、放宽国有企业重组中的民营资本准入等，扩大并购重组，减少"僵尸企业"的存量资产。财政对产业的支持方式，正从专项补助补贴转向产业基金，既要用以帮助重点产业、潜力型行业、龙头企业和有潜力的中小企业，也要用于产能过剩行业脱困。

（四）推进产权运用革命

我国自1992年确立社会主义市场经济体制已经23年，绝大部分生产要素已经市场化，但仍然存在集体和国企资产产权不清，技术和知识产权类产权难以完全市场化，农村土地、房屋、林地产权流动不充分等问题，使各类产权的权能不能充分实现，产权价值不能最大化，不利于生产力的真正解放。在许多发达国家，产权界定相对清晰，同时凭借发达的金融创新和社会诚信体系，发展了成熟的农地证券化、知识产权证券化等。我国在产权运用方面市场还很不成熟，法律和制度约束还很多。产权运用好了，城乡各类要素的巨大潜力发挥出来了，将对经济增长产生巨大推动力。一要积极稳妥推进土地经营权流转，建立健全城乡统一土地市场，推动农村集体资产权能改革，发展股份合作、专业合作制，规范发展农村产权交易市场。二要通过兼并重组、实物资产金融化、金融资产证券化等方式，加快完善国有企业产权流转制度，大力发展区域性股权交易市场，推进中小企业产权流转重组。三要加快推进科技成果产权制度改革，加大知识产权保护力度，完善技术交易和成果转化市场，让科技成果权能实现最大化。四要大力推动土地经营权、股权、债权、知识产权等各类产权的质押抵押，促进产权标准化、可计量。我国改革开放是从放开农民土地承包经营权开始的，到放开搞活集体经济、国有经济，秘诀在于下放权力，让产权要素活起来。现在我们要进一步推动产权的权能实现形式多样化，让各类要素通过自由选择配置和利用，产生强大的聚变动能。这种潜力的释放对整个社会的冲击，将不亚于改革开放初期。

（与国家信息中心李洪侠、吕欣，国家行政学院郑惠合作）

推动大众创业、万众创新持续深入发展

——在全国政府办公厅系统大众创业、万众创新专题培训班上的讲课提纲

（2015 年 9 月）

我结合个人体会，重点讲 4 个问题：一是大众创业、万众创新是怎么提出来的；二是我们为什么提倡大众创业、万众创新；三是大众创业、万众创新的概念内涵和重大意义；四是怎么推进大众创业、万众创新。

一、关于大众创业、万众创新的提出

在我国，重大战略都是顺应时代潮流、反映群众呼声、集中各方智慧提出来的，大众创业、万众创新就是在我国统筹推进"四个全面"战略布局，在改革进入攻坚期、发展进入接续期这样一个关键时期提出来的。具体来讲，"双创"概念是怎么形成的呢？

大众创业、万众创新这个概念，最早是李克强总理 2014 年 9 月在天津举行的夏季达沃斯论坛上提出，他强调要在中国 960 万平方公里土地上掀起大众创业、万众创新的热潮。这个概念当时就引起了广泛关注，人民日报发表一篇《开启大众创业、万众创新新时代》的评论文章，与会的

很多外国领导人、媒体人都认为，这是"中国发展的新信息"。但概念并不是一次成形的，此前，李克强总理在会见国家杰出青年基金获得者代表时，就提出了大众创业和创新潮的思想，当时从简政放权角度提出鼓励大众创业，同时希望像20世纪80年代的下海潮一样形成创新潮。后来在冬季达沃斯年会上、在国家科技奖励大会上、在两院院士大会上，他又多次对大众创业、万众创新进行了详细阐述。

2014年12月中央经济工作会议期间，习近平总书记分析了经济发展新常态的9个方面，指出要把大众创业、市场主体创新作为新增长点。李克强总理在会上提出以大众创业、万众创新形成发展的新动力，并从政府自我革命、企业竞相创业创新、社会厚植创业创新文化三个方面作了详细论述。

在2015年《政府工作报告》中，第一次写入了大众创业、万众创新。两会期间审议《政府工作报告》时，"双创"成为代表、委员热议的话题和社会关注的焦点。每个代表团都有好几位代表提出，共有150多条意见涉及"双创"。大家对大众创业、万众创新给予高度评价和一致赞同，认为它是我国发展的最大潜力所在，具有重大战略意义和鲜明时代特点，必将成为中国发展的新引擎。很多代表委员提出，要把大众创业、万众创新作为国家重大战略进行部署，从实施方案、目标任务、政策体系等方面进行明确，并在"十三五"规划强化创业创新目标。很多地方的负责同志敏锐地看到这一重大契机，纷纷表示回去后将加大推进力度，形成大众创业、万众创新的燎原之势。在中央政治局会议分别对2015年一季度和上半年经济形势进行分析时，再次强调了大众创业、万众创新。

在实际工作中，2015年以来，党中央、国务院和各地区、各部门也加快了对"双创"的部署。3月13日，党中央和国务院下发了《关于深化体制机制改革加快实施创新驱动发展战略的意见》，这是一个标志性文件。国办发了关于发展众创空间、推进大众创新创业的意见，教育部、人力资源和社会保障部都出台了具体措施。发展改革委在系统梳理"双创"政策基础上，以国务院名义下发了《关于推进大众创业万众创新若干政策措施的意见》，这是一个政策的集大成，共96条。他们最近还在研究出台众创、众筹、众包等方面的文件。8月15日，国务院同意由发改委牵头，建立推进大众创业、万众创新部际联席会议制度。

截至2015年9月，各部门、各省区市陆续出台的支持创业、创新的政策措施近2000条。其中党的十八大以来以部门名义出台的119条，北京、上海、深圳、广州、武汉、成都、西安等7个创业创新相对活跃的城市出台的有129条。可见，各部门、各地区推动大众创业、万众创新的热情日益高涨。同时，社会各界对大众创业、万众创新的讨论也在升温，相关文章、新闻处处可见。

大众创业、万众创新与科技兴国、人才强国战略一脉相承，是实施创新驱动发展战略的重要抓手。这个战略提出后的社会反响表明，它顺应时代潮流，契合社会需求，把握发展脉动，符合国情民意，找到了发展、改革与民生的结合点，因而得到了人民的广泛拥护和支持。应当说，大众创业、万众创新是创业创新的"升级版"，是改革开放在新时期的新航标，也是全面建成小康社会和实现现代化的关键。一个大众创业、万众创新的时代正在向我们走来。

二、为什么提倡大众创业、万众创新

创业创新是人类文明进步的不熄引擎，是植根于每个人心中具有顽强生命力的"种子"。我国是世界上人口最多的国家。试想一下，如果13亿多人的创造潜能充分释放出来，那将给经济社会发展带来什么样的变化，还有什么样的奋斗目标不能实现？具体从 7 个方面看：

（一）从自然禀赋看

创新是中华民族的固有气质，中华文明 5000 多年生生不息，源于中国人民自强不息、敢于创新的禀性。中国历史上有过不少民众思想解放、创造力活跃的时期，四大发明实际上是建立在众多民间创新发明成果之上的。据李约瑟《科学技术史》记载，16 世纪时欧洲思想家认为，中国的四大发明"是整个古代没有能与之匹敌的发明"，一位叫施特拉丹乌斯的科学家排列了 9 项世界重大发明（他将造纸印刷放一起了，当时中国用竹简，欧洲用羊皮纸，而造纸印刷在当时的意义就如同今天的互联网，没有它，就没有文化的广泛传播，欧洲的文艺复兴就没有可能），中国除四大发明外，还有蚕桑丝织，此外粟作稻作、木结构营造等也闻名世界。从公元 6 世纪到 17 世纪。当时中国的重大科技成果一度占世界的半数以上（最近，美国《时代》杂志评出了史上最富有的 10 个人，第一是马里帝国国王穆萨，第二是罗马帝国的恺撒大帝，第三是中国的宋神宗，当时宋朝国内生产总值占世界的 25%—30%）。所以说，有人诬蔑中国没有创新是完全没有道理的。

欧洲文艺复兴以后，我们在科学技术和制度创新方面落后了。近代以来中华民族历经磨难，但创新图强的步伐从未停歇。现在，我国发明专利申请量连续多年居世界第一，有效发明专利居世界第二，国际发明专利申请量居第三，研发投入 1.3 万亿元，占 GDP 比重达到 2.09%。中国人民不但如饥似渴地学习新技术，也在不断尝试新体制，探索符合中国国情的"体"与"用"，体现出一个文明大国古国"其命维新"的进取姿态。

（二）从历史经验看

新中国开启了自力更生、自主创新的大门，改革开放更是点燃了人人创业创新的火种。改革开放实质是一场规模宏大的创业创新活动，正是依靠这种千万人的创业创新，极大增强了全社会创造财富的能力。有人说，回顾 30 多年的改革历程，大约有 3 次经济繁荣，也可以说是 3 次创业创新，每次经济繁荣都是以思想的解放和创业创新的繁荣为开端。第一次是 1978 年，以"实践是检验真理的唯一标准"大讨论开始，邓小平同志提出"解放思想，实事求是，团结一致向前看"，之后从农村家庭联产承包责任制开始，到城市国有企业改革，到放开集体经济，到发展私营经济等，都是着眼于调动千千万万人的积极性创造性。第二次是以 1992 年邓小平同志南方谈话开始，中央作出建立社会主义市场经济体制的决定，解决了计划与市场的关系等重大争论，再一次解放了生产力。第三次是进入 21 世纪后，以加入世界贸易组织为标志，通过更大程度的开放，进一步解放了全社会的思想观念和体制机制，使中国经济前所未有地融入世界经济循环中。

现在，我们的思想解放、社会生产力解放、社会创造力解放又站在了新的起点上，改革开放站在了新的起点上。习近平总书记强调，创新是引领发展的第一动力。李克强总理指出，过去我们靠勤劳，今后要靠智慧。按经济发展规律，一个国家在发展初期要靠"勤奋革命"，日本、韩国都是这样走过来的，到一定时期就要靠"智慧革命""创新革命"。如果说 30 多年前，许多人在改革开放中淘到了"第一桶金"，依靠勤劳积累了财富，使国家发展取得了巨大成就；那么今天，我们鼓励更多人依靠智慧和创新淘到新的"第一桶金"。

（三）从发展阶段看

一是各国以创新应对国际金融危机。国际金融危机以后世界经济复苏脆弱，不确定因素增多，走势难以看清。有人说进入"新平庸"状态，再难回到以前的速度。各国开出的"药方"主要是两个方面：一个是"量化宽松政策＋结构性改革"，欧洲和日本的量化宽松没有达到预期效果，结构性改革举步维艰，美国复苏势头较好但也不稳定，2014 年经济增速，一季度是 –2.9%，二、三季度分别是 4.6% 和 5%，但四季度又降到 2.2%，2015 年一季度又降到 0.2%，二季度稍好。新兴经济体除印度外普遍放缓，俄罗斯、巴西都是负增长，遇到很大困难。另一个是"新技术革命＋再工业化"，就是利用酝酿中的世界新技术革命，特别是信息技术和智能制造技术，推进新的工业革命，包括美国再工业化、德国工业 4.0、日本重振制造业、欧盟"地平线 2020 计划"等。应当说，这两大"药方"的方向是对的，关键看谁能真正在结构性改革和新技术革命上取得实效。世界经济走出这场危机还是要靠创新，解决人类发展面临的难题需要更多创新性方案。二是世界经济围绕创新重塑产业链。过去"雁行"产业转移由发达国家向东亚，现在又转向东南亚、非洲、拉美，中国正在发展国际产能合作就是顺应这个趋势。从发达国家看，制造业服务化、协同设计、个性化定制、精准供应链管理、全生命周期管理等正在重新塑全球产业链条，"互联网＋"正在催生新产业、改造旧产业。（目前全球产业发展有 3 个新趋势：一是生产制造由规模化生产向个性化定制转变；二是生产组织方式由工厂化向网络化协同生产转变；三是产业组织形态由大企业主导的产业链向中小企业组成的网络聚焦转变。）三是中国发展要以创新重塑新动力。现在我国经济发展进入新常态，传统增长动力在减弱，资源环境约束在加剧，要素成本越来越高，必须走转变发展方式、提质增效升级之路，从而寻求新的动力。新动力从哪里来？还是从创业创新中来，依靠创业创新发现和培育新需求、创新新供给，形成新的经济增长点。世界上资源有限，而人的潜力无穷，这就是更大范围、更高水平的大众创业、万众创新。

（四）从哲学意义看

以历史唯物主义的角度，历史是人民创造的，国家的发展进步来自人民创造力的发挥。人是能够进行自我创造的主体性存在，是生产力中最活跃的因素。马克思认为，衡量社会进步有两个标尺，一个是生产力的发展，一个是人的全面发展。而大众创业、万众创新兼顾了这两个方面，既是解放生产力，更是解放人自身的创造力，最终实现人人自由而全面的发展。以社会价值观的角度，大众创业、万众创新又是致力于多数人富起来的改革，有利于扩大就业、缩小收入分配差距、加快社会纵向流动，增进社会公平正义。我们的改革创新应当弘扬其富民惠民的本质，绝不能异化为少数人谋利的工具。（法国人皮凯蒂在《21世纪资本论》一书中认为，经济增长不会自动解决分配问题，近几十年来世界贫富差距严重恶化，现行制度只会让富人更富、穷人更穷。）中国历来有"不患寡而患不均"的说法，大众创业、万众创新既要解决"寡"的问题，又要解决"不均"的问题。以人性的角度，有人说，西方强调人权，中国强调人性、人道，有一定道理，当然我们现在既讲人权（与西方讲的人权概念不同），又讲人性、人道。西方国家搞创业创新，强调人的利益需求、人的权益保障，中国特色创业创新既重视人的需求、人的权益，又强调社会公正、集体的需求，所以大众创业、万众创新的理念也更胜一筹。

（五）从时代趋势看

一是人们的创业创新热情被前所未有的激发出来。2014年和2015年，每年新增市场主体超过1000万户，2015年以来平均每天新增企业1万户。中华大地正在兴起新的创业创新热潮，出现了以大学生等90后年轻创业者、大企业高管及连续创业者、科技人员创业者、留学归国创业者为代表的创业"新四军"，草根创新、蓝领创新、创客、众创空间等新的形式层出不穷。现在，中关村每天诞生130家企业，深圳每千人拥有市场主体数达到113户，成都每天新增500多名创业者。韩国一家媒体说，中国进入"创业大爆炸"时代。不论在大城市，还是在偏远的乡村，不论是青年人白手起家、科学家"下海"，还是亿万工人、农民立足岗位创新，汇成滚滚洪流。

二是新的创业创新方式风起云涌。新技术、新产业、新业态、新商业模式大量涌现。尤其是互联网和大数据等新技术，创客、众创空间、App、天使投资等新形式大量涌现，O2O（线上线下结合）、P2P（门到门服务）和协同设计、个性化订制、供应链管理等新模式层出不穷，催生大量新企业新模式。

大众创业、万众创新不仅限于中小企业，大企业也在探索众创、众包、众筹等多种创业创新方式。更重要的是，企业本身就成为开放式众创空间，是一个发挥员工聪明才智的平台，而不是传统的层级式管理，这是企业管理的重大创新。例如海尔集团，就建立了开放式的众创空间，无论是企业的员工还是社会上的人员都可以进去，鼓励他们围绕改进生产流程、设计开发新产品、提高产品质量等搞创新。在这里孕育产生的各种奇思妙想，海尔既可以自己用，也可以与外边合作开发，从而使海尔变成一个大的创业创新聚集之地。这样一个众创空间孵化了 2000 多家小微公司，推出了1000 多个创新产品及创业项目，吸引了 1300 多家风险投资基金，创造了100 多万个就业机会。这是企业管理理念和模式的重大创新，也是创业创新方式的重大变化。还有的企业把创新难题放到网上征集，很快就有了答案。中国核电工程有限公司自主研发的"华龙一号"核电技术，其堆芯设计就是依托网络协同研发的。他们的研发机构就十几个人、十几台计算机，但与这十几台终端连接的有 500 多台终端，分布在 20 多个城市，这 500 多台终端后面还有更多的人提供支持。这就是在互联网时代集众力办大事、开放协同加快创新的生动实践，反映了当代创新方式发展变化的大趋势。

还有一个可喜的趋势，就是有一大批新兴企业的市场估值超过十几亿美元，这是历史上的第一次，与美国比也不差。如深圳大疆公司研发的无人机占到世界民用无人机市场的 70%，最近获得了美国一家著名风投的投资，他们认为大疆可与苹果（Apple）相比，因为大疆能把软硬件结合在一起来打造一类新的技术平台、让其他开发者能在该平台上创建应用，同时大疆还在研发用 3D 打印制造无人机。

国际上普遍认为，中国现在的创业创新与市场需求衔接更紧密。相较于欧美企业，中国企业更善于按照顾客需求设计和生产产品，并学会了用更便宜的方式而且比西方同行更快地创新，学会了如何与顾客合作构建创新流程，学会了把新技术与更好的商业程序和模式结合。国外认为中国在智能手机的功能开发应用方面走在前面，比如我们用手机不仅是通信、社交，还有手机支付、预约服务、办理登记手续、看电视电影等方面发展很快。麦肯锡最近有份报告《中国对全球创新的影响》认为，中国在计算机产品和制造程序的改善、移动互联网和移动支付两个领域超过了美国。百度正在研发将搜索与服务结合起来，如查电影院也可订票，政府服务也可以结合进来。创业创新带来的市场潜力正以难以想象的速度发展。

（六）从客观条件看

中国可以说在创业创新所需的人才资源、市场需求、资金条件、制度环境等方面都具备了条件。一方面，随着温饱问题基本解决，受教育程度普遍提高，大量的国内培养人才和海归人才涌现，社会保障逐步完善，同时，人们挑战自我、主动创新的意识在增强，越来越多的人需要想象、需要创造，在全新体验中追求成就感，在探索未知中充实人生。创业创新正在成为一种价值导向、一种生活方式、一种时代气息。另一方面，消费需求升级和市场呼唤创业创新。人们消费需求多层次、多样化，需要更多的解决日常生产生活难题、形成新产业新业态的产品和服务。目前我国大多数商品供给过剩，企业只有不断推出新产品、新技术、新创意和新商业模式，才能赢得市场竞争。近年来升温的中国旅游者海外购物热，说明国内企业在产品质量、设计和服务等方面还存在差距，只有升级才能适应消费者的需求。2014年我国旅游者境外消费超过1万亿元，相比之下我国全社会消费品零售总额才26万亿元。

互联网、社交网络等新平台降低了创业边际成本，缩短了创业者与用户之间的距离，满足用户体验和个性化需求成为新的出发点。跨界、跨代、跨境创新增多和企业小型化等新的趋势，为大范围创业创新提供了机遇。同时，经过多年发展，我国科技和工业整体能力大大提升，政策体系、公共服务、物质资金条件等更加完善，大众创业、万众创新的平台和基础更加坚实。

（七）从制度环境看

党的十八届三中全会提出了国家治理体系和治理能现代化的目标，从"管"到"治"，一字之差，是民主发展与社会共治的体现。既是全面深化改革的总目标，也要求最广泛最充分调动人民的积极性，为人人开展创业创新提供了新的条件。社会主义市场经济与大众创业、万众创新是相互兼容的，"双创"要求创业创新的资源和要素自由流动、优化配置。我国社会主义市场经济体制不断完善，引导和鼓励市场主体加快创新，促进创新要素在更广范围内加快流动。全面改革目标要求加快制度创新。改革开放以来大凡成功的制度创新，多是由基层和群众在实践中创造摸索出来的，而新制度又为人们开展创业创新提供了有利环境。从开放意义讲，现在创新要素是在全球范围内加快流动，我国是开放包容的大国，各类文明文化的碰撞必将产生更多智慧的火花，点燃万众创新的火炬。

以上是我们从7个方面看我国的大众创业、万众创新，可以说有条件、有优势、有潜力、有空间，万事俱备，只欠东风。党中央、国务院正是在这个时候，吹响了大众创业、万众创新的号角。

三、大众创业、万众创新的概念内涵和重大意义

（一）大众创业、万众创新的概念内涵

如同阳光有 7 种颜色，每个人的才能也各不相同。大众创业、万众创新本质上是通过释放每个人的内在潜力，增强全社会的创造能力，最终实现人人自由而全面的发展。我国人力资源丰富，有 13 亿多人口、9亿劳动力，受教育程度不断提高，人力资源转化为人力资本的潜力巨大。这是世界上独一无二的宝贵财富，没有哪个国家能与我国相媲美。我们推进大众创业、万众创新，就是旨在激发蕴藏在人民群众之中的无穷智慧和创造力，使千千万万人靠创业自立、凭创新出彩，在平等参与现代化进程中通过辛勤劳动和智慧富起来，共同分享改革红利和发展成果，更好实现人生价值和精神追求。这是机会公平、权利公平、人人参与又人人受益的包容性增长方式，是中国特色的众人创富、劳动致富、共同富裕的发展路径。

从根本上说，大众创业、万众创新根本在人，最需要的是"人的解放"。改革开放以来，中国之所以取得举世瞩目的成就，创造了巨大的物质财富，一定程度上讲，根本原因在于"人的解放"。如果说我们的工业化城镇化进程就是不断把人从土地、户籍、单位、所有制等束缚中解放出来的过程，那么大众创业、万众创新要求从更高层次上实现人的解放，实现自由自主的择业、创业和创新，使越来越多的人通过努力拼搏获取上升通道，赢得发展机会。从而也就释放了整个社会创造力，使经济社会发展的能力倍增。人的解放的潜力是巨大的，思想的解放的潜力是巨大的。这种解放既包括体制机制上，也包括思想上的。300 多年前，当英国诗人弥

尔顿双目失明后，他发现了一个真理："思想运用及思想本身，能将地狱变成天堂，也能将天堂变成地狱。"大众创业、万众创新所带来的思想解放和生产力，必将使我们进入全新的世界。

（二）大众创业、万众创新的重大意义

第一，打造经济发展新引擎，创造发展新方式。前面已经说过，我国传统的拼资源、拼价格、拼劳动力和高投入、高消耗、高污染的增长方式已经难以持续，土地、资源等约束日益强化，环境承载能力已达到或接近上限。现在一些发展中国家生产的一般日用消费品已经逐步替代我国产品打入世界市场，甚至打入我国市场，过去我们在欧洲、美国超市里经常看到"中国制造"（Made in China），现在不少已经变为东南亚、拉美等国制造了。另一方面，技术引进也遇到了"天花板"。原来的路子走不通了，传统增长动力也减弱了，怎么办？从更高的意义上说，中国经济需要新一轮的改革开放，激发群众的创造力，也就是经济必须转到创新驱动上来。

如果说能源资源约束还有一个缓冲的话，还有一种更为紧迫而重要的就是劳动力成本上升。现在我国劳动生产率增速低于工资增速（"十一五"期间我国居民可支配收入增速低于 GDP 增速），要使提高收入与减少消耗并存，提高劳动生产率与提高资源要素利用效率并存，就必须建立一种依靠创新的经济，也就是创新与高收入并存的经济，从投入型经济向创新型经济转变。这是整个社会盈利模式和发展方式的根本转变。实际上许多国家也经历了这个过程，到底是靠廉价劳动力还是靠科技。"华盛顿共识"强调自由贸易，一些经济学家鼓吹"比较优势"，让发展中国家走这条路。实际上，美国心里最清楚，美国发展的动力来自工农业产出的递增回报，美国经济的韧性来自高等教育、创新和能源。美国要建立依靠创新的经济，政府的作用就是在其中发挥保障和促进作用。美国经济能够始终不倒，这是增长活力的源泉，也是根本所在，而欧洲劳动力市场改革、社会福利改革举步维艰，主要是创新不够。

现在一些媒体唱衰中国，有的说"中国模式"走到头了，有的说"中国经济正在失去动能"，有的说中国领导经济的能力不像想象的那样强。尤其最近股市汇市波动，国际资本市场和大宗商品市场动荡，这些声音又响起来，并称中国经济下行导致世界经济衰退，有的甚至说新兴经济体将带来新一波国际金融危机。对此我们应怎么看？就长期看，我们说中国经济有巨大的潜力、韧性和回旋余地，这一方面来自中国空间大、人口多、处于工业城镇化进程中，投资、消费的潜力都很大，远没有到发达国家的程度，所以要增加公共产品、公共服务投资。另一方面更大的潜力来自人民的创造力。我国有 13 亿人、9 亿劳动力，8000 多万市场主体，其中 1800 多万家企业，还在不断增加，假如都为创业创新作出自己的贡献，那整个社会汇聚起来，就会爆发出强大的发展动能。这是我国发展的最大潜力所在，也是最大动力所在。就短期看，中国经济的基本面没有变，当前经济下行压力大，一方面需求不足，另一方面创新不够。需求不足与创新不够其实是一个问题，中国人消费正在加快升级，只是现在一些产品不符合群众的需求，所以很多人去国外消费。产品不符合需求的原因是创新的含量不够，包括质量、技术、创意等，我国经济的产能过剩等结构性矛盾，也主要是创新不够。大众创业、万众创新恰能满足这两个方面，通过扩大需求、增加供给，重塑持续强劲增长新动力。一方面，创业创新诞生出许多的新兴产业、新兴业态，包括"互联网+"、大数据等，以及文化创意、旅游医疗、健康养老等。另一方面，大众创业、万众创新与传统产业相融合，以再创新再创业的姿态，使他们转型升级、脱胎换骨。因此，大众创业、万众创新不仅仅涉及中小微企业，更涉及整体经济结构的调整优化和转型升级。要让大众创业、万众创新融入每个人、每个主体，融入全面建设的各个领域、各个环节，成为推动增长的根本支撑。这样形成的增长，才更有弹性、更少大起大落、更加健康持久。

第二，促进社会公平正义。马克思说："收入分配包含历史和道德的因素。"亚当·斯密说："如果一个社会的经济发展成果不能真正分流到大众手中，那么它在道义上将是不得人心的，而且是有风险的，因为它注定要威胁社会稳定。"大众创业、万众创新不仅是发展的动力之源，也是富民之道、公平之基。因为"双创"为每个人创造了增加就业和收入和机会。我们经常讲，缩小收入分配差距，实现共同富裕。要缩小分配差距，仅靠"二次分配"是不够的，更主要是在"一次分配"中让更多的人通过自己的劳动创造富起来，既让民发力、又惠及人民。（就是宋代王安石说的："用天下的人力，创造天下的财富，再用天下的财富，供养天下的人民。"《论语》说，"惠而不费"。）近年来，通过"双创"，新增市场主体呈井喷式增加，让更多的人有了公平的发展机会，更多的人富了起来，也促进了收入分配结构调整，减轻了社会负担。比如，农民工返乡创业带动一方致富，也推进了农业现代化；大学生创业给经济增长注入了新动力的同时，也减轻了政府和社会就业负担；科技工作者创业加快了成果向生产力转化步伐，使自己合理合法富起来；即使是普通职工立足本职改进工艺、完善技能，都会使工作和生产效率得到提升，就具有创业创新的内涵。

第三，大众创业、万众创新将倒逼我们的思维方式、组织体制、教育体制、社会管理、生活方式等诸多方面，产生深刻而广泛的变化。特别是思想上的冲击和体制上的突破，创业创新是最需要自由、自主的，没有独立之精神、自由之思想、自主之意志，哪会有新的发明发现？创造之花怎会盛开？创新之树哪能常青？以教育为例，有一篇文章说，中国的教育总体并不差，甚至在基础教育方面还优于西方，但"方差"小，就是顶尖人才、高端创新人才和高端技能人才少，这与我们的灌输式教育有关。我们的教育，从基础教育、高等教育到职业教育、企业培训等，都应当加强创新教育。要在全社会树立创新的理念和创新的思维，这不是一件容易的事，我们还有很长的路要走，但必须从脚下、从现在做起。

"双创"倒逼我们的社会越来越开放透明，包容性越来越强，国家治理越来越现代化；倒逼政府自我革命，加快体制改革，使市场在资源配置中的决定性作用更加突出；倒逼我们每个人都敢于冲破陈规旧俗，大胆设想、小心求证；倒逼体制机制创新，大众创业、万众创新要求最大程度减少不合理的思想束缚、体制藩篱和制度障碍，赋予各类主体自由创造、自主发展的空间以及自我价值实现的环境，发挥主观能动性，发挥人们的创造力、想象力，释放人们的内在潜力。这些方面，都将对我们的社会产生深刻影响。

（三）正确理解大众创业、万众创新，还要澄清3个误区

第一个误区，有人说，创业成功率很低，大多数创业者都会失败，让人人都去创业是不负责任的。我们说大众创业首先是一种人人都有条件有环境创业的社会状态，提倡大众创业，是给多数人的机会，而不是少数人的"专利"。我们并不是让人人都去当企业家、让大学毕业生都去下海。创业的形式也是多种多样，不仅仅是办企业开公司，也可以包括合伙创业、兼职创业、立足本职创业，等等。对各级政府来说，鼓励大众创业不能片面追求创业人数、新登记企业数等，重点是创造条件、开通绿灯，对有能力有意愿创业的，要给平台、给政策。因此，大众创业是市场主导的，不能是政府主导的。创业的过程难免有失败，失败也是成功的一部分，只要有创业精神，坚持不懈地努力，最终一定会成功，对暂时创业失败的，要有社会保障安全网兜着。

第二个误区，也有人说，创新是科学家和企业家的事，人人都去搞创新不现实。我们说万众创新，既包括科技创新、研发创新、管理创新等，也包括每个人的"奇思妙想"。每个具有创新思维和创新意愿的人都可以

去创新。创新也不都是颠覆性的技术和产品，只要是对生产经营活动和社会生活中不经济、不合理、不科学等方面的改进和完善，哪怕是完善一个方法、改进一个工艺、钻研一项技能、提出一个合理化建议等，都会使工作效率和生产效率得到提升，也就具有创业创新的内涵。对一个社会、一个国家来说，这许许多多、点点滴滴的创新聚集起来，聚沙成塔、集腋成裘，就会形成创业创新活力的大爆发。

第三个误区，大众创业、万众创新绝不仅仅是口号，更不是一阵风、"一窝蜂"，或一味求新求变，它必须建立在科学的理性思维、人文精神和道德信仰基础之上。这样，才能使大众创业、万众创新的活力持久、正向迸发出来。

四、如何激发大众创业、万众创新的活力

如果说大众创业、万众创新这个新引擎，推动中国这艘大船行稳致远，那么打开创业创新大潮的闸门，就要靠改革这把"金钥匙"。现阶段的改革，不仅是利益格局的调整，更重要的是通过体制变革，破除一切束缚创业创新的桎梏，激发起全体人民的创造潜力，使改革成为既惠及人民、又让民发力的过程，增强发展的新动能。

（一）以政府自我革命为创业创新腾出空间

党和国家把简政放权作为改革的当头炮，为企业松绑减负，激发了创业活力，使丛弊为之一清、政风为之一振。双创与简政放权是一致的，简政放权改革的成效要体现在双创上，而双创需要改革来保驾护航，不简政放权，双创的活力无从激发；如果不能激发双创活力，简政放权就失去了意义。要把双创与简政放权、放管结合、优化服务结合起来，对不利于创

新创业的行政审批等法规政策要重点清理，该取消的取消，该下放的下放，该规范的规范，用政府权力的"减法"换取创新创业的"乘法"。

主要办四件大事，强调"简政、公开、高效、减负"8个字。一是取消下放行政审批等事项。这是强调"简政"，包括缩减政府投资范围、下放核准权限、减少投资项目前置审批、实行网上并联办理以及取消各类资质资格认定等。两年多来，国务院部门共取消或下放行政审批等事项600多项，中央政府承诺减少1/3的目标提前两年多完成，中央层面投资审核事项减少76%，前置审批事项85%改为后置审批。二是全面制定和实施"三张清单"。这是强调"公开"，目前负面清单、权力清单、责任清单已经在一些部门开始推行。中办、国办发出《关于全面推行各级政府工作部门权力清单制度的指导意见》，2015年要公布省级政府权力清单、责任清单。三是商事制度改革，这是强调"高效"。工商登记实行"先照后证、三证合一、一照一号"，这件事阻力很大，还是办下来了。四是清税降费。这是强调"减负"，重点针对中小微企业。国务院已经先后两次扩大减半征收企业所得税的小微企业范围，年应纳税所得额扩大到30万元以内（含30万元），将月销售额2万—3万元的小微企业、个体工商户和其他个人免征增值税、营业税的优惠政策执行期限，由2015年年底延长至2017年年底。进出口环节收费也几次清理降低。

通过简政放权促进"双创"已经初见成效。现在每年新增市场主体超过1000万户，同比增长百分之二十几；注册一家公司从原来的平均用时26天减为14天，2015年以来平均每天新增企业1万户。大学生创业的比例同比增长一倍，返乡农民工创业也在增加，科技工作者的创业热情被激发出来了。一项调查显示，97%的人赞同双创政策，50%的人有创业意愿。以众创空间为代表的创业创新平台大量涌现，众创、众包、众筹、众扶等新形式层出不穷。仅中央层面取消的收费每年减轻企业和个人负担近千亿，得到群众和社会的普遍欢迎。

但这只是万里长征走出第一步，任务还很重。还要继续取消下放行政审批，全部取消非行政许可审批。中央行政审批事项原以为砍掉1/3，发现还有1200多项由省级代行的。前置审批还很多，前段时间第三方评估发现，重大水利项目仍有20多项前置审批，直接影响今年了投资进度。还有明放暗不放、你放我不放、部门间相互扯皮等问题，还有的放下来接不住管不好，反而影响群众和企业办事。目前政策落实不仅存在"最先一公里"和"最后一公里"问题，"中梗阻"问题尤其突出，这个问题不解决，重大决策部署和重点项目落不了地、形不成实物工作量，再多再好的政策也是一纸空文，经济下行压力也难以缓解。简政放权这件事，党中央、国务院态度坚决，政府工作报告有明确部署和要求，各级政府都要建立简政放权、转变职能的有力推进机制。

在放的同时，监管和服务要跟上，打造透明规范的行政服务体系，营造公平竞争的市场和法治环境。总的要坚持"宽进严管"，更多用环境、质量、能耗水耗、安全等指标约束企业，而不是用限制准入的办法。

简政放权的核心是要明确政府和市场的边界，转变政府过去那种政府主导资源配置、擅长审批的行政管理方式，探索适应服务型政府和法治政府的管理方式。要把政府管什么、怎么管，哪些事企业不能干，都给出"明白账"，置于社会监督之下，让权力在阳光下运行。政府要把主要精力放在强监管、造环境上，管住吃拿卡要、办事拖沓、以权谋利等不作为、乱作为之风，走好简政放权、放管结合、依法行政"三步棋"，推进政府自身权责调整和行政流程再造，加快形成科学合理的政府职能和权力运行机制，使群众创新创业没有那么多条条框框。

（二）以产权制度改革调动创业创新主体积极性

没有完善的产权制度，创业创新的动力就会枯竭，创新驱动也就成为一句空话。近些年来我国科技成果丰硕，专利申请量世界第一，但没有很好转化为现实生产力，与产权制度改革滞后有关。（长期以来，我们有一个创新资源"围城"现象，我国 70% 以上的中高端创新资源分布在高校、科研机构等事业单位，但成果转化率很低。在这里，人是单位的人，单位是国有单位，项目由国家安排，成果和设备也是国有的。这样就把人和资源都限制在"单位"里面动弹不得，成果也束之高阁。"围城"外面的人想要成果和智力，但是进不来；里面的人才出不来，成果也转化不出去。）实现大众创业、万众创新，要靠产权制度改革，进一步盘活土地、资本等要素，尤其是科技和人力资本，打破"围墙"，打开"城门"，让科研人员双向流动起来，让创新成果加快转移转化，让创新要素自由流动、优化组合，产生乘数效应。这方面要做好 3 件事：

一是进一步明晰创新成果产权归属。我们在中关村国家自主创新示范区等地开展了将科技成果使用权、处置权、收益权赋予承担单位，单位自主决定分配和股权激励，国家只保留重大成果的处置权或优先使用权，进一步明晰了科技成果作为技术类无形资产的产权归属。要转变观念，科技成果关键在用，成果不转化才是最大的国有资产流失，"体制性流失"往往不为人注意，政府投资的目的就是使成果创造更大的经济社会价值。还有就是要制定职务发明条例。下一步要结合科研院所等事业单位改革深入推进。

二是加快建立"谁创新谁受益"的激励机制。发达国家都经历了从"谁投资、谁受益"到"谁完成、谁拥有"的过程。目的是让创新者获得与其成果价值相应的收益，有利于成果权能实现，有利于成果价值最大化。我们在探索下放科技成果使用、处置和收益权的同时，提高科技人员成果转化收益比例和实行股权激励，取得了明显成效。（关于股权奖励，新修订的《促进科技成果转化法》规定为转让、许可净收入或股份、出资比例等的 50% 以上，营业利润的 5% 以上。目前中关村股权奖励下限是30%，张江是 50%，武汉更提高到 99%。）这是收入分配方面的重大改革和重要导向。国务院已经明确，中关村试点政策加快推广，其中 6 项政策在全国实施，包括科技成果使用处置和收益管理改革、股权和分红激励、研发费用加计扣除、职工教育经费税前扣除、中小企业股份转让代办系统（新三板）、科研项目经费管理改革等；4 项在国家自主创新示范区、合芜蚌和绵阳科技城实施，包括：股权奖励个人所得税 5 年分期缴纳、有限合伙制创业投资企业法人合伙人企业所得税优惠、5 年以上非独占许可使用权转让所得税优惠、中小高新技术企业向股东转增股本的个人所得税 5 年内分期缴纳。这次两会上，很多代表委员都希望尽快推开。

三是完善成果转化机制。我国科研院所和高校的研究成果转化不畅，使成果在上游形成"堰塞湖"。必须通过加快建立市场化的转化机制。如每个具备条件的高校都应建立转移转化机构，外国高校大都有转移转化机构。更重要的是，要完善技术交易、中介、评估等产权市场，发展技术转让、技术许可、股份合作、共同研发等多种方式，使成果可计量、可标准化，才能有效地上市交易。要形成知识产权市场化产业化的完整机制，加快知识产权证券化。成果定价方式也是多样的，如协议定价、挂牌交易、拍卖等，确定成果上市交易和作价入股的价格。我国每年技术交易额仅 8500 亿元，与庞大的股票市场、债券市场比起来微不足道，要大力发展。

（三）以需求引领市场主体的创业创新活动

创业创新是市场导向、需求主导的。我国有 13 亿多人，消费需求正在升级，对新产品新技术新创意的需求方兴未艾，同时我们有 7000 多万个市场主体，其中 1800 多万家企业，这里既蕴含着巨大的市场需求，也是巨大的创新资源。在我国大部分产品供给过剩的背景下，需求成为决定性因素，要放手让市场选择和配置创新要素，让市场主体面向需求开发新产品。

一要让企业成为技术创新的主体。创新是企业的生命，而企业也具有灵活应对市场需求变化、技术变化和商业模式变化的独特优势，但目前企业还没有真正成为技术创新的主体。必须把创新的主导权交给市场，建立企业牵头、市场导向的协同创新机制。要利用产业技术、质量标准以及价格等，倒逼企业加快产品创新，使他们由拼成本拼价格，向依靠创新和差别化竞争转变，塑造新优势。企业应以新思维、新发现、新原理，引领新创意、新产品、新技术。我国一些传统主导产业正在从单纯提供产品向提供供应链服务、全方位解决方案转型，一些大型跨国制造企业已经向提供服务转型，如果插上创新创意的"翅膀"，就会实现附加值的倍增。企业技术创新是企业、政府、科研机构共同的事，同时，要增加企业在国家创新决策中的发言权，各级政府在部署重大科技规划和创新工程时，应同步部署研究机构与企业、市场的伙伴关系。

这里谈一下自主创新问题。习近平总书记强调，要坚持以我为主，把核心技术牢牢掌握在自己手里。我国模仿型引进式创新已经碰到瓶颈，技术上的"天花板"越来越多，各行业各领域迫切需要更多的原创性创新（现在我们出口的高技术产品，60% 是外资企业生产的。如航天使用的核心零部件，数量上国产的占 85%，进口的占 15%，但价值上正好倒过来）。我国创新能力的差距，主要体现在关键核心技术的自主创新不足上。这个问题不解决，就摆脱不了"引进—落后—再引进"的恶性循环，中国经济向中高端水平迈进就会落空。关键核心技术体现着国家的核心竞争力，靠买是买不来的，靠市场换也是换不来的，美国和欧盟至今仍在限制对华高技术出口。只能靠大力加强我们自己的基础科学研究，取得更多的原创性、前沿性成果。我国基础研究占研发投入比重长期在 5% 左右，这与发达国家 15%—30% 的差距很大，企业的基础研究投入比例尤其低。国家财政科技投入将优化结构，重点支持基础研究和共性技术研究，也要鼓励和支持企业和民间更多投入基础科学研究。同时，要促进基础研究与应用研究、技术开发有效衔接和协同发展，使三者相互促进。

二要促进各类创新要素自由充分流动。包括资本、技术成果、科研人员等，让市场成为选择和配置创新资源的主要力量。如科研人员双向流动机制，开展多点执业、兼职兼薪等，当然这与科研单位等改革相关。如强化资本市场对技术创新的支持，拓宽技术创新主体的间接和直接融资渠道，使千千万万的市场主体依靠创新成长壮大。

三要放宽新技术新产品新商业模式的准入管理。现在一些创新产品的审评审批缓慢，动辄需要几个月、半年甚至一年，而市场千变万化，等审批下来，别人很可能已经捷足先登了，不仅失去了市场份额，而且可能造成侵权。我们必须创造条件使新产品尽快进入市场，才能在与国外同行竞争中领先一步。要加快制定和实施产业准入负面清单，同时，健全创新产品和服务的政府采购政策。

四要推进区域创新。2015年5月，中央全面深化改革领导小组审议通过了《关于在部分区域系统推进全面创新改革试验的总体方案》，将在部分地区开展系统性、整体性、协同性改革的先行先试，统筹推进科技、管理、品牌、组织、商业模式创新。这是国家创新体系的重要内容，目的是发挥好创新要素集聚和辐射作用，优化我国的创新布局，带动新一轮生产力大发展。各地也在大力开展创新型城市等建设，争当区域创新中心。创新型城市和创新中心不是喊出来的，要有真正的实力和良好的机制才行。

（四）营造公平诚信的法治和市场环境

市场经济是法治经济、信用经济，我国的社会主义市场经济体制必须更多注入法治和道德的力量。一要真正切实有效地保护知识产权（包括专利、商标、版权等）、商业秘密和私人财产权等。人们只有在看到创业创新的成果得到有效保护后，才能放心大胆地去创业创新。要深入实施知识产权战略行动，加快建设知识产权强国，打击一切假冒伪劣、山寨盗版、剽窃造假等行为，加大侵权行为惩处力度，让违法者付出难以承受的代价，给侵权者亮起"红牌"，让创新者一路"绿灯"。要加强"行刑衔接"，对知识产权的司法保护和行政保护要统一起来，"不以侵权小、轻而不为"，还要打破"九龙治水"现象。（如2008年以来的专利侵权案中，法院平均判赔额为8万元，占起诉人起诉额的1/3，而且繁琐、耗时长，这与发达国家动辄百万、千万甚至上亿美元的判赔额无法相比，这也体现出我们在知识产权保护方面的落后。还有专利权人不清、专利布局不合理、知识产权执法不力等，这方面的损失每年也很大。由于专利意识不强、市场评估不足，一些好的专利低价转让给外国而成为外企的拳头产品的现象比比皆是。）现在北京、广州等地已经设立知识产权法院，实行区域化管理。对国内外企业、机构和个人的知识产权要一视同仁、同等保护，中国的发展到了必须更好保护知识产权的时候了。二要加强社会诚信体系建设。建立失信惩戒机制，将侵权人列入失信重点名单，解决侵权成本低、维权成本高的问题。三要加强知识产权等方面的立法。让成果转化有法可依、依法保护。还要大力反对行业垄断、技术垄断、行政垄断、市场分割等限制竞争、打压创新的行为。

（五）完善创业创新政策和资金支持方式

一是把支持重点放到中小微企业上。中小微企业占全社会就业的80%以上和创新成果的70%以上，是创业创新的主力军，并具有打破既有创新格局的"鲶鱼效应"（国外有观点认为大企业不愿创新或创新滞后，而中小微企业创新活跃，因为大企业盈利模式和资本运作趋于固定，不愿改变既有格局，尤其不愿颠覆性创新，往往采取收购中小微企业和发明专利等方式，从而垄断和障碍创新），但总体上处于弱势地位，应当成为政策支持的重点。对中小微企业和个人创业者，在放宽市场准入、注册和经营便利化、简化创新产品审批等方面加大力度。允许利用家庭住所、租赁房、商业用房、闲置库房、工业厂房等作为创业安置场所，扩大创业创新空间。

二是创新财税支持方式。今后对创新的财税等支持政策要从选拔式、分配式向普惠式、引领式转变，完善研发费用加计扣除（如很多中小企业初期根本就没有研发，所以抵扣力度小，还可以再完善，比如加大加计力度、扩大计扣范围，或实行追溯与延后等）、职工教育经费税前扣除等政策。这是个重大转变，也就是说谁创新就支持谁，而不是以往选择谁就是谁。重点加大面向中小企业的税费减免力度，这方面已经出台了不少政策，还要继续加大。

三是创新投融资机制。大多数创业创新者遇到的最大难题就是缺钱。政府财力应发挥"四两拨千斤"的效应，主要运用市场机制，采取种子基金、贴息、后补助、股权有偿资助等方式。国家建立400亿元的新兴产业创业投资引导基金，启动国家科技成果转化引导基金，还有中小企业专项资金。这也是支持方式的转变，引导、撬动社会投入。各级政府也可以相应设立，还可考虑分别设立支持高校毕业生创业、科研人员创业、留学归国人员创业、农民工回乡创业等相关基金。基金主要以商业方式运作，政府有针对性支持，同时要鼓励社会资本参与，以壮大基金规模。

更重要的是完善社会投融资机制。通过将有形和无形资产证券化，用资本的杠杆撬动创业创新潜力。据中国企业家调查系统调查，企业创新资金主要来自自有资金、银行贷款和政府资金，股权债权等社会融资比例偏低。一是大力发展风险投资、天使投资、创业投资等。我国风险投资近年来发展很快，但与美国（主要靠风投支持创新）相比，我国风投机构和数额都很低。对从事成果转化的风投机构，我认为可以采取降低税率、政府补贴、提供担保等方式给予支持，对取得收益后再投资的，可考虑缓征所得税。支持部分民营贷款公司、担保公司甚至"地下钱庄"，转型为科技型风险投资公司。二是用好互联网金融、私募、股权众筹等新型融资工具。在当前"影子银行"、地方融资平台等受到抑制的情况下，创业创新需要开拓更多融资渠道。利用私募、众筹等方式将分散的社会闲置资金收集起来，可以有力支持创业创新者，最适合大众创业、万众创新的形态。2012年美国出台《乔布斯法案》，使私募、众筹等合法化，目前美国有私募基金37万亿美元，我国仅6万亿元；美国众筹融资企业超过30万家，近两年我国股权众筹爆发式增长，但2014年规模仅15亿元。私募、众筹潜力巨大，但也易涉嫌非法集资，与公司法、证券会相关规定抵触，同时也有风险。国务院已经要求开展股权众筹融资试点，一方面要规范发展，另一方面要适时修订相关法律，同时要加强金融监管。三是发展股权交易市场。除主板、创业板、新三板等，还有区域性股权交易市场等。因为一些风投、私募的目的是将来赚钱后通过上市交易等退出，如果没有好的退出机制，就会影响其投资积极性。四是优先支持设立面向创业创新型企业的中小银行，允许用科技类股权、商标、发明专利等质押贷款（如目前专利质押贷款只有估值的30%左右，还可以增大），探索科存科贷、知本银行、科技保险、科技担保等新模式；发展科技中介服务业。总之，要搭建起四通八达的通道，使中小微企业今天的"铺天盖地"成为明天的"顶天立地"。

（六）构建开放式创新型人才体系

人才是创业创新的第一资源，是创造社会财富不可替代的力量。我国有9亿劳动者、1.5亿各类专业技术人才，每年毕业700多万大学生，还有世界上最大规模的科技人员队伍。虽然我国人才总量不小，但结构性问题突出，9亿劳动者中有中级技能以上的不到1/3，高端创新人才和高端技能人才尤为不足，世界级科学大师和国际科技领军人物更是匮乏。虽然人口众多，但总体素质不高，尤其要在全社会打牢创新基础、树立创新理念，这是必须走的路。过去我们主要靠人口红利，现在创新驱动发展必须更多发挥人才红利的作用，把提升人力素质放在优先位置。大众创业、万众创新亟需大批创新型人才。

培养创新型人才，首先要创新人才培养方式。从国民教育、科学研究到创业就业等各个领域，都要鼓励创新精神、敢于质疑的精神。要将创业创新教育提升到国家战略高度，贯穿到基础教育、高等教育、职业教育、继续教育之中，完善创业教育基金、创业资助和创业导师体系，支持更多的人参加到创业创新大军中来。

其次要完善人才流动机制。按照市场规律让人才自由流动和高效配置，统筹实施好重大人才工程。尤其要健全科研人员双向流动机制，破除科研人员单位和部门"所有制"的界限，从各种体制障碍、身份限制、陈规旧俗中解放出来，可采取下海创业、兼职创业、多点执业等方式，借鉴发达国家做法，对创业的可在一定时期内保留职级和社会保障、职称资格评定等待遇，提供缓冲余地。还要鼓励人才到企业一线去。我国每年毕业的博士大多去了大学和科研机构，只有5%到企业，这与发达国家正相反。

再次要为各类人才施展才华提供更大的舞台和空间。人才最期盼的是自由创造的空间、自主发展的权利和自我价值实现的环境，把更多资源投到"人"身上而不是"物"上面。比如改革科研项目经费管理体制，现在科学家把很大精力放在开会、跑项目上，用于科研的时间不到1/3，要给科研单位和研究人员更大的自主支配权，同时简化程序。重点放在把好成果出口关上，只要有好的成果，至于经费怎么用、用在哪里，只要不违法，就可以放宽松些。面向企业的科研项目要推开后补助和招投标制度，应用研究项目应建立以产业化和经济社会发展贡献率为主要导向的评价考核体系。对基础研究给予充足保障，研究人员可以"十年不鸣"，争取"一鸣惊人"。

最后要实施更积极、更开放、更有效的人才引进政策。最近中央正在起草关于引进和用好外国人才的相关意见，未来外国人来华签证、办绿卡将更加便捷。中关村新四条，有两项是关于外籍高端人才永久居留资格便利化、人才中介机构外资比例限制放宽的。习近平总书记讲，"择天下英才而用之"。我们搞大众创业、万众创新，既要用好 13 亿人的智慧，还要用好全球 70 亿人的智慧。这个设想非常宏大，美国就是这样做的（新加坡李光耀说，美国是在 70 亿人里挑人才，我们虽然人口众多，但"才不厌多，而且多多益善"，也要建立中国特色的技术移民制度）。要在用好国内人才双创的同时，鼓励更多外国人才来华创业创新，写好大众创业、万众创新的"外国人才篇"。

（七）健全创业创新公共服务体系

要培育大批创业创新公共平台。各级政府对众创空间、创新工场、车库咖啡以及网上创业空间等新型孵化器，要在租金、公共设施、税费等方面给予大力支持，鼓励将现有产业园区、开发区等培育成为孵化基地，发展一批创业特色社区、小镇等，鼓励发展创客实验基地、创业者加速器等多形式平台。企业也要由传统的管控型组织转变为新型创业平台，让员工成为平台上的创业者，从而形成市场主导、风投参与、企业孵化的创业生态系统。

政府还可以购买服务等方式鼓励社会举办公共平台，重点帮助缺乏经验的创业者和中小企业进行市场分析、制订财务计划、提供法律服务等。（美国是提倡自由竞争、公共服务较少的国家，但硅谷初创时就有一个市场通入中心，政府支持、社会投资，吸引很多企业家和律师、会计师等进入。）

2015 年国家将建立公开统一的科技管理平台，完善科技信息系统。逐步全面推开科技报告制度，财政支持的重要科技成果一般都要上这个平台。学校、科研机构的重大科研设施和大型科研仪器也将向社会全面开放。

还要完善"一站式"行政服务甚至网上服务、上门服务。针对创业创新者的社会保障和公共服务也要跟上，即使失败了也有"安全网"兜住底，解除后顾之忧。

（八）建设创业创新友好型社会

要培育鼓励创业创新的生态文化。中华民族要实现伟大复兴，首先要实现创新文化的复兴。这需要培育鼓励探索、宽容失败和尊重人才、尊重创造的文化。只有解放人的思想，才能解放人的创造力。要把弘扬中华优秀传统文化与学习西方先进文化结合起来，摒弃物质至上、保守主义、中庸之道等惯性思维和"枪打出头鸟"等落后思想，营造自由、进取、宽松、和谐的氛围。既要敢为天下先，敢于打破传统、颠覆前人，又要善于站在前人的肩膀上，学习借鉴世界优秀成果，让智慧的碰撞、科技的交流、文化的融汇，成为中国无处不在的风景线。

要培养企业家精神。创新是企业家精神的本质。企业家们既有敢于冒险、追求物质财富的动机，又有渴望成功、实现自我价值的追求，他们是推动发展的重要动力源泉，有人称其为"经济增长的国王"。中国亟需大批有着宽广视野和远大胸怀、以做实业为志趣、以创新为人生使命的企业家。同时企业家还要有强烈的社会责任感，专注于为企业、为社会、为人民创造更多福祉。

让青年人成为创业创新的生力军。青年人最富梦想和激情，处于创业创新的活跃期。在知识更新加速的时代，成功的科学家、企业家的年龄正在趋于年轻化。青年人敢于挑战权威、勇于原创，最容易取得重大突破。有人对1901—2012年的诺贝尔奖获得者进行了统计，他们获奖时的平均年龄是59岁，但取得成果时的平均年龄是41岁。要放手让年轻人挑大梁、担重任，推一把、扶一程，为他们打开创业创新之门，开辟各展其能的广阔天地。

大众创业、万众创新时代的四个重大变化

（2015 年 12 月）

随着创新驱动发展战略深入实施，大众创业、万众创新全面推进，出现了不少新矛盾、新变化。这些矛盾和变化深刻反映了经济社会发展的新趋势，背后是深层次的理念和理论问题，需要深入研究、准确把握，以更好地引领和指导双创实践。

一、现代产权制度的新一轮改革

我国改革开放是从放开农村土地承包经营权开始的，到放开搞活集体经济、私营经济、国有经济，其秘诀在于下放权力，让产权清晰起来，让要素活起来。自从确立社会主义市场经济体制以来，绝大部分生产要素已经市场化，但仍然存在国有企事业单位资产产权僵化，技术和知识产权类产权难以市场化，股权、农村土地房屋产权流动不充分等问题，影响了生产要素的自由流动和优化配置，使各类产权的权能不能充分实现，产权价值不能最大化，不利于生产力的真正解放。在许多发达国家，产权界定清晰，同时凭借发达的金融创新和社会诚信体系，发展了成熟的农地证券化、知识产权证券化等。有人说，美国巨额财富的获得，主要源于产权的

创造和保护。我国产权制度和产权市场还很不成熟，法律和制度障碍还很多，各类要素的产权运用仍有巨大空间。大众创业、万众创新不仅会催生大量企业，更会产生大量的股权、期权、债权、知识产权、财产权、土地权，等等。同时，日益广泛而深入的股权流转、期权兑现、众筹众包、产权质押、成果转化、财产分割、收益分配等行为，以及这些过程中产生的纠纷，都需要成熟的产权制度、产权市场和产权保护体系。即使风投机构投资创业创新型企业，其目的也是盈利后退出，为此就需要完善股权交易市场等退出机制。因此，我们进入了一个大量创造、运用和保护各类产权的新时期，迫切需要推进新一轮产权改革。要进一步明晰各类产权归属和主体的责权利，尤其要明确国有资产产权的投资运营，盘活国有企事业单位科技成果类无形资产，加强知识产权的创造、运用和保护；推进股权、技术成果、知识产权等产权证券化，发展多层次资本市场；以技术和知识产权创造、使用、转让许可为标准，建立普惠性支持政策体系；提前布局"互联网＋"、大数据、"中国制造业升级"等领域的产权创造和运用，赢得先发优势。要通过产权权能实现形式多样化，激活各类要素潜力，提高全要素生产率。同时，还要完善知识产权保护体系，加强混合所有制中各种经济成分的产权和收益权维护。人们只有在看到创业创新的成果得到有效保护后，才能放心大胆地去创业创新。

二、社会生产组织方式的颠覆性变革

现代企业的发展趋势正从生产产品的宝塔式科层制管理组织，变成提供服务的人人发挥聪明才智的创业创新平台。在这里，每个人都是以其劳动和智力参与创造的主体，而企业只不过是给人提供了一个平台。尤其是互联网，更使企业成为向外界开放的输出输入平台，未来每个企业都会成为互联网企业、数据企业、服务企业和组件式企业。很多企业通过打造众创、众包、众筹、众扶等新模式，集聚员工和社会创新力量，从有界的企业变成开放式协同式平台。同时，制造业的服务化、智能化、个性化和用户导向趋势更加明显，企业的竞争力将体现在提供更多的终端服务功能上。因此，一些国内顶级大企业正在主动拆分成更小的自主经营体，以便灵活应对市场环境，瞄准客户痛点提供精准解决方案。如华为公司"让一线直接呼唤炮火"的组织模式，将前端变成一个个直接面向客户的全能基层作战单元，后方变成系统支持力量，提供联合保障服务和分析监控。海尔公司探索"倒三角"组织结构，取消中层，把原来处在企业最底层的员工，组织成2000多个"1+1+N"团队（即一个内部专家、一个外部专家、N是员工），每个团队都有损益表，人单合一、权责利统一，海尔还组织了100多个众创空间，孵化了2000多家小微企业，以优化流程、提高效率，掌握客户需求，进行个性化定制。阿里巴巴把7个事业部拆分成30多个事业部，等等。双创还引发产业组织形态的革命性变化。大企业裂变的同时，小企业则在聚合协同，企业变得组件化，通过大大小小的各类平台，面向市场需求有机链接起来。企业与企业的关系日益成为社会化协作的联盟，不再是过去那种封闭式的全链条的生产经营模式，就像当年的福特汽车，进去的是铁矿石，出来的是汽车。以规模化生产和大企业为主的产业链，将向以个性化柔性化生产、大中小微企业相互协同的方向转变，从而重塑物流链、创新链和价值链，产生新的供给和需求，打造全新的"中国智造""中国创造"。在互联网、大数据等深度融合下，供需关系和市场调节也在发生深刻变革。比如O2O方式（线上线下结合）将大数据、电子商务、网络购物、信息物流与制造环节无缝链接，生产出来的产品更符合消费者个性化需求，并直接配送到家，大幅减少生产过剩和运输等环节的浪费。传统的方式通过市场调节供求，因而经常造成周期性产能过剩。如果全社会都推广这种将市场需求与生产制造密切结合的柔性化方式，将推动传统制造业产生脱胎换骨的变化，带来生产力和生产关系的重大变革。

三、政府行政职能的自我革命

大众创业、万众创新是充分激发市场主体活力的供给侧结构性改革，必然要求政府减少对微观主体经济活动和创新活动的直接干预，简政放权、放宽准入。双创将推动我们的社会进入一个技术、人才、资本等要素的充分活跃期，孕育产生大量新产品、新技术、新业态、新模式，对待这些新事物的方式是发挥市场决定性作用，由市场自主选择、优胜劣汰，不能人为"打激素"、搞"拉郎配"，更不能搞成"全民运动"。政府的职责是保障公平竞争，提供优质高效的公共服务。与此同时，还要把各个方面、各个主体的创造力有序组织起来，使其聚焦于共同目标，作为一个整体更有效率、活力和战斗力。对一个社会来说，既要防止组织有序而个体僵化，又要防止个体活跃而整体失序，这也是历史上许多先进文明国家被落后文明国家打败的原因。政府既要管住"闲不住的手"，又要防止懒政怠政不作为，重塑权责分明、激励相容的规范化制度化政市、政商关系。政府要创新公共产品和服务提供方式，充分利用大数据等手段，推进治理现代化。比如对专车等分享经济，就不能一棍子打死，需要在实践中创新监管。政府要组织基础创新，重点投入基础研究和共性关键技术研究，为社会创新提供源头支撑，从制度上建立科研机构与企业的转化伙伴关系，打通创新链和产业链，形成完整顺畅的研发应用体系。政府要完善服务创业创新的金融体系，现有金融体系缺乏精细化管理和风险投资收益经验，未来需要大力发展股市、债市等直接融资，推广科创贷款、信用贷款、知识产权质押、投贷结合等新型业务和面向中小企业业务。近年来，风险投资、天使投资等发展迅猛，众筹、私募等在互联网推动下蓬勃兴起，集中闲散资金支持创业创新，使投融资由小众的事变成大众的事，人人是股东，个个搞创新，这是一场真正的投融资革命，同时需要有效引导和监管。

四、对"人"的进一步解放

人民的创造力是无穷的。现在生产要素的投入产出效益持续下降，到了需要更大发挥人力资源潜力的时候了，人力资本的作用将远远超过任何土地资本、金融资本的作用。要让人们创造的潜能充分地觉醒、萌芽、成长、壮大，就必须破除束缚人们创业创新的一切思想障碍、体制藩篱和制度桎梏，营造公平诚信、宽松包容的社会环境。现在，对人们自由流动的限制大大减少了，但对人们创业创新的有形和无形的束缚仍然无处不在。比如科研人员想转化成果、想多点执业，所在单位却不放人，也没有专利运用技能；比如青年人想创业，但缺乏市场经验和创业技能，社会给予的帮扶很少；农民工想创业，资金和场所都成问题。如果说工业化将农民从土地上解放出来，城镇化将人从户籍制度约束中解放出来，那么下一步还要将人从单位、所有制、身份限制以及各种陈规旧俗中解放出来，使人不仅能自由流动，找到充分发挥专长的地方，更能自主掌握和使用生产资料，实现创业创新。大众创业、万众创新要求从更高层次上实现人的解放，实现人们自主的择业、创业和创新，使越来越多的人依靠自己的聪明才智赢得发展机会，获取上升通道。尤其在互联网时代，越是具有高知识和高技能的人才，越是充满流动性，人才发挥价值的形式和途径越是多样。随着受教育程度普遍提高，越来越多的人把创业创新作为一种人生价值、生活方式和内在需求，创业创新开始从必然王国走向自由王国。只有解放人的思想，才能解放人的创造力。双创需要人们敢于突破前人、超越自身，破除崇拜、独辟蹊径。同时，双创也倒逼我们的组织体制、教育体制、社会管理、生活方式等诸多方面，产生深刻而广泛的变化，倒逼社会越来越开放、包容，倒逼企业家最大限度发挥创新潜能，倒逼我们每个人发挥主观能动性和创造力、想象力，最大程度释放人的内在潜力。要把创业创新教育提升到国家战略层面，贯穿到国民教育和社会培训体系中，从小学、中学到大学、研究生，再到企业家、员工以及社会各个阶层，都要鼓励培育创新思维和创业精神，从而提升人力资本素质，实现人口红利到人才红利、创新红利的转变。

加快培育新动能
推动传统产业大省突出重围

——吉林、河北两省经济运行情况调研

（2015 年 12 月）

2015 年以来吉林、河北两省经济运行呈现缓中趋稳有进势头，同时仍处于艰难的深度转型期，判断经济稳定回升还为时过早，需做好"过冬"准备。造成两省困难的原因，除了国内外环境因素外，也有自身存在的市场思维、主体意识和开拓精神不强，结构性矛盾突出，体制机制僵化，政银企相互"绑架"等因素。目前两省干部群众干事创业、寻求出路的决心和信心很足，表示要以滚石上山的劲头稳增长，以壮士断腕的勇气促改革，以华山一条路的精神抓创新，敏锐把握经济发展中的新趋势，从供需两侧推进结构性改革，从结构调整中寻求新的增长点。两省一方面狠抓大项目落地和稳住工业，另一方面加快培育新业态、新模式，促进新旧动能转换，采取了一些有特色、有成效的举措。包括：利用工业互联网推动工业转型升级，率先推进互联网、大数据、云计算与传统制造业深度融合，变革企业组织方式；全面推动大众创业、万众创新，用好科教优势，加快成果转化，培育创业创新平台；加快发展现代服务业和新兴业态，促进传统产业

将服务环节剥离外包；着力化解过剩产能，开展国际产能合作；深化新一轮国企改革；创新政府体制机制，培育"软环境"，重塑政企政商关系等。

12月4日至8日，国务院办公厅、国务院研究室、国家行政学院组成联合调研组，赴吉林、河北两省，采取实地调研、召开行业企业、科研机构和有关部门负责人座谈会、访谈、问卷调查等方式，对当前经济运行和培育新业态、新动能情况进行了调研。

一、两省经济运行缓中趋稳向好

近两年来，受国内外经济形势和自身结构调整等因素影响，吉林、河北经济增速遭遇断崖式下滑。两省认真贯彻党中央、国务院决策部署，顶住下行压力，加快结构调整和动能转换，2015年以来经济运行出现趋稳向好态势。一季度、上半年、前三季度经济增速，吉林分别为5.8%、6.1%、6.3%，河北分别为6.2%、6.6%、6.5%，呈逐季向好态势，预计全年分别能够完成6.5%和6.8%左右的目标。吉林财政收入增速下半年由负转正，河北逐季加快。两省城乡居民收入增长均高于经济增速，就业总体稳定。

两省经济虽然出现向好势头，但基础尚不稳固，判断出现稳定回升态势还为时过早。经济回升主要是投资拉动的结果，吉林、河北投资占GDP的比重均在70%左右，主要行业如钢铁、汽车、石化、煤炭、建材等未见好转，不少企业亏损仍在加大，企业负责人普遍认为明年困难还可能进一步加剧，需要做好"过冬"准备。

两省主要采取了以下措施：一是狠抓大项目落地。吉林开展项目"大巡检"，实施城市地下综合管廊、棚改、交通水利等"五大工程、四大工程包"。河北围绕承接京津产业转移，推进北京现代沧州工厂、首钢京唐二期、张北云联数据中心等一批大项目。两省项目储备较充足。2015年1—10月，两省固定资产投资分别增长11%和12.1%，高于全国平均水平。二是下大力稳工业。吉林、河北均加大了工业投资力度，1—10月分别增长10.3%、13.5%，技改总投资分别达到4124亿元、2450亿元。工业增加值稳步回升。三是加快结构调整。河北2015年以来已淘汰钢铁产能1200万吨、水泥620万吨、平板玻璃440万重量箱。在这些行业研发推出一批新产品、新型号、新技术。吉林轨道客车等高端装备制造业加快发展。四是壮大战略性新兴产业。两省坚持"有中生新、无中生有"，大力发展新一代信息技术、生物医药、新能源汽车、节能环保等产业。前三季度，战略性新兴产业增加值，吉林增长10.5%，占工业比重达到10%；河北增长11%，占工业比重15%。五是加大简政放权力度。吉林公布了省市县三级政府权力清单，省级行政审批项目压缩近80%，实施"五证合一、一照一码"当月新登记企业环比增长88%。河北工商设立登记前置审批事项减少了83%，率先开展电子营业执照试点。六是大力培育创业创新平台。吉林建立大学科技园和创新工场等新型孵化器83家，孵化企业3800户。河北已有60多家众创空间投入运营，入驻创业团队和小微企业1260个。两省都加大了大学生创业、科技创新等财政投入力度，有效激发了市场活力和社会创造力。

二、两省经济仍然面临很大困难

吉林、河北都是典型的传统产业大省，对能源资源和重化工业依赖大，经济结构调整的广度和深度前所未有，难度和力度也远大于广东、浙江等发达省份，新动能的成长还不能有效弥补旧动能的减退，今后还将继续经历艰难的转型。

（一）经济下行压力大

两省居民收入在全国处于中低水平，消费增速低于全国平均水平1—2个百分点。2015年1—10月，吉林、河北进出口总额分别下降26.2%、12.9%，比全国降幅高18个和5个百分点。吉林房地产开发投资下降10%，河北仅增长5.6%。据企业景气度调查，两省的企业负责人普遍对市场形势持悲观态度。

（二）工业形势尤为严峻

吉林、河北都是工业大省，工业占GDP比重分别为60%和45%，工业相比其他省份更加困难。吉林的汽车、石化、农产品加工，河北的钢铁、水泥、玻璃等传统支柱产业，均面临持续的产值下降、市场低迷、经营亏损等。前三季度，河北规上工业增加值增长4.1%，较上半年和一季度仍在回落，9月仅为2.2%，亏损企业亏损额增加30%，利润总额连续9个月同比下降。工业用电量和铁路货运量一直处于下降态势。吉林规上工业仅增长5.1%，工业用电量下降7%。一汽集团、吉化集团产值分别下降18.7%和28.6%，而且下降幅度在增大。

（三）结构调整难度大

两省产业结构相对单一，产业层次偏于中低端。吉林汽车业"一柱擎天"，河北钢铁、水泥等"遍地开花"。从美国经济的"锈带"、德国的鲁尔工业区等经验看，这种以重化工和装备制造为主的经济结构是最难调整的，但调整势在必行。两省国有经济比重大，服务业比重小，民营经济发育不足，增加了吸纳产能过剩富余人员的难度，使两省在推动产业转型中难免投鼠忌器。

（四）压产能任务艰巨

近年来，河北已经分别压缩了钢铁、水泥、玻璃产能 6000 万吨、6000 万吨、4000 万重量箱，剩下的都是难啃的硬骨头。对一些技术水平达标的过剩产能继续压减的难度增大、风险增高，企业抵触情绪较大。同时该省仍是全国环境污染最为严重的地区之一，随着环保标准和治污成本的提高，治理难度不断加大。

（五）企业经营困难加剧

受市场疲弱、PPI 持续为负、人工成本上升等因素影响，不少企业持续亏损，面临资金链断裂风险，有的拖欠工资已超过半年，企业减产、减薪、减员现象普遍，甚至到了生死存亡的边缘。吉林 22 户玉米深加工企业有 10 户停产，河北仅 8—9 月停限产企业就达 1.5 万家。我们周末去一些企业时，找不到企业负责人。尤其是国有企业负担沉重，劳动生产率低，不少还承担着办社会职能。如吉林的国企改革遗留"壳公司"309户，在册职工和离退休人员约 3 万人，欠缴各项社会保险金 10 亿元，企业改制形成负债总额达 102 亿元。

（六）财政收支矛盾突出

两省财政收入增速均处于低位，而支出刚性增长。1—11 月，吉林、河北财政收入增速分别为 1.5%、7.7%，低于全国平均水平，已经影响了民生保障。如吉林 2015 年社会养老保险基金收支缺口达 108 亿元，2016年将达到 128 亿元。从结构看，两省地方财政收入增长主要源于固定资产投资、金融业和新纳入公共预算的政府性基金，支柱产业税源明显减少。吉林 19 个、河北 27 个市县财政收入负增长，有的县降幅超过 20%，财政运行风险正在积聚。

造成上述困难的原因，除了国内外大环境的影响，也有一些两省自身的因素。一是市场思维、主体意识和开拓精神不强。"没有文件等文件，有了文件看左右"。等待上级下达任务，缺乏主动闯市场闯世界的干劲。坐等国家支持，自身优势难以发挥。如吉林科教资源丰富，但很多成果都在外地转化。比如，深圳大族激光引进长春光机所技术生产的激光切割、打孔装备以每台超过1000万元卖到全国，成为中国激光装备的领军企业，而这项成果在吉林本地就转化不了。再如，河北环绕京津，却不能很好利用京津的人才、技术、资金等资源，"虹吸效应"大、辐射带动作用小。二是体制机制僵化。有人说，东北进入计划经济最早，退出计划经济最晚。一些政府部门官本位思想严重，对经济工作固守"管、把、看"的老思维、老做法，守着权力和利益不放。一些国有企业行政化色彩浓厚，对市场反应迟钝。在互联网和新产业革命的背景下，现行体制机制受到极大挑战。三是政府、企业和金融机构陷入相互"绑架"困局。一些大中型企业特别是国有企业长期效益低下，依靠政府扶持和金融机构"输血"，成为占用大量资源的"僵尸企业"，但在现有体制下还担负着维稳等责任，包袱沉重，政府要依靠这些企业提供就业、税收等，不敢轻易让它们破产退出，还要协调金融机构继续为其贷款，金融机构也骑虎难下。这种相互依赖的僵局，严重阻碍了市场出清和经济转型。

三、两省培育发展新动能有新举措、新亮点

调研中我们感到，虽然面临重重困难，但两省干部群众干事创业、寻求出路的决心很大，信心很足，表示要以滚石上山的劲头稳增长，以壮士断腕的勇气促改革，以华山一条路的精神抓创新，敏锐把握经济发展中的

新趋势，从供需两侧推进结构性改革，从结构调整中寻求新的增长点。两省采取了一些有特色、有成效的措施，形成了推动经济增长的新动能。

（一）抓住工业互联网机遇推进工业转型升级

调研中，企业家普遍认为互联网与工业融合是大势所趋。具体操作上有两种态度，一种是积极试水，如长春轨道客车公司在生产的动车组关键部位安装传感器，车辆运行当中的大量数据可以通过网络传回监控中心，实时将用户需求反馈到研发生产当中，实现精准创新、精准制造。另一种是等待观望，希望别人出来成熟经验后再模仿借鉴。当前世界上并没有成熟的工业互联网模式。从发展路径上看，有的是"制造业＋互联网"，如德国工业4.0就是以制造业为中心，将信息技术与制造技术结合；有的是"互联网＋制造业"，如美国以互联网为中心，从制造业外围向核心延伸。现在发达国家都在力图掌握工业互联网标准制定的主动权，我国在制造业和互联网两方面都后发于人，但体系相对完善，工业互联网发展空间广阔。实践中，互联网正在从研发设计、生产制造、经营管理、售后服务等环节向制造业全面渗透。对吉林、河北这样的传统制造业大省，尤需用好这一契机。如吉林正在建设中科北方"互联网＋"平台，河北有59家企业开展了制造业信息化试点示范。因此，可考虑在这类制造业大省优先布局互联网、云计算及大数据等新兴产业，促进两者加速融合，设立工业互联网发展基金，建设一批工业互联网示范区，对主动进入制造业的互联网企业和主动应用互联网的制造业企业，出台优惠政策。

（二）全面推动大众创业、万众创新

两省都有各自的创业创新优势，吉林科教资源丰富，河北毗邻北京这个世界级科技创新中心和人才集聚地，但一直以来没有很好利用。吉林、河北R&D投入占GDP比例分别为0.9%和1.15%，为全国平均水平的一半左右。为此，两省着力打造"双创"这个发展的新引擎，结合各自实际出台了一系列政策措施。吉林着力挖掘"两所五校"和在吉央企的科技成果转化潜力，实施了股权激励、科技成果产权改革、科技资源开放共享等举措。长春光机所利用其国际领先的卫星遥感、高性能 CMOS 图像传感器、复合材料等技术，打造面向全社会的"T2T"孵化平台（Thought to Technology to Transfer，从思想到技术到转化），建设"五库一池"（创意库、人才库、专家库、需求库、成果库和资金池），使光电子产业以几何级数倍增。河北探索"京津研发、河北转化"的"前店后厂"创新合作模式。两省的大企业也在利用众创和"互联网+"，推动企业组织方式变革。河北钢铁集团将原来集中在研究院所的 2 万多名专业技术人才配置到生产和销售一线，培育创业创新团队，对外联合数十家上下游战略用户、7 所大学及多家科研院所，建立产业技术创新联盟和联合研发平台。吉林不少老工业企业打造各种各样的众创平台，聚集经验丰富的一线工人，集众智改造工艺、创新流程、提高效率，着力塑造"大国工匠"精神。两省注重从公共平台投入和支持民营资本投入两方面，加快新型创业创新孵化机构发展。如长春的"摆渡创新工场"，由民营企业家投入 8000 多万元创建，提供创业导师、人才孵化、免费场地、项目孵化到融资支持的全链条服务，仅一年之内就吸引了 400 多名创客，20 多家企业进入孵化期，其中一家成功挂牌新三板。两省还在探索建立"双创"基金、设立科技成果转化试验区等新举措。

（三）加快发展现代服务业和新兴业态

吉林、河北服务业占 GDP 比重分别只有 36% 和 40%，低于全国十几个百分点。服务业尤其是生产性服务业不发达，制约了国企改革，加快了人口流失，产业升级也缺乏支撑。两省也意识到这一短板，近年来加大了服务业发展力度。制造业的服务业化是必然趋势。吉林围绕自主研发的"吉林一号"卫星，打造航空航天数据信息产业和高端装备制造两个产业集群，产值预计 2020 年可达到上百亿元，到 2030 年将达上千亿元。河北与京津共同打造"京津冀大数据走廊"项目，加快建设张北、承德、廊坊三大数据存储服务基地。两省培育新兴业态也大有潜力。例如吉林依托动画学院，打造国内一流的动漫产业，2015 年热映的国产动画片《大圣归来》，制作人才有 50% 来自该学院。两省要着力提升服务业和新兴业态发展规模和水平，鼓励大中型制造企业将生产性服务剥离外包，使先进制造业与现代服务业相得益彰。

（四）着力化解过剩产能和开展国际产能合作

河北制定了钢铁、水泥、玻璃等行业结构调整的时间表和路线图，一方面铁腕治理，严格执行环保、能耗、质量和安全标准，形成倒逼机制，强力拆除了一批落后产能，严控新增产能，实施新建项目等量或减量置换。如石家庄市鹿泉区宜安镇最多时有 72 家水泥企业，村村点火、处处冒烟，经过一年多的集中拆除，现在仅剩下 3 家。另一方面市场引导，实施土地、供电等差别价格政策，给予关停转型企业阶梯式补偿。华恒水泥公司利用政府集中拆除补偿资金 1000 多万元，借助当地丰富的核桃资源优势，从被迫到主动，转身开工建成年产 30000 吨核桃露系列饮品项目，市场前景良好。化解过剩产能的一个重要措施就是推进国际产能合作。河北与国家发改委、外交部加强部省协同，依托央企"搭船出海"，与中东欧国家建立省州长联合会议制度，搭建服务平台，抓好重点项目。2015年 1—10 月，全省新增备案的境外投资企业 114 家，投资总额 29 亿美元，增长 103%。如冀东水泥集团在南非、赞比亚、缅甸的"三个 100 万吨"水泥项目进展顺利，其中南非曼巴水泥项目已投产并达标。德龙钢铁泰国60 万吨热轧窄带钢、新亚金属印尼 35 万吨镀锌带钢项目年内投产。吉林启动"长满欧"国际货运班列，支持一汽、长春轨道客车公司在海外建设生产基地、研发中心，长客公司为里约奥运会研制的"奥运地铁"列车全部交付完成，装备出口和合作遍布世界各国。

（五）深入推进新一轮国有企业改革

两省都是国有经济比重较大的省份，国有企业的改革成败决定了老工业基地和传统产业大省的振兴。这些年来，两省在推动国有企业兼并重组、分离办社会职能、化解盘活国企债务和不良资产等方面，做了大量工作。如吉林通过"三供一业"降低企业改革负担，推进厂办大集体企业改革试点，取得了积极进展。河北国有钢铁企业整合重组全部完成，首钢、河钢两大龙头带动作用明显增加。但目前国企仍然面临经营机制僵化、投资决策缓慢、包袱沉重等突出问题，加快推进国有企业改革势在必行。下一步要落实中央关于国有企业改革的指导意见，着力完善企业法人治理结构，建立健全国有资产投资运营机制。国有经济比重过大，对民营经济产生"挤出效应"。国有企业应聚焦主业，加快从非主业领域退出，"有所为有所不为、有所先为有所后为"，发展混合所有制经济，塑造独立的市场法人主体。针对国有企业普遍面临的效益低下等问题，要深入开展降本增效专项行动，加大剥离不良资产和办社会职能力度，同时建立改革成本分担机制，妥善化解改革遗留问题，让国有企业轻装上阵。

（六）创新政府体制机制

两省在转变政府职能方面已取得阶段性成效，但"软环境"落后仍是制约招商引资和经济发展的一个突出软肋。权力清单仍然过长，保留项目审批要件多，互为前置，审批效率低下。"中梗阻"和"末梢循环不畅"问题突出，一些地方招商引资的时候说得天花乱坠，项目落地时就"关门欺商"，哪个环节不"浇油"就不转。中介服务不规范，收费过高。比如投资一个小型生产项目，编制可研报告最低2万—3万元、环评报告及评审费最低 4 万元、水土保持方案最低 3 万—4 万元、节能审查报告最低 4 万—5 万元、安全生产评价报告 6 万—7 万元、社会稳定风险评估报告最低 2 万元，这些前置手续至少要向中介机构交纳 30 万元，如果是大项目，收费要超过 100 万元，甚至几百万元，企业根本难以承受。两省都把推进"放、管、服"作为工作重点，加快探索跨部门行政审批合作机制、投资项目在线审批平台、"四局合一"市场监管机制等，构建公平公正、优质高效的营商环境。完善干部激励约束机制，重塑风清气正的政商政企关系，使政府的作用就像空气和水一样，企业平时感觉不到，遇到困难时能够得到及时有效的零成本服务。

四、几点政策建议

（一）将结构性减税与支出改革结合起来

明年国家减税规模较大，为保障财政收支平衡，除增加赤字外，就需要压减相关支出。为此，可考虑将专项资金通过合并同类项、取消市场能够平衡领域的财政补贴等方式，实现大规模压减，同时，取消一些部门专项资金分配权，加强统筹使用。针对企业和行业的补贴，原则上都要取消，主要采取基金支持的方式。如果能将目前的专项资金总量减少一半，可考虑将其中的 50% 作为一般转移支付，补助基层财力不足，另外 50% 作为减税空间。

（二）对传统工业企业用地转型用于科技研发、文化创意等现代服务业给予优惠支持

对按照政策关停并转的过剩产能行业企业，利用闲置厂房、仓库等发

展现代服务业、高新技术产业和新兴业态的，可考虑暂不变更土地使用性质，5年内免征城镇土地使用税。

鉴于当前一些工业企业加快向服务环节延伸，生产与服务形成了你中有我、我中有你的格局，而文化创意产业、科技创新平台等用地一般按商业用地征收土地出让金，企业根本承受不起。以长春市为例，工业用地最低是五级基准地价384元/平方米，商业用地最低是4000元/平方米，两者差距达10倍。建议适当调整用地政策，对科技创新企业、文化创意等现代服务业用地，尤其是工业企业转型现代服务业的，按工业用地征收或降低相关征地费用，减轻企业负担。

（三）对钢铁等过剩行业结构调整研究一揽子措施

1978年日本针对钢铁、煤炭、石化等产能严重过剩问题，出台了《特定萧条产业安定临时措施法》。我国当前产能过剩行业调整程度之深、难度之大，前所未有，需要制定一揽子措施。可考虑在中央和地方层面针对钢铁、煤炭等过剩行业专门安排相应的产业结构调整专项基金，对企业转型转产、报废设备、人员安置等给予支持。

（四）完善创新型企业支持政策

享受所得税优惠的高新技术企业，应当主要以研发投入比重和拥有自主知识产权为标准认定，并实现跨区域互认。对符合条件的众创空间，适用国家科技企业孵化器税收优惠政策。对企业购买专利技术的支出，应视同当年研发投入，享受加计扣除政策。

（国务院办公厅、国务院研究室、国家行政学院联合调研组，
调研组成员：苑衍刚　马宝成　张红晨　周　陈　王　剑
马海龙）

方兴未艾的工业互联网

——用互联网时代的生产组织模式改造提升传统产业（上）

（2015 年 12 月）

互联网与工业融合发展是大势所趋，必将带来新一轮工业革命，重塑产业链、创新链和价值链。对我国来说，这是推动"中国制造"向"中国智造""中国创造"转型升级的历史机遇，是发展新经济、实现新旧动能转换的关键举措，要紧紧抓住和用好。

一、当前全球工业互联网发展趋势

（一）工业互联网尚未形成统一的标准模式

从发展路径看，有的是"工业＋互联网"，如德国的工业4.0希望借助工业制造优势，建立一种物理信息系统（CPS）的全球网络，从根本上改变工业流程，实现生产过程的智能化和虚拟化。有的是"互联网＋工业"，如美国企业立足于强大的互联网优势，关注的是设备的互联、数据的分析以及在数据基础上对业务模式的创造。美国企业正在建立工业互联网联盟，德国企业正在建立智能工厂的产业标准，两者的目的都是振兴传统工业。目前无论是"互联网+"还是"+互联网"，都还没有一个企业、一个国家提出系统的工业互联网标准模式。西门子和通用电气都明确提出："软件是工业的未来，数据是未来的原材料。"

（二）互联网加速向工业领域全面渗透

一是互联网与工业融合的领域越来越广，互联网正在从服务业向装备制造和能源、新材料等领域渗透。二是互联网融入工业和消费的各个链条和环节。从信息传输逐渐渗透到研发、设计、生产和服务等多个产业链环节，通过物联网把传感器、控制器、机器和人连接在一起，同时工业互联网不仅仅是智能工厂，还将消费和服务、人类社会网络互联，形成包括互联网、物联网和服务互联网在内的"超级网络"。三是"互联网+"推动制造业服务化、软件化。有的是围绕产品提供附加服务，如海尔的智能家电内置自动售后服务、物联网自动控制等互联网功能。有的通过精准化的供应链管理和便捷的电子商务等多种方式，提高产品、服务的交易效率和便捷程度。有的进一步整合产品与服务，如通用电气研发的智能运营服务系统，实时监控发动机温度、压力、电压等基础数据，在飞机出现故障隐患前做出诊断预测。

（三）互联网深刻影响工业企业

未来每个企业都会成为互联网企业、数据企业、服务企业和组件式企业。大数据应用水平将决定企业的竞争能力，企业决策将由程序驱动变成数据驱动。企业的组织方式、业务流程、管理模式及其与消费者、上下游生产者、同行业者的互动方式，将发生深刻变化。

二、工业互联网与传统工业的差异

在工业互联网时代，信息成为新的生产要素，创新要素的重新配置是关键。它使劳动者与生产资料结合的方式与过去比有了很大变化，并具有显著的边际成本递减效应和效益递增效应，在大大减少自然资源消耗的同时，加速社会生产增长，推动生产组织方式革命性变化。

差异之一：传统工业强调从研发设计到生产流程过程严谨，步步为营，遵循严格的逻辑思维。而工业互联网更强调快速响应消费者需求，强调个性化设计、与客户共创，瞄准客户的痛点提供解决方案。

差异之二：传统工业强调提供产品，并且力求产品可靠耐用。而工业互联网更强调提供终端服务，产品只是服务的一部分，这种服务不强求一开始就十分完美，更注重快速迭代，不断更新，精益创新，每个产品上附加服务、增值服务越来越多，系统和平台的价值不断提升。

差异之三：传统工业进入门槛较高，没有相当的资金和技术难以支撑。而互联网时代每个企业都是社会化平台的一部分，每个环节都可以通过众包、众创、众筹、众扶等方式解决，企业成为组件式企业，加上3D打印等新技术应用，大大降低了工业制造门槛，每个人都可能具备开展制造业的能力。

差异之四：传统工业主要依靠市场调节供求，因而经常造成产能过剩。而工业互联网利用O2O方式（线上线下结合）将大数据、电子商务、信息物流与制造环节融合，生产出来的产品更符合消费者个性化需求，并直接配送到家，大幅减少生产过剩和运输等环节的浪费。如果全社会都推广这种将服务需求与生产制造密切结合的柔性化方式，将使传统工业发生脱胎换骨的变化。

三、我国工业互联网发展方兴未艾

我国在工业和互联网两方面都后发于人，但体系完善，工业互联网发展空间广阔。互联网正从研发设计、生产制造、经营管理、售后服务等环节向工业全面渗透。阿里巴巴、京东、腾讯等著名企业都不仅是服务业，还从工业外围向核心环节延伸。工业企业也积极拥抱互联网。从以下几个案例可一见端倪：

案例一：长春轨道客车公司——运维服务。长客与上海一家公司合作开发了列车运行监控系统，在其生产的高铁列车上配装传感器，将列车运行数据发回数据中心，通过大数据的计算分析，预测列车可能发生的问题，及时检修，确保安全运行。

案例二：一汽集团——产品互联网。一汽集团开发了车联网，将分属不同所有者的汽车互相联网。目前入网车辆已达23.5万辆，在网车辆超过10万辆，将汽车打造成一个开放的系统平台。并且提出未来十年，将打造基于"互联网+"的设计、制造、服务一体化技术平台，节能与新能源汽车动力总成与底盘机电一体化技术平台，整车和总成电子控制嵌入式软件技术平台，汽车智能移动技术平台，D-partner+信息服务技术平台等五大平台。一汽集团还拟与日本丰田合作在天津建设智能工厂。

案例三：金塔集团——现代农场和粮食加工物联网。该公司推行精准农业，实施全程机械化，自主研发了物联网技术，搭建覆盖"从农田到餐桌"的食品链全过程质量安全可控及可追溯平台。

案例四：红领制衣——个性化定制。该公司通过构建线上线下个性化定制平台，形成了数据驱动、全球协同、全员在线、实时同步的服装智能定制模式，设计成本下降99%，生产周期缩短40%，2014年产值、利润同比增长 150%。

案例五：中云数讯——利用云计算、大数据为工业提供服务。中云数讯是一家从事云计算和大数据解决方案的高科技企业，已为一汽集团、长春客车等大客户提供了云存储和大数据计算服务。

案例六：合心机械——打造上下游中小企业众创空间。这是一家民营股份制企业，该公司提出集合上下游各中小型智能制造企业，打造工业机械智能制造众创空间，为行业内中小企业提供包含订单、融资、管理咨询、技术支持、员工培训、物业管理在内的保姆式服务。

企业普遍认为，工业互联网是大势所趋，但从总体上看，工业互联网发展尚处于起步阶段，存在不少问题。一是互联网与工业的融合大多是某个环节的结合，比如生产制造、原料采购、运维服务等环节。二是企业普遍对工业互联网认识不到位，大企业对工业互联网关注不够，大多停留在计划层面。一些中小企业甚至认为办公系统软件的应用就是工业互联网。工业领域应用互联网、大数据，主要是基于提高效率、改进流程、实时监控等，还没到创新组织模式、管理模式的时候。三是不会用、不想用、不敢用、等着用。如金塔集团开发了物联网，但采集数据后却不知道如何开发应用。吉林通钢集团说，我们是老国企，通过工业互联网提升生产效率后，大量富余人员安置有困难。东光奥威电子公司反映，工业互联网尚没有成形的模式，我们也想学，但找不到标杆。四是对与国际先进企业合作存在顾虑。如西门子公司提出为长春轨道客车公司提供智能工厂建设方案，但长客担心受到国外的技术制约而拒绝。

四、建议

一是将大众创业、万众创新融入工业互联网之中。工业互联网的思维方式是基于线上线下的人们参与研发设计和生产经营，基于与客户共同创造、个性化设计，基于市场主体尤其是生产者与消费者之间实时频繁互动，因此需要更多人发挥创业、创新、创造的积极性，这与"双创"的思路不谋而合。"双创"与"互联网+"两大战略在实施中要紧密结合。

二是提前布局"互联网+"、大数据、"中国制造业升级"等领域的知识产权创造和运用。建设一批工业互联网技术创新联盟和智能制造系统集成平台，加快建立智能制造标准体系，大力发展自主可控的智能部件、智能装备及成套系统，力争掌握更多标准制定权。

三是积极探索工业互联网模式。在制造业集中区域和互联网、大数据、云计算等产业发达区域，选择若干试点，多渠道资金支持企业开展互联网与工业融合创新，打造一批智能制造示范企业。设立工业互联网发展基金，建设一批工业互联网示范区，对主动进入制造业的互联网企业和主动应用互联网的制造业企业，出台优惠政策。

四是加快培养数字机械工程师、数据科学家、用户界面专家等复合型创新人才。

（与国务院研究室张红晨合作）

灵活高效的现代企业组织方式

——用互联网时代的生产组织模式改造提升传统产业（下）

（2015 年 12 月）

现代企业的发展趋势正从生产产品的宝塔式科层制管理组织，变成提供服务的扁平化创业创新平台。在这里，每个人都成为以其劳动和智力参与创造的主体。很多企业通过打造众创、众包、众筹、众扶等新模式，尤其是通过互联网，从有界的企业变成开放式协同创新平台。同时，制造业的用户导向和服务化、智能化、个性化趋势明显，企业的竞争力将体现在提供更多的终端服务功能上。

一些国内顶级大企业正在主动拆分成更小的自主经营体，探索"大平台＋小团队"的运作模式，致力于全员面向用户，同用户零距离接触，以便灵活应对市场环境，瞄准客户痛点，提供精准解决方案。

案例一：华为公司——"让一线直接呼唤炮火"的组织模式。将前端变成一个个直接面向客户的全能基层作战单元，后方变成系统支持力量，提供联合保障服务和分析监控。该模式把企业的组织分成 4 个层面。第一个层面是 3 人突击小组，由原来客户经理及个人面对客户的组织，变成以客户经理、解决方案专家、交付专家组成的工作小组，形成面向客户的"铁三角"作战单元；第二个层面，在每一个区域安排一些财务专家和法律专家，提供前方突击小组相关的财务和法律支持；第三个层面，各个地区会进行片联，定期进行参谋长联席会议；第四个层面，轻装及能力综合化的海军陆战队式的一线组织结构。

案例二：海尔公司——"平台＋小微"组织结构。海尔集团的组织变革走过了3个阶段。一是自主经营体阶段。组织结构由"正三角"变成"倒三角"，8万人的企业变成了包含三级、三类的2000多个自主经营体。二是"利共体"阶段。组织结构从"倒三角"转变为"利共体＋平台"的闭环网状。自主经营体融合为前端经营的利共体，共同为用户一个目标负责，而平台（包括资源平台和职能平台）则为自主经营体提供支撑。三是"小微"阶段。组织结构进一步转变为"平台＋小微"的开放式生态圈。"小微"是为用户负责的独立运营主体，拥有决策权、用人权和分配权。"小微"和平台之间是"市场结算"关系，通过"对赌机制"进行"事前协同"。"小微"如果感到现有平台满足不了需求，可以直接利用海尔之外的资源。这样，10万员工变成了2万个"小微主"和创客，海尔为他们提供资金和创业孵化平台，追求的最终目标是"人单合一双赢"，即员工和用户需求合一，让用户参与到设计、生产的全流程中，在为用户创造价值的同时也实现员工价值。与此同时，企业变大规模制造为大规模定制，大幅提高了效率、降低了成本。目前海尔的产品开发周期缩短20%以上，交货周期缩短50%以上，全流程运营成本下降20%。

案例三：阿里巴巴公司——拥抱变化、快速迭代。从成立以来组织结构一直不断变化。近两年，把7个事业部拆分成30多个事业部。最近，再度升级组织结构，组成由"大中台，小前台"互为协同的创新管理模式：作为前台的一线业务会更敏捷，更快速适应瞬息万变的市场；中台将集合整个集团的运营数据能力、产品技术能力，对各前台形成强力支撑。中台事业群，下辖搜索事业部、共享业务平台、数据技术及产品部，是前端业务灵活发展、快速升级的最强有力保障和支撑，成为集团生态体系的发动机。在大中台的支撑下，阿里电商事业群打破树状结构，转变为一批快速决策、敏捷行动的"业务小前台"。

案例四：小米公司——极度扁平化的组织结构。通过小米自有的论坛以及设计媒体同客户进行零距离沟通，并在得到客户信息和反馈时及时做出反应，而不需要层层汇报得到上级批准才能行动。在小米，从最底层员工到创始人只有三级，即创始人、主管和一线员工。每个创始人分管不同领域，创始人下面又有很多个团队。每个小团队都具有各自的优势，相对独立运营，相当于一个小型创意公司。小米通过引入种子设计师、连接不同设计社区、建立"生态圈"治理机制、完善培育和扶植土壤、创造设计延伸扩展等多种方式，建设一个开放的设计师"生态圈"，实现设计师资源和互联网的"跨界"整合。

案例五：腾讯公司微信平台——创客集团。这个平台短短 5 年时间由 11 人组成的创业团队，发展到现在拥有 6 亿用户、1400 多名员工的"巨无霸"，但仍保持"创客本色"：小团队作业，内部建立"跑马"竞争机制；每个团队都是"小步快跑"，公司办公区设置多个三楼直通一楼的滑梯，快速沟通、快速决策，被称"滑梯文化"；人员精准匹配，没有"营养过剩"；用户体验至上，快速迭代产品。

启示之一：上述企业组织变革的共同特点，在于小团队作战，直接向 Leader 汇报（而不是领导），去中心化明显，以项目制为纽带，快速形成、快速开发、快速迭代、实现短期目标，循环往复，激发个体的能力，推动组织的革新。其优势是直接和迅速地响应千变万化的市场需求，使生产出来的产品更符合消费者个性化需求。

启示之二："双创"不仅是小微企业的专利，大企业也可积极探索"企业平台化""员工创客化"的创业创新路径。要探索让有能力有意愿的员工从执行者变成创业者、创新者和全伙人，项目成熟时可采取股权激励等方式，支持其转化、转让甚至"自立门户"，从而形成大企业内部的创新创业生态圈。要给予创业创新者足够的自由探索和试验的空间，创造良好条件和平台，让创新链条的每个要素都活跃起来，以不同方式释放和实现价值。

启示之三：企业要转变传统的科技资源配置和创新机制，对现行自上而下、养人干事的创新运作机制进行再造。打破各种所有制、单位、身份限制等界限，通过互联网、大数据等充分利用社会创新源，建立快速响应市场变化的灵活的创新机制，同时避免"富营养化"导致创新项目"未大先衰"。对一些占据市场优势地位的国有企业及其研发机构，要敢于打破格局，以自己与自己竞争的勇气，实现快速迭代创新、颠覆式创新，防止成为创新的障碍力量。

启示之四：大企业裂变的同时，小企业则在聚合，以规模化生产和大企业为主的产业链，将向大中小企业相互协同的方向转变，企业与企业的关系成为社会化协作的联盟，不再是过去那种封闭式全链条生产经营模式，就像当年的福特汽车，进去的是铁矿石，出来的是汽车。过去以规模化生产和大企业为主的产业链，将向大中小企业相互协同的方向转变，打造全新的"中国智造""中国创造"。

（与国务院研究室张红晨合作）

培育新动能　走上"双中高"

——深圳经济转型升级调研报告

（2016 年 9 月）

　　国际金融危机曾给深圳经济带来严重冲击，经济增速几乎拦腰砍。近年来，深圳没有等靠要、没有搞"强刺激"，而是坚定不移推进改革创新和结构升级，取得了明显成效，经济增长保持中高速、产业达到中高端水平，发展质量和效益同步提升。可以说，深圳已经走出了国际金融危机的阴影，正在释放出新一轮强劲发展动能。过去深圳产业以中低端和加工制造为主，他们能够成功转型升级，证明我国经济完全能够实现新旧动能接续转换，走上双中高发展之路。

　　8 月 23 日至 26 日，我们赴深圳就经济转型升级问题进行了调研，召开了相关政府部门座谈会，到深圳国家自主创新示范区、前海自由贸易试验区、金融改革创新试验区、行政审批制度和企业投资体制试点区以及相关产业园区等进行了考察，与 20 余家创新型企业、传统行业企业负责人和中小创业者，8 家高校、科研机构和众创平台等负责人进行了座谈交流。现将有关情况和建议报告如下。

一、深圳市经济转型升级的成效

（一）经济保持中高速增长

2008年国际金融危机来袭，深圳经济增速由前30年平均增长25%一度跌至个位数，外贸出现断崖式下跌。2010年起逐步回升，"十二五"时期平均增速为10%，目前稳定在8.5%—9%区间。人均GDP由2008年的8.3万元增至2015年的15.79万元，达到高收入水平。"三驾马车"动力强劲，投资增速经历了"V"形反转，近年来保持在20%以上，消费增长保持在10%左右，外贸表现整体好于全国。

（二）产业结构迈向中高端

深圳产业经过"腾笼换鸟"，已经实现了"凤凰涅槃"，主要体现为"三个为主"：经济增量以新兴产业为主，增加值占GDP的40%；工业以先进制造业为主，占规模以上工业的75%；三产以现代服务业为主，占服务业的70%。服务业占GDP的比重由51%提高到61%。

（三）质量效益型增长特征鲜明

近年来，深圳市财政、民生、收入、就业同步提升，指标匹配性强。财政收入增速近年来保持在20%以上，规模以上工业企业利润增速回升到两位数。城乡居民收入增速始终高于经济增速。单位GDP能耗、水耗下降和主要污染物减排力度超过全国平均水平，PM2.5平均浓度26微克/立方米，实现了"深圳蓝、天天见"。

（四）新经济占据半壁江山

近 3 年来深圳累计新增市场主体 140 多万户，超过改革开放前 30 年的总和，占现有市场主体总量的 60%。平均不到 20 人就有一家企业，每 9 个深圳人中就有一个在创业，创业密度居全国首位。深圳有 3 万多家科技型企业，1 万多种高技术产品，其中半数以上拥有自主知识产权，同时拥有各类创新载体 1300 多家。战略性新兴产业和未来产业增速分别是 GDP 增速的 1.5 倍和 2 倍以上，占 GDP 的 40% 以上，加上电子商务、外贸服务、"互联网 +"等新业态，新经济已经成为深圳经济的主要支撑。

（五）民营经济动力强劲

深圳民营经济遍布各个领域，自由开放度最高，上市企业最多。既有华为、腾讯、中兴、比亚迪、万科等前辈级的"大咖"，也有华大基因、光启、大疆、迈瑞、大族激光等中生代的"新贵"，还有柔宇科技、华讯方舟等一批虎视眈眈的"黑科技企业"，以及更多不断涌现、潜力无穷的小微企业，真是"一波未落、一波又起"。2016 年上半年深圳民营投资增长 77.7%，比全国高出 74.9 个百分点。截至目前，深圳民营企业诞生了 4 个世界 500 强、20 多个中国 500 强，主营业务收入超百亿元企业 60 余家。

（六）创新型经济体初步成型

深圳已经提前达到或超过"十三五"国家科技创新规划的若干重要指标，科技进步贡献达到 60.1%，研发投入强度达到 4.05%，相当于世界排名第二的韩国水平。PCT 专利申请量占全国的近一半，每万人发明专利拥有量 73.73 件，平均每天创造 46 件专利，代表着"新深圳速度"。高新技术产业增加值占 GDP 的比重达到 30%。一些领军型龙头企业年均增长 20% 以上，新兴企业则年均增长 100% 甚至更高。

深圳经济的升级发展，体现了工业化、城镇化、信息化的必然趋势，反映出改革开放进入新阶段的新态势，展现了我国经济结构调整与大众创业、万众创新所蕴藏的巨大潜能。深圳作为我国改革开放的"试验田"和创新发展的"新高地"，它的探索实践为我国其他地方经济转型升级提供了有益经验。

二、深圳市的主要做法

（一）以华山一条路的勇气，持续释放创新势能

深圳市认识到，就像当年邓小平同志说"不搞改革开放，只能是死路一条"一样，现在不搞创新，同样是死路一条。这些年，深圳市抓创新动手早、力度大、持续久，多年耕耘到了"摘果子"的时候。他们出台了全国首部国家创新型城市规划、自主创新33条、促进科技创新62条等一系列"科技新政"。同时还紧盯国家创新政策动态，及时加码出台地方政策。比如，《促进科技成果转化法》规定科技成果转化收益奖励比例不低于50%，他们就将市属高校科技成果转化收益奖励比例提高到70%以上；国家规定科研人员离岗创业保留人事关系期限为3年，他们分两期提高到6年；国家规定研发费用加计扣除比例为150%，他们提高到200%并实施追溯和递延扣除，差额由地方财力补足。深圳市下决心将财力向科技创新倾斜，同时撬动银行、保险、证券等资本市场。如设立200亿元的创新创业引导基金，以银政企合作贴息项目拉动银行授信近100亿元，实施覆盖大中小学的创新专项计划，等等。企业家们说，市政府是创业创新最大的"天使投资人"。

深圳市注重以法治保障创新，强调创新与立法"同频共振"。他们充

分用好特区立法权，先后出台了深圳经济特区《技术秘密保护条例》《创业投资条例》《技术转移条例》《知识产权保护工作规定》等地方性法规。这些法规针对性操作性强，能够有效保护财产权和知识产权，对政府、企业和个人来说都既是约束又是权利。对每项法规和政策的实施，深圳都注重合法性审查，反之，除此之外的不合理审查一律取消，不给部门自身留下操作空间，使改革创新者对自己的权益和红线都清清楚楚。不论谁违反法规和政策，都可以拿对应的条款来"说事"。

深圳市没有大院大所，国家级创新载体少、学科布局系统性不够，他们就把功夫下在培育新型创新主体上。大致分为四类：第一类是新型研发机构。近年来，深圳涌现出大批新型研发机构，有的是科研院所和高校设立的，有的是院校与企业、政府联合设立的，有的是从企业研发机构分离出来的，有的是基金投资成立的，有的是海外人才团队创立的，等等。其性质也是事业单位、企业、非营利机构、混合经济、产业创新联盟等五花八门。这些新型研发机构在技术、产业、资本和应用集成等方面探索新模式，源头创新与成果转化效率极高，有利于促进产学研一体化，破解科研成果产业化的瓶颈难题。深圳以灵活机制和优厚条件，鼓励这些"外来的和尚念好经"。比如中科院先进技术研究院，由中科院、深圳市政府、香港中文大学三方共建的所谓"四不像"机构，实现了机制、目标、功能、文化四个创新，其专利数量在广东科研机构中排名第一，在中科院各院所中也名列前茅。第二类是超常规布局的创新载体。建设国家、省、市级重点实验室、工程实验室、工程技术中心和企业技术中心等共 1283 家，在智能机器人、4G 及 5G 技术、基因免疫治疗、大数据、石墨烯等领域建成一批创新中心或研究机构，成为强化原始创新、实现重点跨越的重要支撑。第三类是研发型企业。深圳企业有"四个90%"：90% 以上的研发投入来自企业、90% 的创新载体、90% 的研发人员和 90% 以上的职务发明专利集中在企业。深圳市建设国家超算深圳中心、国家基因库、大亚湾中微子实验室等重大科技基础设施，都是依托企业。第四类是数量众多的众创空间。深圳市是创客最早兴起的地方，他们实施"孵化器倍增计划"和"促进创客发展三年行动计划"，促进创新载体蓬勃发展。比如，依托信息产业优势，推动创新、创业、创投、创客"四创联动"，打造集专业孵化、投融资、种子交易市场于一体的深圳湾创业广场。目前深圳共有各类创客服务机构78家、孵化载体144家，在孵企业8000多家，累计毕业5000多家。大疆等知名企业就是从这些不起眼的孵化器孵化出来的。创业创新者一旦遇到合适土壤、将势不可当地萌芽、成长、壮大，成为未来发展的中坚力量。

创新力量要转化为现实生产力，就一刻也离不开资本的支持。很多创业者说，我们之所以选择在深圳创业，就因为这里有一套市场化的、全链条的投融资体系。在成长起步阶段，目前深圳市有股权投资、风险投资机构超过4.6万家，注册资本超过2.7万亿元，占全国的1/3以上，还有大量的个人投资者、私募基金等，满足几乎一无所有的种子期初创期企业需求。这个阶段上政府投入主要是引导性投入，既不能与民争利又要恰到好处，在产业兴起时以补贴、股权、债权等方式给予支持，等企业成熟后立即退出。在产业化阶段，充分利用深圳的中小板和创业板市场优势，大力发展资本市场融资，支撑中小科技型企业成长。一项技术从实验成功到中试，投入还需增加10倍以上，而到产业化还需100倍以上投入，很多中小企业死在后两个"黑洞"阶段。而在深圳，很多中小企业能够在天使轮、种子轮之后，依托资本市场完成A轮、B轮融资，从而顺利壮大。同时，完善股权转让、上市、分红、并购、退出等机制。在高速成长阶段，这时候就需要银行、保险、信托、债券、基金等长期的、大规模的价值投资主体介入。为此，深圳市实施科技金融计划，大力发展科技银行、科技保险、科技债券等，完善股权债权等联动机制，发展投贷联动、投保联动、投债联动等方式，使金融机构与创投风投企业建立了长期的市场化合作机制。还依托前海开展跨境贷、跨境债等业务，设立股权交易中心，降低海内外金融资本进入门槛。

（二）以海纳百川的姿态，实施积极开放的人才政策

创新驱动实质是人力资本质量驱动。深圳把"人"看作最重要的资源和城市活力的象征，千方百计营造聚才、爱才、用才的环境，把经济特区建成"人才高地、智力宝地"。

一是不拘一格吸引各路人才。与一些大城市出台人口限制政策不同，深圳放宽人口准入，增强人口流动性。近5年新增人口分别为11万、8万、8.2万、15万、60万，尤其是年轻人年均增长率高达22.5%。目前深圳1480万常住人口平均年龄30岁，在所有大城市中最年轻，而且户籍与非户籍人口在基本待遇上没有太大差别。深圳还注重人才结构平衡。实践证明，并不是只有高端人才才是城市的栋梁，高中低端人才合理搭配，才能使城市最有效率。深圳引进人才既覆盖院士等高精尖缺人才，也覆盖高校毕业生等中初级人才、工匠等技能人才以及创客等社会人才，各类人才都可以"对号入座"。

二是不惜成本引进高端人才。深圳对高端人才投入敢下血本、上不封顶，出现了国内"孔雀东南飞"、海归"群雁结伴来"的新景象。每年投入10亿—20亿元实施海外高层次人才"孔雀计划"，设立企业引才"伯乐奖"，下大力引进国内外知名大学和科研院所，鼓励知名高校来深联合办学，如深圳北理工-莫斯科大学分校、清华-伯克利深圳分院、天大-佐治亚理工深圳分院等。预计5年后深圳高端人才比重将翻一番，高校在校生将超过20万人，人才自给率将大幅提升，为新产业发展做好充分准备。媒体评论认为，今天的深圳不再是"文化的沙漠"，而是"人才的摇篮"。

三是不遗余力激励保障人才。在深圳，用人不扣帽子、不抓辫子、不求全责备，靠自己的能力和业绩赚钱，财富再多别人也不会眼红，更不会

出现个人获奖而奖金由单位人员瓜分的现象。深圳市努力建立以知识价值为导向的分配激励机制，探索人才资本产权机制，建立多元化人才评价体系。如全面推行科研院所、高科技企业管理层与核心骨干持股，上市公司相关人才持股比例放宽至30%，还在安家补助、创业就业扶持、住房、子女入学、配偶就业等方面出台有力度、有温度的贴心政策。为防止"高房价挤走人才"，深圳实施人才安居工程，租、售、补结合全力保障。比如来深院士可享受600万元住房奖励补贴或10年免租住房甚至获赠住房，新毕业大学生可获得1.5万—3万元一次性住房补贴，还可以立即申请公租房轮候。

四是"不择手段"培养所需人才。作为产业升级先行者，深圳首先遇到了人才结构不适应新产业结构的矛盾。为此，他们大力发展科教、产教融合，一些科技、教育、资本、产业"四位一体"的新型机构涌现出来。同时支持企业加大培训力度。一些企业瞄准新兴产业领域人才培训业务商机，干脆转型成为培训机构，如连硕机器人教育公司、优必选机器人公司，为全国数千家企业提供机器人操作应用培训，柴火创客空间由创业平台转向为大中小学提供创客教育服务。深圳还着力推进"深港创新圈"建设，与芬兰等9个国家签署科技合作协议，推动企业在境外新设研发机构255家，拓展人才培养渠道。

（三）以壮士断腕的决心，全力推进改革重点突破

深圳市的改革与创新一脉相承，他们将新一轮改革重点聚焦于激发各类主体创新创造活力上。因此，他们下大力抓"简政放权、放管结合、优化服务"，强调为政要简、要静，着力建立市场化、法治化、国际化的营商环境。

放要放得到位。自2013年起，深圳在全国率先推开商事登记制度改革，改"先证后照"为"先照后证"，大幅削减前置审批事项92%以上，

推行经营范围和场所自行申报、注册资本认缴登记等。目前已经向全社会公布商事主体行政审批事项权责清单，明确全市共 129 项许可审批项目，其中前置审批 12 项，后置审批 117 项，在副省级城市里是最少的。同时，社会投资项目核准审批减少 90%、市级核准备案权限下放 90%，备案项目占比 95% 以上。应当说，这一套简政放权"组合拳"，深圳走在了全国前列，也最先尝到了甜头。不到 3 年时间市场主体一下子由 100 多万户增加到 240 万户，居全国城市首位。"放"还体现在政府对新事物的态度上，对分享经济、众创平台、造物中心等新业态新模式，政府不懂的，绝对不拦着，不设前提、不打棍子，先"放水养鱼"再"蓄坝引流"。他们认为政府职责就是为企业开资财之道、为人才开致用之道，增强社会活力，防止阶层固化。各个部门都要争当束缚创新藩篱的拆除者，拒绝事不关己、高高挂起。"处处推倒冷漠的墙，给革新者、创造者开路，这就是管理机关和领导人的任务"，一位深圳作家写道。在深圳，企业家们想得最多的是怎么对接市场，而不是怎么和政府部门打交道。

管要管得合理。深圳把重点放在科学监管、依法监管、信用监管上。全面推开市场准入负面清单和部门权责清单，将政府所有权力"晒在阳光下"，并完善与权责清单配套的监管办法，建立起"谁审批、谁监管"和行业监管相结合的联动监管机制。全面推行"双随机、一公开"，统一的商事主体信用信息公示平台已经向各部门推送信息 44 万条，并方便公众进行信息查询和信用监督。政府履职要该放的要放，该管的要管，但管的方式要从重事前审批向重事中事后监管、从管主体向管行为、从强调政府监管向政府监管与社会监督并重转变。这三个转变，既是现代政府所必需的自我约束和规范，更涉及行政管理体制权力结构和权力关系的调整，关系政府与社会结构性共治的塑造，因而是一场深刻的政府自我革命。从这个意义上说，"革命"尚未成功，深圳仍需努力。

服要服得高效。深圳市创造性推行了"一网、一微、一端"公共服务模式。"一网"，就是全面实行全业务全流程网上商事登记，实现"一个部门登记、多个部门共享"，使95%以上的商业主体设立登记和70%以上的变更登记可以网上办理。"一微"，就是公民可以微信登录"信用深圳"公共平台。市民在办事、旅游、就餐、娱乐需要搜索周边商户，查询企业信用，或遇到商家"挂羊头卖狗肉"的现象，只要通过手机微信"摇一摇"，就对企业信息一目了然，企业也可以据此改进服务。平台还与鹏元征信公司签订合作协议，使政府与企业实现信息共享。"一端"，就是在前海试点的利用 App 客户端办理业务，试点成熟后迅速推开。总之，就是要打造"审批最简、管制最少、服务最优"的城市，使大家愿意来、来得了、能创业、善创新。

（四）以稳扎稳打的战略定力，持续推进"结构闯关"

国际金融危机时，不少产业陷入困境，这是外部环境使然，但也有其内在必然性。深圳没有一味救产业，也没有在"腾笼换鸟""双转移"中抛弃传统行业，他们积极谋划产业升级，更加注重产业集群化发展和产业链供应链分工协作，通过"实施一批、布局一批、发现一批"实现滚动发展。2009 年先后出台生物医药、互联网、新能源、新材料、文化创意、新一代信息技术和节能环保等战略性新兴产业发展规划，"十二五"期间战略性新兴产业规模年均增长 17%，达到 2.3 万亿元，占 GDP 比重由 28% 提高到40%。2013 年又率先布局生命健康、海洋产业、航空航天、机器人、可穿戴设备和智能装备等未来产业，到 2015 年规模已经超过 4000 亿元。同时，密切关注新产业新业态，从中发现新增长点。目前已经形成了战略性新兴产业、未来产业、现代服务业、传统优势产业"四路纵队"并进的局面。

传统工业在经济升级中位置怎么摆？我国一些地方如北京、上海等在升级中都出现了工业增速明显下降，而深圳近年来规模以上工业增加值平均增速为 10%，工业企业利润增速则保持在 10% 以上，2016 年上半年更是达到 23.1%。这表明深圳发展不是以工业企业利润下降为代价的，传统产业逆势实现了内涵式提质增效。深圳的经验表明，对传统工业只进行一般性技术改造是不行的，必须系统设计、整体改造。具体来讲是"五化"：一是信息化。深圳大力实施"互联网+"行动计划、落实"中国制造业升级"、推进"宽带深圳"行动计划等，促进互联网"+工业""+商贸""+物流"等，注重用互联网思维、大数据和云计算的架构打造新的经济形态，以信息经济的渗透性和倍增性促进传统产业垂直整合、横向跨界、融合发展。2015 年信息经济规模突破 1.9 万亿元，占全国的 1/9 以上。二是智能化。促进智能技术与工业化深度融合，建设一体化智能制造工厂。如雷柏科技公司引进机器人生产线，改造传统的鼠标、键盘制造流程，效率提高 70%，用工成本下降 40% 以上。易尚展示公司利用 3D 和 VR 技术重塑传统展览业，实现了起死回生。三是服务化。鼓励大型企业将生产性服务业剥离出来，转向为整个行业提供服务，甚至大企业自身也从制造商变成服务商。四是标准化。在服装、家具、电子产品等领域率先实施深圳标准认证及标识制度，同时积极推动细分龙头领域制定高规格标准。到 2015 年年底，深圳累计制定国际国内标准 4212 项，其中国际标准 1135 项，组建 20 家标准联盟。五是时尚化。积极推动传统产业"拥抱设计、拥抱品牌、拥抱时尚"，如飞亚达公司利用互联网和智能制造等科技，将审美、情感、人文等要素嵌入手表，提升了人机互动质量，一跃而成为时尚产业。

未来产品什么样，产品结构怎么调？众多企业家和政府官员都在思考。消费品根本是为了满足人们的需求，在我们这样一个发展中大国，一方面，要利用新技术新工艺新模式，提高劳动生产率，推进精益生产，用少的资源产出更多优质产品。另一方面，人们对待产品正从主要满足功能性需求，转向融合品质、技术、审美、人性等要素的综合性需求。这种形势下，单靠提高效率无异于"刻舟求剑"。这既需要个性化设计、柔性化制造，更要加入文化的力量。法国作家福楼拜说过，"科学与文化在山脚下分手，又在山顶会合"。欧洲企业打造百年老店，其产品体现了欧洲人的美学观念和探究本源、追求极致的哲学思维；美国的苹果手机、迪士尼等产品都深刻体现美国的价值观。我国产品的弱点在于缺乏人文精神和传统文化价值体现，因而只能跟着别人亦步亦趋，或者"海淘热"或者争当"果粉"。这些年，深圳市针对产品供给侧的"痛点"，全面推进标准、质量、品牌、信誉"四位一体"建设，从数量经济向质量经济、品牌经济转变。同时，用创客文化深度挖掘消费者需求，将企业家精神和工匠精神融入产品创意设计和生产制造。只有这样，才能逐步使"中国制造"带着中国文化走向世界、影响世界，因为只有民族的才是世界的。

（五）以"两个毫不动摇"的坚定态度，促进民营经济和国有经济相融并进

深圳民营经济成长速度快、发展质量好、创新活力强、上市企业多，形成了领军骨干企业队伍、上市及拟上市企业队伍、成长型中小企业队伍、创新中微企业队伍"四支队伍"梯队发展的格局。有人统计，每10年深圳就会诞生一批具有行业竞争力的领军型科技企业。之所以如此，首先得益于深圳市几乎每年都出台支持民营经济的新政。在这里，各个领域市场准入都参照负面清单执行，绝没有对民间资本单独设置的附加条件和歧视性条款。同时，大力支持中小企业发展，设立60亿元中小企业发展基金，给予改制中小企业与大企业一样的服务，对中小企业设立银行贷款坏账损失和担保代偿损失的风险补偿，对年增加值增速超过15%的重点工业企业给予奖励，等等。

深圳国有经济在危机期间也遭受了重创，但依靠改革创新，率先走出低谷，实现了平稳快速增长。"十二五"时期，深圳国企总资产、利润总额等主要指标都实现了倍增，企业效益年均增长17%，利润率、净资产收益率分别排名全国第1位和第3位。一是改革起步早、力度大。深圳率先

实现直管企业董事会建设"全覆盖"，将副总以下人员选聘权、主业投资决策权等下放给董事会；编制 24 项出资人履职权责清单；构建短中长期激励与约束相结合的绩效考核薪酬体系；完成一批国企向国有资本投资公司和运营公司转型，构建以国资委为主、投控公司辅助的监管运营新体制；市属国资系统混合所有制企业比例超过 75%，员工持股迈出实质性步伐。二是定位清晰、运作高效。深圳市认为，国企不能笼统讲"做强做优做大"，要按照基础性、公益性、先导性原则，区分情况，专注主业，大力推进国企结构调整和产业整合，不能乱铺摊子盲目扩张。在基础产业领域，主要是做大做强，投控、地铁、特区建发等 3 家企业资产规模超过1000 亿元，公交、机场、能源、农产品、水务、盐田港、燃气、粮食等国企的利润增长率、劳动生产率、风险控制水平等主要竞争力指标在国内同行业中领先。在重点产业方面，主要是做优做强，有力推进了并购重组和转型升级。设立了重大产业发展基金、并购基金等国资"基金群"，预计到 2020 年规模将达到 3000 亿元。在新兴产业方面，主要是按照市场规律发掘和培育新增长点。采取预算资本金注入等方式支持国企创新，设立创新专项资金支持重大技术攻关，创新投、高新投、担保集团等 3 家创业投资机构，累计扶持创新企业和项目 3.6 万个、金额 4060 亿元，扶持373 家企业上市。深圳的经验证明，国有经济与民营经济完全能够和谐共生、相得益彰，更好保障经济发展和民生改善。

三、几点建议

（一）宏观政策要和产业政策、创新政策、消费政策形成叠加效应

过去搞宏观调控主要从需求出发，采取财政、货币等总量性政策，现

在我们推进供给侧结构性改革，要求发改、财政、金融等宏观部门要与科技、工业和信息化、交通等部门密切合作，出台更多跨部门交叉性政策，强化宏观政策、创新政策与产业政策、消费政策的协调联动。科技、工业等部门应当成为综合经济部门，防止由于部门分割造成产业发展分割。深圳市成立科技创新委以来，出台了一批综合性创新和人才法规政策，成效显著，值得借鉴。

（二）鼓励地区间开展创新竞争

改革开放以来我国形成了各地你追我赶、竞相发展的局面，至今各地仍很看重 GDP、人均收入等排名。建议在此基础上，借鉴瑞士洛桑管理学院竞争力排名、世界知识产权组织全球创新指数等，结合"十三五"规划和我国科技与产业发展状况，委托第三方机构，编制各地创新发展与核心竞争力指数。指数主要考核创新和人才，将 R&D 强度、专利申请量、科技进步贡献率、劳动生产率、新经济新业态发展、技术和产权市场、人均受教育年限及人才、科研机构和创新型企业数量等创新型国家建设相关指标，纳入地方政府官员政绩考核评价和离任审计范围。通过对各地区进行核心竞争力排名，反映一个地方发展后劲和可持续能力。

（三）完善新产品新业态审批制度

当前新技术新产业新业态新产品层出不穷，很多颠覆性、交叉性、融合性产品大量涌现，而不少监管部门对此有不适感。尤其是生物医药等新药品审批监管滞后、时间过长，导致企业辛苦研制出来的产品在国内外市场失去先机。建议研究明确新经济新业态新产品的上市审批原则和操作办法，加快完善负面清单和权责清单管理。对新药等事关人民健康的特殊产品，可借鉴美国等国做法，在 3 个委员会（科学委员会、法律委员会、伦理委员会）鉴定基础上，建立快速审批通道，同时完善事中事后监管。实施药品上市许可和生产许可分离制度，允许上市许可持有人委托有资质的企业生产，以快速占领市场。

（四）支持新型研发机构发展

我国有大量研究机构和上游科研成果，但产业化研究和市场转化服务薄弱，而新型研发机构能够很好解决这个问题。建议出台支持新型研发机构发展的意见，促进其在申报和牵头组织国家科研项目、重点实验室和重大科研基础设施布局、人才引进中，与国有企事业单位享有同等待遇；鼓励每个省市设立先进技术研究院，介于研究机构和企业之间，专门从事应用研究和成果转化；给予新型研发机构更大自主权，可放宽编制、职称等限制；享受税收优惠、场地设施等扶持政策，国家和地方设立的创新创业基金优先给予支持。

（与中科院战略咨询研究院陈光华合作）

大众创业、万众创新的发展情况及政策建议

（2016 年 10 月）

9 月 23 日，我们邀请国家发改委宏观经济研究院、科技部中国科技战略研究院、国务院发展研究中心、国家行政学院、中国社会科学院、中国国际经济交流中心、中国科协创新战略研究院、中关村管委会等部门有关同志，就大众创业、万众创新的发展态势、理论意义、存在问题、政策建议等进行了座谈交流。现将有关情况报告如下。

一、关于当前"双创"发展态势

在党中央、国务院大力推动下，我国正迎来新一轮创业创新热潮，初步形成了以创业带动创新、以创新支撑创业的态势，中国进入大众创业、万众创新的"黄金期"。一是创业创新群体迅速壮大。中国国际经济交流中心战略研究部部长徐占忱认为，中央简政放权、放管结合、优化服务等改革"组合拳"极大激发了全社会创业创新活力，使市场主体爆发式增长。据对全国 248 个城市初创企业的招聘需求信息统计，近年来我国初创企业用人需求快速上升，2016 年 6 月比去年同期增长 213%，这

表明新增主体保持了很高的市场活跃度。中国社科院人口与劳动经济研究所研究员高文书指出，大学毕业生、海外留学人员和返乡农民工等成为"双创"的主要群体，大学毕业生自主创业比例从 2% 提高到 3%，归国留学人员自主创业者达到 15%，返乡农民工有创业意愿的占到两成以上，实际创业者约占 2%。二是创造大量新就业岗位。据调查，目前我国个体工商户平均吸纳就业 2.6 人，私营企业平均吸纳就业 12.6 人。按照目前"双创"企业吸纳就业人数测算，上半年新设企业和个体工商户只要开业率达到 40%，新创造的就业超过 1300 万人。按照国际经验估算，2015 年全国新增创业者超过 1500 万人，吸纳了至少 2000 万人就业，大大抵消了经济增速下降对就业带来的冲击。中国科技战略研究院科技与社会发展研究所所长赵延东指出，过去 10 年中，OECD 成员国每年 45% 的新增就业机会由初创企业提供。三是形成新的投资动力。2014 年以来我国创业投资、天使投资井喷式增长，我国已成为仅次于美国的世界第二大创业投资集聚地。2015 年中关村新创办科技型企业 2.4 万家，平均每天诞生 66 家，技术合同成交额 3453 亿元，占全国 35.1%，创业投资占全国近 1/3。四是"四新"经济迅猛发展。近年来云计算、物联网、3D 打印、大数据等新技术产业化加快，互联网教育、互联网金融、移动医疗等新业态迅猛发展，线上线下融合（O2O）、移动支付、个性定制等新模式蓬勃涌现，新一代信息技术、节能环保、新能源、生物医药等新兴产业快速发展壮大，这些都与"双创"密不可分。五是各地双创积极性空前提高。科技部火炬中心统计显示，2014 年各地科技企业孵化器仅 1748 家，到 2015 年全国科技企业孵化器数量近 3000 家，众创空间 2300 多家。目前我国双创平台达到 1.6 万多家。中国科协创新战略研究院院务委员陈锐说，云南和宁夏成立双创部门联动机制，甘肃和广西分别成立"双创"工作领导小组和双创专题会议，山西和吉林建立双创联席会议制度，山东建立省市区三级联动协同机制。一些地方推出财金合作、财担互动、多方参与的金融"组合拳"，为创新创业提供了有力的投融资支持。六是"双创"出现国际化趋势。中关村已在硅谷、伦敦等地设立 11 个海外联络处，海外人才创业园达到 37 家，聚集留学归国人员及外籍从业人员超过 3.5 万名。天使汇、瀚海科技园、启迪之星等 20 余家创新型孵化器在全球主要发达国家设立分支机构。

值得强调的是，一些媒体看到 2016 年以来天使投资和创业投资略有下降，部分"双创"平台不景气，就称"孵化器泡沫破裂""资本寒冬""中关村的咖啡凉了"，等等，专家们认为，这与实际不符。一部分估值过高且不具备创业前景的初创企业、同质性强或服务功能弱的"双创"平台有序退出，这是"双创"自我完善、优胜劣汰的自然过程，是市场机制发挥作用、"双创"主体更趋理性的必然结果。实践中，好企业、好项目仍然是被热捧的"香饽饽"。从反映我国"双创"发展的创业企业、创业融资、并购与上市、专利与技术转移、创业带动就业等主要指标看，大部分仍保持上升势头，表明当前"双创"发展态势总体良好。"双创"充分利用我国庞大人力资源和巨大市场，与发展新常态相适应，契合现阶段创新特点，具有远大前途。要站在更宏观、更全面的角度把握"双创"发展大势，不能仅仅关注个别指标数据的短期波动。从国际经验来看，创业一般都呈现波浪式发展态势。在经历 2014—2015 年规模化快速跃升后，我国"双创"正迈向更注重科技内涵和可持续发展的新阶段。

二、关于"双创"存在的问题

一是部分"双创"平台同质化、低水平、粗放型。一些地方把建设"双创"平台等同于搞基建、拉项目，忽视创业创新服务优化和整合，个别地方甚至将平台数量作为硬性指标进行绩效考核、层层摊派。一些平台出现了功能趋同、入驻率低、市场化运作水平低、可持续性不强等问题。在腾挪空闲厂房置换"双创"空间的过程中，一些中西部欠发达地市和县域地区，在不具备项目来源、人才聚集、融资机制等维持创业创新生态的基本要素的情况下建设"双创"平台，造成功能同质化、服务低水平的平台扎堆，进而错过了承接产业转移的时机。目前各地"双创"平台硬件建设有余，软件服务不足，一些平台好项目不多、入驻企业数量不够，甚至出现"鸡比蛋多"的现象。要防止用工业化和运动式思维来推进"双创"，部分地区用跑马圈地的方式建了很多"双创"园区，用招商引资的方式引进创客或平台，急着树典型、出业绩，缺乏完备创业创新生态和持续发展能力。二是大部分"双创"处于"微笑曲线"中低端。目前"双创"活动整体有"三个中低端"，也就是处于技术链中低端、产业链中低端和价值链中低端，质量效益和能力水平亟待提升。尤其是，高端科研人员、大企业核心骨干、高层管理人员的创业热情还需进一步激发。三是政策落地还有不少障碍。陈锐说，目前全国地市级以上的"双创"政策有 3700 多项，但存在"上下一般粗"现象，内容碎片化，实操性、配套性、精准性亟待加强。近年来国家针对中小微企业出台了不少优惠政策，但不少政策"双创"企业难以有效惠及。比如，对不少轻资产的科技型中小企业来说，研发人员工资是最大成本，而企业一般需要为其代缴 27.5% 的个人所得税，再加上五险一金，对企业无疑是一个沉重负担。再如，营改增后孵化服务类企业通常不能获得进项税发票，因而不能抵扣。再如，平台属于服务行业，用水用电即使享受财政补贴，价格也明显高于工业企业。还有初创企业需要银行缴纳至少几百元的银行开户费。四是现行监管方式遭遇尴尬。现行监管方式严重不适应"双创"与新技术、新产品、新业态和新模式发展要求。一些孵化器企业，如十分咖啡、蓉创茶馆等注册时，都遇到了无法归类的困扰，而有关部门监管时还按餐饮业要求办理卫生证等。再如"互联网＋医疗""互联网＋教育""互联网＋健康""互联网＋保险""互联网＋农业"等平台类企业，实际监管中都出现了资质资格等问题，而且归入不同门类直接影响企业的税负。"双创"型企业往往具有跨界、融合等特征，使得其经常面临现行法律、法规、管理体系在市场准入、行业监管等方面的约束，一些创业者不得不行走于灰色地带，想办法打擦边球。监管中同时存在错位和缺位，监管方式和松紧程度也存在拿捏失当的问题。五是行业准入仍存在壁垒。随着"双创"的发展，越来越多的创客将目光投向社会和民生事业领域。创业企业进入金融、教育、医疗、电力、交通、文化、航空航天、能源等领域仍存在难题。六是投融资服务仍是短板。近几年以房地产为代表的资产价格不断上涨，吸引了更多资金，使"双创"企业融资难度加大。近九成大学生、八成农民工认为资金不足是创业的最主要的障碍。"双创"短板主要体现在金融、人才、政府办事3个方面，资本市场、金融产品创新和社会资本在支持"双创"中的作用还不够。七是面临社保新难题。创新创业者通常是"灵活就业者"，因没有正式的劳动关系难以被现行社会保障体系所覆盖。2011年《中华人民共和国社会保险法》颁布后，社会保险对城镇灵活就业者开放，但仅限于城镇本地户籍人员，户籍不在本地的外来人员无法参加职工基本医疗保险等。现行《生育保险条例》也没有将无雇工的个体工商户、家庭帮工等灵活就业人员包括进去。

三、关于"双创"的理论研究

"双创"抓住了生产关系变革中的核心要素，顺应了科技发展的潮流，契合了我国国情发展的阶段特征，体现了民生公平正义的愿望诉求。生产关系的变革要从人的解放中去找到答案，现代市场经济的发展史就是一部激发全社会创新创业热情，赋予更多人创新创业能力的历史。大众创业、万众创新蕴含着中国经济转型升级的真正动力，昭示着中国改革的前进方向。大众创业、万众创新具有基础性、大众性、开放性、泛在性和前沿性特点，它体现了当代以互联网和大数据为特点的科技革命带来的生产方式新变革，是人们摆脱相对保守的思想意识和原有体制束缚的又一次解放。它的重大意义体现在 5 个方面：第一，大众创业、万众创新体现人作为生产力系统中最活跃要素的巨大能动作用，正是千百万大众的实践探索成为推进经济社会发展的原动力。第二，大众创业、万众创新以其草根性，成为普通大众收获新一轮改革开放制度红利的最直接最现实的方式。第三，大众创业、万众创新顺应了当代社会生产力和生产方式新变革，是对传统经济条件下创业创新的超越和"扬弃"。第四，大众创业、万众创新以其前沿性，反映了当代信息化高度发展条件下技术范式的深刻变化。第五，社会服务化和商业模式创新为大众创业、万众创新提供了巨量空间，把人重新组织进新的财富创造体系之中。

关于"双创"与共享经济。有专家指出，"双创"是共享经济的创意源泉和社会基础，是抢占共享经济"风口"的核心前提。近年来，共享经济已成为一种新的经济发展趋势，它正逐渐取代过时、落伍的传统模式。2015 年我国共享经济市场规模将近 2 万亿元，参与提供服务者约为 5000万人。共享经济让生产者和消费者的边界变得模糊，越来越多的人成为生产者和消费者合一的"产消者"，也同步实现了民众收入增加和支出减少。目前还有大量潜在的"共享要素"（比如时间、知识技能等）没有被开发，还有大量未知的"共享边界"可以探索，这个探索、试错过程需要具有创新创业精神和实践的大众的广泛深度参与。作为一种"创造性破坏"，共享经济涉及对现有利益分配结构和社会结构的调整，涉及所有权制度、安全观念、社会信任等一系列经济社会运行的深层次逻辑，必须依靠"双创"实践来探索突破。对我国来说，发展共享经济，既有利于将人口规模优势转化成经济发展优势，更是实现经济转型升级、获得国际竞争新优势的重大机遇。

四、关于大企业搞"双创"

发挥大企业在"双创"中的"领头雁"作用十分关键。大企业的资源动员能力更强大、汇聚的创新要素更高质、市场渠道更成熟，占据产业链的顶端优势，优势得天独厚，"双创"潜力远超初创企业。目前我国由央企牵头的技术创新联盟有 141 个，搭建了 247 个"双创"平台，这些平台有的具有全要素开放特征，有的面向全球开放，有的形成了产业链研发共同体。同时，地方大企业也在加快建设"双创"平台。如广东共有 35 家大企业参与众创空间建设，孵化项目 3500 多个，扶持创业人员超过 25 万人。其龙头公司腾讯公司在全国 20 多个城市建设众创空间，成为中国最大的创业平台之一。赵延东指出，很多国企不缺少高素质的科技人才和管理人才，不缺少先进的技术和科研制造平台，也不缺少资金，但缺少的是把这些资源整合盘活的激励机制。大企业的资源潜力和"双创"活力尚未充分激发，主要是其内部管理体制偏向于行政化，任期制和绩效考核制促使企业领导者追求短期行为，缺乏足够的动力开展"双创"。大企业的多层级制难以适应"双创"的灵活性，亟需深化内部体制改革，打造有利于"双创"的管理方法、组织架构、体制机制。赵延东指出，国企要结合混合所有制改革，建设更多专业化、开放式的"双创"平台，利用股权期权分红等机制，支持员工自主创业、内部创业。要尽快出台鼓励大企业推进"双创"的指导性意见；支持大企业内部建立众创激励机制；支持大企业与高校、科研院所或国外领军孵化机构合作，建设高端孵化平台；完善大企业尤其是承担国家级科研项目平台的科技资源开放共享的实施细则。

五、关于政策建议

当前，应主动作为、顺势而为，采取更加积极有力的措施，推动我国迈入"双创 2.0"时代。一是进一步优化政策。打破条块分割，加强科技政策、财税政策、产业政策、金融政策、政府采购政策、知识产权政策、教育政策、人才政策、中小企业政策等的协调配套，对现有"双创"政策体系进行再整合、再梳理和再优化，提升政策的质量和实效。对西部地区实行差别化"双创"扶持政策，在中央预算内投资、专项建设基金等方面给予倾斜；针对地方普遍反映当前中央"双创"支持资金被要求主要用于"双创"平台或设施建设，而对引进人才的补贴、创业者融资支持相对较少的情况，建议允许"双创"扶持资金在人才方面列支，尤其是在欠发达地区；进一步降低"双创"平台和初创企业用水、用电价格和银行开户费等相关成本。二是提升"双创"平台质量。下一步要引导平台向专业化、市场化、功能化方向发展，提高平台综合服务供给能力。要重点支持发展民营孵化器，同时促进孵化器与产业集群更紧密结合。针对平台类企业特点，探索建立特殊监管规则，将部门抽查、信用监管、用户举报结合起来。要整合现有"双创"平台，采取星级评定等办法，加强对平台建设质量的考核。三是扩大开放领域。要打通社会事业与新经济增长点壁垒，对大健康、教育、金融、旅游、文化等领域加大开放力度。建立产业准入标准，对自然垄断性质的产业实行必要的规制，打破地方保护主义，让各种所有制、不同类型的企业可以公平地获得各种创新要素。加强产权保护，完善征信体系，统一执法标准。建立"放管服"改革跨部门协同机制，系统解决"准入不准营"的问题。四是发展多层次资本市场。根据创业创新各环节的特点和需求，适度扩容中小企业板和创业板，开展区域性非上市证券交易所试点，扩大政策性中小企业信用担保、再担保规模，为创新创业企业增信。借鉴发达国家做法，政府引导加上社会捐助，实施一批类似"青年创业专项计划"等创业创新项目。五是开展创新创业教育。充分利用各种媒体广泛宣传促进创新创业的政策和成功案例，营造开放包容的社会氛围。可借鉴瑞典等发达国家的成功做法，将创新创业教育纳入到初中、高中、大学直到研究生整个教育体系之中，提高学生创业综合素质。

以大众创业、万众创新促进发展动能转换

（2017 年 3 月）

当前，我国发展面临的国内外环境极为复杂，外部面临着世界经济增长低迷、不稳定不确定因素增多等多种挑战，国内面对着经济结构性问题突出、传统增长动能减弱等多重困难。这种形势下，要把发展的主动权牢牢掌握在自己手里，就必须加快推进新旧发展动能转换。李克强总理在十二届全国人大五次会议上所作的《政府工作报告》中指出："'双创'是以创业创新带动就业的有效方式，是推动新旧动能转换和结构升级的重要力量，是促进机会公平和社会纵向流动的现实渠道，要不断引向深入。"这就为持续推进大众创业、万众创新，加快培育壮大新动能和改造提升传统动能，指明了方向。

一、大众创业、万众创新是一场意义深远的革命

这几年，面对严峻的国内外经济形势，我们没有搞"大水漫灌"式强刺激，而是大力推进供给侧结构性改革，尤其是通过鼓励大众创业、万众创新，有效激发市场活力和社会创造力，培育壮大新的发展动能。几年过去了，无论是纵向对比还是横向比较来看，可以说，这条路我们走对了。

现在大众创业、万众创新蓬勃兴起，其发展速度之快、范围和领域之广、参与主体之多、作用和影响之大，远远超出人们预期，正在带来一场影响深远的重大变革。中国进入大众创业、万众创新"黄金期"。"双创"成为当代中国改革开放的一个"新标识"，创业创新成为时代的最强音。

（一）"双创"呈现星火燎原之势

从城市到农村、从东部到中西部、从精英到草根，创业创新蔓延。走遍中华大地，创业之城、创新之都、梦想小镇等新地标、新名片随处可见。"双创"不仅在发达地区如火如荼，即使在贵州等人们印象中地处偏远的中西部地区，也是风起云涌。

（二）"双创"推动新市场主体井喷式增长

近3年来全国每年新增市场主体都超过1000万户，势头不减。2016年平均每天新增市场主体4万户，其中企业1.5万户，比上年多增3000户。目前新增企业的活跃度保持在70%左右。这些企业中很多会成长起来，将来必定会产生一批小巨人、大巨人。

"双创"产生大量新就业岗位。我国每年城镇新增就业已经连续4年超过1300万人，其中"双创"功不可没。据调查，目前私营企业和个体工商户平均每户吸纳就业6—7人，按开工率40%测算，新增市场主体新创造就业至少数百万个，大大抵消了经济增速下降和化解产能过剩对就业的冲击。

（三）"双创"使各类主体创新活力竞相迸发

搞"双创"的不仅有大学生、农民工、留学归国人员，也有科研人员和企业的技术、管理骨干在职工人，不仅有中小微企业，大企业、高校、科研机构也纷纷加入其中。"双创"使创业创新从"小众"走向大众，更加多元化。如第二届"互联网+"大学生创新创业大赛报名项目12万个、参与大学生超过 54 万人。再如深圳柴火创客空间最小的会员只有 7 岁，也有一批 60 岁以上的创客。

（四）"双创"具有全方位的产业拉动效应

"双创"与新科技革命和产业变革历史性相遇，不仅降低了创业创新门槛，催生出大量新技术、新产业、新业态、新模式，而且在重构传统经济部门。"双创"推动现代生产要素进入各行业各领域，使不少传统产业焕发了新的生机和活力。"双创"不仅在电子商务等领域发展迅猛，在农业、工业等实体经济中也大展身手。

（五）"双创"推动中国创业创新走在国际前列

我国已有众创空间和孵化器 5000 多个，全球最多。创业投资、天使投资快速增长，成为仅次于美国的世界第二大创投大国。发明专利申请量快速增加，连续多年居世界首位，每年技术合同交易额超过 5000 亿元。"双创"全球影响力越来越大，既吸引更多国际"创客"淘金创业，也给世界带来合作共赢的无限机遇。

大众创业、万众创新在中国大地上蓬勃发展，不是偶然的，而是应时、应势、应运而生而兴的。"双创"抓住人这个生产力中最活跃的因素，紧扣发展的第一动力创新，顺应世界科技发展潮流，契合国情和发展阶段特征，为每个有能力的人提供了全新的舞台。"双创"是一种潮流、一场变革，更是发展之计、惠民之道、公平之基，对深化改革开放、促进经济社会可持续发展具有重要意义。

第一，"双创"是推动发展动能转换的根本大计。从人类历史看，社会发展总是呈现波浪式前进、螺旋式上升。人类文明进步和创业创新始终是相互交织、共同促进的过程，一波又一波技术革命与生产关系变革相结合形成新的发展动能，一次又一次改变了生产分配方式、社会结构和经济形态。现代市场经济实际上是激发全社会创业创新潜力的制度设计。我国的改革开放就是一场规模宏大的全社会创业创新活动。现在，我国要跨越"中等收入陷阱"，主要靠要素投入保持经济增长不可持续，"三驾马车"动力不足，这就要进行动能再造，加快培育新动能。新动能成长是社会发展进步和事物新陈代谢的必然规律。越是在新旧动能转换的关键时期，越要顺应潮流，加快破除束缚新的生产力发展的障碍，使创业创新加快融入各行业各领域，推动经济发展迈向中高端水平。

第二，"双创"是自下而上的重大变革。我国的改革开放，始终贯穿着发挥基层和群众首创精神、调动人民积极性创造性这条主线。这符合人民创造历史的唯物史观。"双创"是中央提出的重要战略，但绝非一般性号召或强迫。在现实中，"双创"是各个主体的自愿选择，他们根据市场需求自主决策、自担风险、自负盈亏，在竞争中优胜劣汰；在本质上，"双创"则是发挥每个人的禀赋和特长，激发他们的潜在能力。我国有13亿多人口，9亿劳动力，其中1.7亿是受过高等教育和专业技能培训的人才。中国人民既勤劳又智慧，很多人心中都有挥之不去的创业梦、成才梦，各类主体都有着强烈的创新热情和无穷的创造力。"双创"符合他们的愿望，激发了他们为实现梦想而努力拼搏的勇气。因此，"双创"具有广泛而深厚的社会民意基础，是新的历史条件下人民群众的又一伟大创造。我们常讲，中国发展有潜力、有韧性，最大的潜力和韧性就蕴含在全体人民蓬勃向上、火热激情的创业创新实践中。

第三，"双创"是培育国际竞争新优势的战略选择。2008年国际金融危机爆发至今已经9个年头，世界经济复苏的曲折性超出预期，新一轮增长动能仍未形成。一些国家在应对危机中采取的量化宽松货币政策等"药方"没有起到治本作用，所以病症反复发作。各国政策重点都在转向支持创业创新和结构性改革。本轮创业创新恰逢新科技革命和产业变革的潮流。随着全球化推进，互联网拉近时空距离，引领性、颠覆性的新技术不断涌现，新的产业组织形态和商业模式层出不穷。这就使创业创新的资源更多、空间更大、速度更快、成本更低，必将引起生产力和生产关系的巨大变革。可以预见，谁能实施好创业创新战略，谁就能抓住这一轮机遇。从我国来说，到2020年我们要全面建成小康社会，但面临的不稳定性不确定性明显增多，来自"逆全球化"、民粹主义、地缘政治动荡等的掣肘越来越多。要抵御外部环境对我们实现发展战略的负面影响，最可靠的就是实施好创业创新战略，提高全要素生产率，激发内在发展动力，增强外部竞争能力。只要我们练好内功，免疫力强，任凭国际环境如何风云变幻，我们都能从容应对。

第四，"双创"是促进社会公平正义的重要举措。公平正义既是我们的价值取向，也是社会活力的基础。过去人们被封闭在单位和所有制内，创业创新受到许多限制，很多的潜在能力被埋没。"双创"给了每个人发挥自身才能的机会，开辟了新的致富渠道，人生通道变多了。"双创"面前，不分男女老幼、不讲学历高低、不看家庭背景。无论什么人，只要有意愿有能力，都可以靠创业自立、凭创新出彩，都有平等的发展机会和社会上升通道。现实中无数人从"丑小鸭变成白天鹅"，从草根"逆袭"成为社会精英，实现了人生价值和梦想。更可贵的是，一些残疾人、农民工等通过互联网等创业，在获得更高收入的同时，极大地改变了自己的命运。因此，"双创"既有利于增强社会活力，创造更多物质财富，也有利于打破阶层固化，建立更加公平合理的收益分配机制，缩小贫富差距，缓解社会矛盾，增加社会各阶层的整体福祉。

二、依靠大众创业、万众创新推动经济转型升级

大众创业、万众创新是实施创新驱动发展战略、推进供给侧结构性改

革的重要抓手。要推动"双创"向更大范围、更高层次、更深程度发展，加快融入国家重大发展战略，贯穿于经济社会发展各方面各环节，形成支撑实体经济转型升级的强劲动力。

（一）推进"双创"与各行业各领域深度融合，加快培育发展新动能

"双创"广泛运用互联网、大数据、云计算、物联网、人工智能等新一代信息技术，催生大量新产业、新业态、新模式，推出更多符合市场需要的新技术、新产品、新服务，不断创造新供给，释放新需求。"双创"绝不仅仅是电商等服务业，它更大的"蓝海"在于与一二三产业和各行业各领域深度融合，促进结构调整和传统产业提升，提高供给体系质量和效益。比如农业与"双创"结合，这几年包括返乡农民工在内的农民，有的搞农产品线上线下销售，有的从事食品加工，有的建现代农场、专业化合作社，有的建农业科技园和农村旅游等，大大带动了农业结构调整和市场拓展。再比如，养老、医疗、教育、交通等服务业与"双创"结合，打造出智慧养老、智慧医疗、在线教育、智能交通以及医养结合、医疗旅游等新业态，拓展服务业范围，提升服务业质量。

工业与"双创"结合更是势在必行。我国工业长期处于全球价值链中低端。现在看，在新科技革命和互联网、大数据等冲击下，对工业只进行小修小补远远不够，必须充分利用自上而下和自下而上的创业创新，系统设计、整体改造。要把实施"中国制造业升级"与"双创"有机结合起来，推进制造业信息化、绿色化、智能化改造，重塑产业链、供应链、价值链，促进制造业的垂直整合、横向跨界和融合发展。我国不少传统产业陷入产能过剩、技术落后、生产率低下等困境，要通过"双创"，运用互联网思维和大数据等架构，加快协同创新、模式变革、组织优化和机制转变。"双创＋互联网＋中国制造"，将会有力提高中国制造综合竞争力，使中国经济如虎添翼。

（二）推进大中小企业广泛开展"双创"，提升企业核心竞争力

中小企业机制灵活、对市场需求变化比较敏感，具有"微创新"优势，能够瞄准个性化定制，深度挖掘市场需求，改善创意设计和消费体验，供需对接也更加顺畅高效。比如，"双创"催生一批"黑科技"企业，假以时日必将成为参天大树。"双创"更是大企业转型升级的利器。大企业资金雄厚、技术先进、市场占有率高，但层级多、机制僵化等因素也影响了其竞争力。现实中一些大企业通过"双创"搭建众创、众包、众筹、众扶等开放共享平台，既变革生产经营机制，又与其他主体合作形成全产业链战略联盟，大大提高了生产效率，"大象也能跳舞"。有的大企业推行"小核心、大协作"模式，建了很多线上线下"双创"平台，既能帮助企业解决技术难题，增强企业创新能力，又能对外提供服务，还盘活了全社会创新资源，可谓"一举多得"。还有的大企业分割成众多小组织体，由层级管理变成自组织模式，在市场上捕捉了大量的商机。还有的企业培育产学研结合的新型研发机构，促进了源头创新、成果转化、市场开发齐头并进。

要在"双创"中推进企业家精神、工匠精神、创客精神相融合，全面提升产品和服务质量。我国居民消费正在加快升级，对产品和服务质量的要求不断提高。这就要求发扬企业家精神，推进精益生产、精益管理，增品种、提品质、创品牌；发扬工匠精神，踏实专注、道技合一，把每个产品、每道工序都下苦功夫做精做细做实，打造有品质、有个性、有文化的百年老店和金字招牌；发扬创客精神，追求卓越、追求极致、永不满足、永不言败，利用自身特有的创意设计和技术去挖掘市场需求、改造产业模式，打造中国的创客品牌和价值文化。企业家精神、工匠精神、创客精神结合起来，一定能促进中国经济从数量型向质量型、品牌型转变。

（三）推进高校、科研院所与企业协同开展"双创"，激发科技第一生产力的巨大潜能

我国有 3600 多家科研机构，2800 多所高校，数千家科技社团组织，集中了大部分中高端创新资源。这些创新主体各有所长，但因单位、所有制、身份等壁垒，往往各自为战，既难以发挥整体效应，又不能及时转化为现实生产力。这几年，不少科研院所和高校打开大门，以多种方式与其他科研单位、企业和创客合作，借他山之石、攻自身之玉。如有的依托互联网建立创新联盟和跨界创新平台，大大拓展了科技创新的边界和空间，形成了开放、快捷、低成本的汇众智搞创新的新模式。有的科研机构和企业把最头疼的研发难题抛到互联网创新中心上，全球悬赏征集解决方案，很快就有了答案。还有的吸引海内外人才组建项目团队，按市场化运作，既搞基础研究和源头创新，又及时将成果产业化。

科研院所和高校开展"双创"，既有利于加快关键核心技术突破，又有利于加快创新成果转化。在实施国家科技创新重大工程项目中，要充分利用互联网等新平台新模式，线上线下结合集聚优化创新要素，跨领域跨行业联合创新，相互激发灵感和创造力，加快突破进程。现在科研院所和高校建立了很多众创空间和技术转移转化机构，多是围绕优势专业领域，利用大学科技园、工程技术中心、重点实验室等载体建成的，能够聚集创新资源，推进成果转化。不论是国有企事业单位的研发转化平台，还是民营和新型研发机构，国家都将给予支持。

（四）推进各类"双创"平台建设，完善全社会创业创新生态系统

根据"十三五"规划和《国家创新驱动发展战略纲要》，今年将大力推进国家实验室、综合性科学中心和技术创新中心等重大科研基础设施建设。这些关系国家创新支撑能力的重大平台要开放共享，提高利用效率。

国家支持企业、高校、科研院所等，将其人才、资金、技术、设施设备等优势资源拿出来开放共享，推进各级政府开放公共资源和购买共享经济产品。对共享经济、平台经济等新业态新模式，要探索包容而有效的审慎监管方式，引导和支持其健康发展。继续推进全面创新改革试验区建设，创造更多可复制的经验。积极推广创客空间、创业咖啡、创新工场等新型孵化模式。2017年还将新建一批国家"双创"示范基地，发挥标杆引领、以点带面作用。基地具有公共性质，政府应当在用地、场所、税费等方面给予支持，但要坚持市场化运作，完善创业辅导、人才引进、项目孵化、融资支持、产权交易等全链条综合服务，推进"双创"平台向专业化、规范化方向发展。

三、进一步营造有利于大众创业、万众创新的环境

"双创"涉及诸多方面深层次的体制突破和利益调整，越往深处，难度越大。要以坚如磐石的定力、敢吃螃蟹的勇气、点石成金的智慧，坚决破除束缚"双创"的制度障碍，形成推动"双创"向纵深发展的强大动力。

（一）降低创业创新制度性成本

创业创新主要是市场主体行为，政府的职责是营造良好环境，不能乱加干预，更不能刮风、搞运动。要深入推进简政放权、放管结合、优化服务改革，减少审批事项尤其是前置审批和备案事项，进一步放宽行业准入。同时实行更具弹性和包容性的监管政策。大力推行"互联网＋政务服务"，为"双创"提供便捷高效的服务。要建立公平竞争审查制度，制止行业垄断、技术垄断、市场分割等行为，不合理的限制竞争政策要一律取

消。各级政府都要依法办事，严格按权责清单规范透明执法，不给所谓"操作"留下空间。

（二）依法保护创业创新者权益

深化产权制度改革，加强各领域产权立法和严格执法，完善产权市场，恪守物权法定原则，尊重契约精神，依法保护创新创业过程中产生的物权、债权、股权、期权、知识产权等各类产权，给创业创新者吃下"定心丸"。深化科技成果产权制度改革，尤其要针对科技类国有无形资产制定专门管理办法。开展知识产权综合管理改革试点，加快构建知识产权创造、保护和运用体系，推进知识产权快查快处和联合惩戒，解决侵权成本低、维权成本高的问题。

（三）调动人才创业创新积极性

持续深化人才发展体制改革，向用人主体放权，为人才松绑。健全人才流动机制，促进人才在不同性质单位和不同地区间有序自由流动。完善科技成果处置收益分配、股权期权和分红、兼职兼薪等激励机制，加快建立以增加知识价值为导向的分配政策。探索允许横向委托项目承担单位和科研人员通过合同约定知识产权使用权和转化收益，赋予科研人员科技成果所有权或长期使用权。深化科研项目经费管理改革，减少对科技人员和羁绊束缚和杂事干扰。加快改革科研项目评审、人才评价、职称评定、科技奖励、科技决策咨询等制度，改变唯论文唯学历倾向。实施更加积极有效的人才引进政策，加大国家重大人才引进计划实施力度，让中外人才活力融合迸发。

（四）加大创业创新政策落实力度

2017年国家将继续加大减税降费力度，重点放在支持创新和中小科技型企业上。同时要完善现有政策，比如对小微企业减半征收所得税优惠的年纳税所得额税上限由 30 万元提高到 50 万元，科技型中小企业研发费用加计扣除比例由 50% 提高到 75% 等。还要研究针对创投企业和天使投资的税收优惠政策。国家和各地都设立了不少新兴产业投资引导基金，政府投入主要是引导性，企业起步时以股权等方式支持，成熟后按市场化方式退出。扩大"双创"孵化债券和战略性新兴产业债券发行规模，支持银行开展投贷联动试点。加强"双创"政策与宏观政策、产业政策、消费政策等协调联动，同时要注重实操性和精准性，不能悬在半空中。2017 年国务院将把"双创"政策落地作为督查重点，严格责任落实和问责。

（五）营造鼓励创业创新的社会氛围

大力宣传创业创新理念，解放思想、开放包容，让尊重劳动、尊重知识、尊重人才、尊重创造真正成为社会价值的风向标。创业创新是充满风险的探索过程，免不了失败、失误，但不能因噎废食。要提高基本公共服务和社会保障水平，使创业创新者即使失败了，也有底线兜住。支持各地在建立权责清单的同时，探索建立履职容错清单机制。对干事创业中发生的履职失误要区别对待，该问责的问责，该免责的免责。要把创业创新教育提升到国家战略层面，从小学、中学到大学、研究生再到职业培训，都应该树立创新思维和创业精神。这样才能使我们的社会始终充满向上的力量，实现中华民族伟大复兴的中国梦才能具有坚实支撑。

"黑科技"公司是怎样炼成的

（2017 年 4 月）

近年来，一批"黑科技"公司在全国各地涌现，呈现爆发式成长和超常规发展态势，引领新兴产业变革，颠覆传统产业格局，在培育发展新动能中发挥着越来越重要的作用，成为我国经济实现转型升级的利器，值得加以关注并大力培育。

一、我国"黑科技"公司呈蓬勃发展态势

"黑科技"原本只存在于科幻小说中，指的是那些超越当下人类科技知识之所及的颠覆性、突破性新技术。现在的"黑科技"公司则是具有强大研发能力，从基础研究或高技术前沿研究入手突破技术瓶颈，利用公司或全社会的组织平台和资金实力，开发并生产出市场主流高技术产品，并迅速占领市场。

（一）迎来"黑科技"公司快速发展时期

虽然缺乏确切的数字，但据全国高新区的统计，全国高新区中高成长型的高技术企业近 1000 家，这里面，大部分可以说是"黑科技"公司。

互联网、云计算、人工智能等新技术，不断催生大量新产业、新业态、新模式，其中大量是"黑科技"公司。这些公司以技术先进、业态新颖、成长迅猛为主要特点。比如，短短几年时间，大疆无人机占据全球民用无人机市场份额的70%，华大基因研究院成为全球最大的基因组学研究机构与基因测序服务平台。大量"黑科技"公司出现，是新经济时代的独特现象，是创新基因特别是关键技术成为经济发展新动力的直接体现。

（二）"黑科技"公司主要分布在北京中关村、上海张江、深圳、武汉、成都、广州、杭州、青岛、合肥等创新增长极

"黑科技"公司伴随世界新科技革命和新经济发展而出现，与产业发展阶段和区域经济环境密切相关，主要集中在科教资源集聚、创新氛围浓厚、产业基础较好的区域。

（三）"黑科技"公司主要布局在新兴产业、交叉行业和传统产业升级领域

2016年的世界互联网大会乌镇峰会，从全球征集的500多项顶级科技成果中，遴选出15项代表未来趋势的"黑科技"，其中人工智能等新技术成为人们关注的焦点。目前，在先进计算与人工智能、基因与精准医疗、能源开发与存储、网络与大数据、智能汽车与智慧交通、教育技术与知识自动化等领域，"黑科技"发展较快。

（四）世界各国都在抓紧发展"黑科技"公司

美国、日本、法国、德国等都将发展"黑科技"公司作为重要的国家战略抓手。汤森路透公布的"2015全球创新公司百强"榜单中，日本40家，美国35家，法国10家，德国4家。我国"黑科技"公司在人工智能、新材料、生物技术等领域起步也比较早，与国际公司同台竞

技，深度参与甚至引领产业发展进程，有望摆脱"跟跑者"的角色，成为"领跑者"。

二、"黑科技"公司具有不同于传统公司的战略优势

"黑科技"公司不同于工业经济时代的传统公司，它行驶在新经济发展快车道上，产生新的业务板块，酝酿新的市场结构，导入新的技术路径，开辟新的产业方向，具有自身独特的发生发展规律。

（一）"黑科技"公司以拥有超出现有知识和产业水平的技术为"切入点"

"黑科技"不可理解、不可想象、不太成熟，然而一旦成功，就可能使现有投资、人才、技术、产业、规则"归零"。比如，光启研究院开发了Meta-RF电磁调制技术、超材料技术、智能光子技术、临近空间技术等，在尖端装备、临近空间、智慧园区解决方案三大领域实现率先突破。羲源科技开发的逆势安全系统，可广泛应用在运动防护、汽车等需要抗冲击和减震的领域。柔宇科技开发出0.01毫米厚度全球最轻薄的彩色AMOLED柔性显示器，刷新了显示领域的世界纪录，可广泛用于各类电子产品。

（二）"黑科技"公司以"十年磨一剑"的高强度研发投入为"着力点"

对"黑科技"而言，短期少量的研发投入基本无济于事，只有长期大量投入才有可能成功。"2016中国500强企业"中研发强度超过10%的有5家，其中百度研发强度为15.89%、华为是15.09%、中兴通讯为

12.18%、中国航天科工为 11.92%、阿里巴巴为 10.54%,产生了无人驾驶汽车、高端芯片、亿级用户大流量网络自动化等"黑科技"。高成长企业的研发投入强度更大,德勤发布的"2016 高科技高成长中国 50 强"榜单中,一半的企业将研发投入强度集中在 11%—30%。

（三）"黑科技"公司以实现"从 0 到 1"的市场突破为"临界点"

"黑科技"前期投入大周期长,而一旦有所突破,就能够独享产品创新带来的超额利润,明显超出传统行业企业的一般成长速度和平均利润率。比如,科创蓝营业收入平均 3 年累计增长率达到 4347%,噢易云计算增长率为 3140%,国蓉科技增长率为 1794%,艾博生物增长率为 907%。这些公司能够在我国经济增速下降、不少行业遇冷的情况下,逆势实现指数级增长,正是因为拥有自主知识产权或专有技术,并且该项技术为公司带来显著的营业收入。

（四）"黑科技"公司以产学研金深度融合为"支撑点"

"黑科技"公司的快速发展,离不开人才、技术、资本的复合作用。"黑科技"公司通过企业的组织化平台,将产业化实力与高校院所的研发实力、风投创投的资本实力并联,打通创新链、产业链和资金链。比如,科大讯飞与中科大、中科院声学所、社科院语言所等科研机构,与华为、IBM、联想等公司建立产业联盟,共同做大以语音交互为核心的人工智能开放平台。大疆无人机 2013—2015 年完成 A、B、C 三轮融资,估值 80 亿美元。华讯方舟以微波毫米波太赫兹科技创新为导向,采用"创新应用 + 基金"的二元耦合模式,推动知识与资本的紧密耦合。

（五）"黑科技"公司以瞄准全球市场为"制高点"

"黑科技"公司走的往往不是先本土市场再国际市场的路子,而是

"天生的全球化派"。创始人或团队大多具有海外留学背景，了解世界科技前沿动态，具有"技术达人＋冒险家"的特质，资源能力、运营风格、战略布局都以国际市场为导向。如优必选在 2015 年销售额的 70%—80% 来自海外，其中美国市场约占 35%，欧洲市场占比约 25%—30%，此外还有中东、日韩、新加坡、泰国等市场。华讯方舟出口欧洲、美洲市场的 KA 卫星通信系统，占据当地市场份额的 95%。

三、美国"黑科技"公司的培育孵化机制比较成熟

历史上，美国诞生的"黑科技"数量最多，如互联网、PC 机、智能手机、大数据、3D 打印、页岩气开发等。美国全球领先而又长盛不衰的科技创新强国地位，很大程度体现在层出不穷的"黑科技"上。美国政府有一套支持"黑科技"发生发展的机制，成功孵化一批"黑科技"公司，很多成长为未来的"巨无霸"企业。

（一）美国政府设立国防部高级研究计划局（DARPA），专职发展"高风险高回报""改变游戏规则""创造需求"的"黑科技"

DARPA 曾经培育了隐形飞机、全球定位系统 GPS、互联网的前身 ARPANET 等，当前正大力发展量子、太赫兹、高超声速、纳米－生物－信息－认知汇聚等。DARPA 的特色之一是组织架构"扁平化"，与国防部建立起"岛桥链接"，一方面高度自治，就像与世隔绝的小岛一般自主决策，另一方面在技术测试、验证、政府采购等需要国防部的时候，所需的对接渠道十分通畅。特色之二在"项目经理制"，项目经理既活跃在科研前沿，又具有商业开发经验，全权负责招募团队成员、确定技术路线、支配项目经费。项目经理多为短期聘任，聘期一般只有 3—5 年，以增强活力，提

高时效性紧迫性。

（二）"黑科技"大部分在小公司产生，美国政府对小公司提供多方面有效支持

联邦政府中小企业署推出小企业创新研究计划和小企业技术转移计划，曾支持了微软、英特尔等许多国际知名公司。事实上，像苹果公司 iPhone 中用到的互联网、GPS、触摸屏显、SIRI 语音助手等最早都是由政府支持的。小企业创新研究计划鼓励中小企业参与具有商业化前景的政府研发项目，提供可行性研究阶段、中试阶段的竞争性奖励补助。小企业技术转移计划注重拓展公私部门间的合作，搭建基础科学和创新成果商业化之间的桥梁。政府为小企业提供"第一笔订单"，《联邦采购条例》规定大于 50 万美元的货物、服务采购项目或大于 100 万美元的工程采购项目，其中 23% 的合同金额必须授予中小企业。

（三）美国大公司建立"臭鼬工厂"这种"公司内的公司"，专注探索"黑科技"

"臭鼬工厂"模式源自洛克希德公司，曾经成功开发 U-2 侦察机、F-35 闪电 II 战斗机、F-22 猛禽战斗机等多款世界级军用飞机。"臭鼬工厂"既有大公司的各种资源充分保障，"不愁吃喝"专注研发，又有高度自治权，独立运作，项目成员自由发挥空间很大。施乐 PaloAlto 实验室的 Alto 个人计算机、鼠标、以太网和图形用户界面，AT&T 贝尔实验室的晶体管、移动电话、C 语言、Unix 操作系统，IBM 的 PC 项目，苹果的 Mac 项目，谷歌 X 实验室的谷歌气球、谷歌眼镜、无人驾驶汽车，亚马逊 Lab126 的 Kindle 电子书，都是在"臭鼬工厂"研发而成的。

四、几点建议

（一）加强基础研究与中小企业创新的联结机制

基础研究是国家长远战略储备的必然选择，也是"黑科技"产生的源泉。要鼓励科研院所和高校打开大门，与"黑科技"公司的基础研究需求有机结合，拓展科技创新的边界和空间。鼓励高校、科研院所与中小企业联合申报国家科技项目。我国很多"黑科技"公司的产品已经被欧美、日本等发达国家所认可和接受，但产业应用的"国产化率"却并不理想，呈现"墙内开花墙外香"的局面，可以借鉴国际经验，规定政府采购的产品和服务要有一定比例来自中小企业。

（二）进一步优化创新环境

"黑科技"公司对创新和营商环境十分敏感，一个地方"黑科技"公司有没有、多不多，可以看作反映当地创新环境氛围好不好的一面镜子。各地要加大简政放权、放管结合、优化服务改革，拆除束缚创新的制度藩篱，营造公平竞争环境。对待新事物要以积极进取的态度，不设前提、不打棍子，先"放水养鱼"再"蓄坝引流"。有了适当的温度、湿度、土壤和载体，"黑科技"公司自然就会蓬勃生长出来。

（三）完善中小企业创新支持政策

政府很难以"挑选赢家"的方式成功遴选出未来的"黑科技"公司，要更多面向中小企业采取普惠性政策。近年来，政府持续加大对中小企业的支持，方向是正确的，但有时很难真正落地见效。要进行第三方评估，消除"中梗阻",针对中小企业成长规律出台精准扶持政策。

（四）推动国有企事业单位搭建孕育"黑科技"的平台

国有大企业、高校和科研院所人才众多、资金充足、实力雄厚,但层级多、体制僵化,往往制约创新活力迸发。要推动他们敢于打破原有体制,利用线上线下众创等平台,进行生产、研发和组织模式创新,搭建服务本企业和上下游中小企业的开放式平台,实现与全社会创新资源的互补、整合和对接,从而孕育产生大量新的"黑科技"公司。

（五）加大海外留学生等优秀人才引进力度

围绕国际人才"落地生根、开花结果",设计一揽子政策。通过岗位聘用、兼职、咨询、讲学、技术合作、技术入股等多种方式,柔性聘用高端人才"落地"。从出入境、就业、居住、子女入学、医疗等方面给予明确政策支持,让国际人才尽快"生根"。引导国内企业、科研院所、各类创新孵化器积极吸纳国际高端人才,出台配套政策,尽快"开花结果"。

（与中科院战略咨询研究院陈光华、深圳市政府研究室吴思康合作）

新型研发机构异军突起大有可为

（2017 年 5 月）

近年来，一批集源头创新、技术开发与产业化为一体的新型研发机构发展迅猛，有效破解了科技与经济"两张皮"难题，加快了协同创新与成果转化步伐，探索了科技体制改革新路子，成效十分明显。同时，新型研发机构发展中也面临一些障碍，应当加强支持和引导。

一、新型研发机构成为国家创新体系的"生力军"

（一）规模快速壮大

据不完全统计，目前全国各种形式的新型研发机构数以千计，其中广东省达到 180 家，仅 2016 年上半年就组建新型研发机构 46 家，深圳市达到 93 家，江苏省达到 161 家，重庆市培育 103 家，内蒙古自治区组建 38 家，等等。新型研发机构本身成长速度也很快，比如华大基因研究院已建成全球最大的基因测序分析平台，在《自然》《科学》等国际重要期刊发表文章 120 篇，奠定了中国在基因组学研究领域的国际领先地位。光启研究院由几名留学归国人员创建，现在科研人员来自 40 个国家和地区，迅速在超材料等领域跻身世界前沿。中科院深圳先进技术研究院培育企业160家、资产规模达65亿元。近年来，随着"放管服"改革深化和大众创业、万众创新全面推进，新型研发机构涌现速度持续加快。

（二）从东部向中西部地区延伸

新型研发机构早年主要分布在民营企业众多、海内外人才集聚的东南沿海地区，近年来迅速向内陆蔓延。如江苏在新材料、生物医药等领域布局25家产业技术研究所，四川在环保装备、轨道交通等领域成立十余家产业技术研究院，重庆成立了元创工业设计研究院等十余家企业外化的新型研发机构。

（三）从新兴产业向传统行业、从应用研究向基础研究拓展

新型研发机构很多专注在超材料、太赫兹、石墨烯、机器人等新兴产业领域，如中科院自动化所（洛阳）机器人与智能装备创新研究院、重庆鲁班机器人技术研究院等。同时，也有很多面向农业、纺织、食品、服装、煤炭等传统产业转型升级需求。如广东温氏食品集团与中科院、广东科学院、华南农大、中山大学等共建的温氏集团研究院，优质中国泡菜现代化产业技术创新联盟发起设立的四川东坡中国泡菜产业技术研究院等。2016年12月，由施一公、潘建伟、陈十一、饶毅等领衔的民办非营利高端科研机构——西湖高等研究院成立，致力探索与国际接轨的现代科研体制和人才培养模式，在生物学、医学等基础科学领域创造影响世界的成果。

（四）来源、性质、模式多样

有的是政府主导设立的；有的是高校和科研院所设立，或与企业、政府联办的，如中科院近年来联合地方政府布局了一批新型研发机构；有的

是从企业研发机构剥离出来的；有的是由创业团队、社会团体或个人设立，多元化社会资金支持的。新型研发机构的性质也是事业单位、企业、非营利机构、公私合办、民办公助等各不相同。

值得注意的是，近年来一些更加新颖的研发组织形态加快涌现，如产业技术联盟、开放实验室、孵化平台、科技特派员、院士工作站、众创空间等。尤其是"互联网＋"类型的研发组织发展很快，它们是基于互联网快速集结，组成自组织、动态化、集众智、跨区域的研发共同体。比如网上创客空间"第九单片机开发网"，吸引 28 万名工程师对 3 万多台机床进行智慧化改造。比如中核集团的"华龙一号"异地综合协同设计平台，通过网络连接 20 多个城市的 500 多个单位共同设计。再如海尔集团在天樽系列空调研发过程中，通过互联网平台与数十万用户实时互动，提取用户对产品的共性需求，然后利用众包平台对接全球 100 万名各领域的专家和上千家全球一流研发机构，新产品推出后广受好评，等等。需要指出的是，新型研发机构还在快速发展之中，未来还可能演绎出更多形态。

二、新型研发机构"新"在哪儿

新型研发机构不同于传统研发机构，有人说是"四不像"机构，有的脱胎于事业单位但又没有固定拨款和人员编制，有的源于大学又不承担学历教育任务，实行企业化运营但又不直接生产产品，从事科研又没有部门下达课题。正是这"四不像"，说明新型研发机构是以市场为导向、以成果应用为目的，投管分离、独立核算、自负盈亏的新型法人组织。具体体现为"五新"。

（一）"新"在运作模式上

新型研发机构的最大特点是"产学研用协同创新"。过去我国大中小企业、高校、科研院所之间，由于单位、所有制性质等限制，各自为战，一方面企业对科技嗷嗷待哺，另一方面高校和科研院所很多成果束之高阁。新型研发机构突破这一积弊，打通高校、科研院所、企业之间的通道，打通基础研究、应用研究、开发研究、产业化以及再创新之间的通道，而且体制机制更灵活，独立性和自主性更强，大大提高了源头创新和成果转化效率。

（二）"新"在投入方式上

新型研发机构不依赖政府投入，而是通过研发与资本紧密耦合，实现经费来源多元化，资本从源头到末梢介入全过程。投资者包含企业、高校、科研院所、政府、风投等多种主体，它们按照各自提供的土地、资金、智力、贡献价值确定股权和收益比例。多元化投入既保障了研发的资金需求，也保证了研发面向市场需求，价值共创、收益共享、风险共担。

（三）"新"在治理机制上

新型研发机构一般采用理事会制度，形成了"出资人—理事会—院长"三方治理结构模式，拥有独立的经营管理权和人事管理权。政府可以通过理事会体现决策意图和公益方向，但不能直接干预，在科研方向选择、研发战略制定、研发活动开展、人员出差出国等方面，新型研发机构拥有完全自主权，无须主管部门审批。

（四）"新"在选人用人上

新型研发机构"养事不养人"，可以根据研发需要和市场导向，自主组建研发团队，团队的集成性、开放性和动态性很高。通过岗位聘用、兼职、咨询、讲学、技术合作等"柔性"方式，聚集使用高端人才。不拘一格起用具有创新胆识和能力的年轻人。比如华大基因研究院由一位 17 岁高中生担任 500 万元研发经费的项目组组长。

（五）"新"在激励机制上

新型研发机构采用合同制、年薪制、动态考核、末位淘汰等竞争性绩效管理制度，打破"铁饭碗"，形成了内生创新激励机制。比如，重庆纤维研究设计院获得的政府 500 万元投入中，将其中的一半量化为个人股份，让渡给贡献大的研发人员。在人员聘用和晋升方面，新型研发机构"不以年龄论资历，不以学位论英雄"，打破了唯职称、唯学历、唯论文等传统科研评价体系的痼疾。

三、新型研发机构前景十分广阔

（一）新型研发机构有效集成各方创新要素，通过开放式协同创新，加快突破关键核心技术

很多新型研发机构本身就是由企业、高校、科研院所等多方组成，一开始就瞄准科学技术前沿和产业发展前端，"高举高打"，同时发挥多学科交叉、多领域融合优势，既致力源头创新，又引领新兴技术潮流。有的还通过网上平台和灵活机制，在更广范围内吸引其他院所、创客、研发人员等参与，形成"小核心、大协作"模式，使自身创新能力和解决难题能力成倍数级增加。

（二）新型研发机构集科学发现、技术发明、产业发展于一体，打通创新链、产业链、资金链，大大提高成果转化效率

新型研发机构天生与市场、与产业"共舞"。高校和科研院所的一些成果与产业化之间还有相当长的距离，转化起来难度很大，有的甚至除了评职称评奖之外没有用处。这是因为这个链条上各个环节互不相属，很容易"断链"。新型研发机构恰好在其中起着"黏合剂"的作用，既有研发功能，又有产业功能，推动了创新要素之间、创新活动与市场需求之间的持续联系。

（三）新型研发机构孕育新技术新业态新模式，直击传统经济竞争力"痛点"，成为培育新动能和改造提升传统动能的重要支点

现代科技与产业的关系大致经历了"技术推动—需求拉动—相互作用—集成模式—网络模式"5个阶段，这种网络关系不仅培育一批新兴产业，而且加速产业链横向跨界与融合发展，改造提升传统产业，使科技进步回报呈现乘数效应，对经济增长的贡献大大增加了。

四、世界各国都在加快培育新型研发机构

当前世界科技强国都在对高校、科研机构进行改革创新，并加快设立新的研究机构，实际上都在紧锣密鼓发展新型研发机构。美国着力建设45个先进制造业创新中心、8个能源创新中心，集中不同机构和不同专长的顶尖人才，到"一个屋檐下"突破关键难题。德国联邦政府构建"国家制造业创新网络"，弥补大学、国家实验室基础研究与中小制造企业间的缺口。英国设立"能源技术研究院"，先后建成7家"技术与创新中心"。

法国设立"卡诺研究所计划",强化公共科研机构与产业界的协同创新,目前已覆盖全法 60 多个机构和 15% 的研究人员。俄罗斯建立了 13 个技术开发合作平台,针对医学和生物技术、信息通信技术、航空航天技术等技术领域开展攻关。巴西建设 25 家创新研究所,由工业联合会联合地方高校和企业共同建设,为中小企业技术创新提供近距离支撑和服务。

五、我国新型研发机构发展仍面临障碍

(一)身份和定位不明晰

新型研发机构的科研机构身份尚未确立,即使研发实力不俗,但国家科技财政资金项目、科技计划、科技创新平台建设项目等尚未将其纳入资格目录,也就难以获得同台竞技的机会。各地登记注册也很不统一,有的划为"企业类",有的定为"民办非企类",有的定为"事业类",不仅造成性质混淆,也不利于规模发展。

(二)难以同等享受相关优惠政策

新型研发机构目前还缺乏明确的减免税主体确认指引,不能做到"应享尽享"。比如,由于"非营利性组织"身份确认困难,深圳市韩合集成电路研究院就因境外无偿资助资金无法享受捐助资金的所得税减免政策,曾一度搁浅。由于名称的研究属性不明确,有的新型研发机构无法享受科教用品设备的进口税收减免优惠政策,还有的无法享受海关税收优惠政策。

(三)面临科研基础设施能力制约

在我国科研重大基础设施布局中,工程、技术中心主要在企业,实验

室主要布局在高校和传统科研机构。新型研发机构基本上与这些平台项目无缘，也很难使用国家投资建设的重大科研平台，严重制约了创新能力提升。

（四）治理机制有待规范

新型研发机构投资主体多元，在知识产权归属、产业化收益分配等方面较为复杂，社会资本有序和大规模进出还缺乏引导和规范。按现行政策，外籍人士不能担任新型研发机构的理事长、理事，这阻碍了其引进国际高端科研管理人才和开展国际合作。

六、几点建议

（一）建议出台支持引导新型研发机构发展的政策文件

明确新型研发机构的定义、地位、作用和认定标准，支持其参与国家重大科研项目和重大科研基础设施建设。同时要明确，新型研发机构与其他科研机构、孵化平台等，同等享受税收优惠、场地设施、创新创业基金支持等政策，对国内外社会资金的无偿捐赠享受减免税等优惠政策。

（二）在重点地区建立一批新型研发机构

在发达地区加快建设新型研发机构，在全面创新改革试验区、自主创新示范区等高标准规划建设一批新型研发机构。同时，在中西部地区大力发展新型研发机构，每个省都应建立类似先进技术研究院的新型研发机构，在传统院所和企业之间发挥中间研发、成果转化等桥梁纽带作用，科教资源富集地区要重点布局。

（三）借助新型研发机构探索科技体制改革尤其是科研院所改革路子

深化科研领域"放管服"改革，允许其在更加灵活的监管架构下先试先行，特别是在科技评价、治理结构、股权激励、收益分配、用人制度等方面。比如，探索以组织发展、研发绩效、产业效益等为主要维度，以研究质量为核心的科技评价体系。比如，支持新型研发机构拥有更大的职称评审、薪酬分配、无形资产抵质押、招收研究生等权利。再如，允许非中国公民担任新型研发机构的法人代表、理事长、理事等职务。这些都可以为深化传统科研院所改革提供有益借鉴。

（与陈光华、王天龙，深圳市政府研究室吴思康、王西星合作）

对国家科技重大专项的思考与建议

（2017 年 5 月）

《国家中长期科学和技术发展规划纲要（2006—2020 年）》已实施 10年。这 10 年，是我国科技实力从量的积累向质的飞跃的 10 年，是创新能力从点的突破向系统能力提升的 10 年。这其中，作为《纲要》提出的一项重大战略任务，重大专项采取"非对称"赶超策略，成效举世瞩目，为我国科技实力和国际竞争力的跃升奠定了坚实基础，为建立健全社会主义市场经济条件下的新型举国体制积累了宝贵经验。当前，新一轮科技革命和产业变革孕育兴起，我国正在深入实施创新驱动发展战略，对 10 年来重大专项的实施情况进行总结梳理十分必要。近日，我们会同中国科学院科技战略咨询研究院，围绕走中国特色自主创新道路，对重大专项的进展成效、取得经验、存在问题等进行了专题研究，对进一步实施好重大专项和科技创新 -2030 重大项目形成了初步建议，力求为深化科研体制改革、探索中国特色自主创新道路提供启示和借鉴。

一、实施重大专项是立足国情、适应世情的正确抉择

部署设立重大专项，从一开始就以体现国家意志、实现国家战略意图

为根本定位。这是立足我国由追赶向并行与领跑阶段转型的现实国情作出的战略选择，也符合科技发展规律和国际发展趋势。

——从科技发展规律看，重大科技计划是科研活动组织不断演进的必然结果。近代科学早期主要是由兴趣驱动的个体研究，是一种贵族化的活动。随着科学的建制化发展，开始出现职业科学家，科学也逐渐向专业化方向发展。国家对科技的支持不断增加，支持的形式不断丰富，主要包括科学基金制、支持建制化科研机构、国家科技计划等形式。第二次世界大战时期，科技发展进入大科学时代，表现为投资强度大、需要跨学科跨领域合作、研究目标宏大等。同时，为了破解制约国家发展的重大问题，抢占国际竞争的制高点，整合全国力量的重大科技计划组织方式被普遍采用。可以说，重大科技计划是"大科学时代"科研活动组织的一种高级形式，具有目标明确、影响大、投入多、周期长、风险高、技术复杂、需跨学科跨组织大团队联合攻关等特点，旨在充分体现国家意志，达成国家目标。

——从国际竞争趋势看，重大科技计划是发达国家取得战略突破的成功经验。集中大规模优势力量联合攻关的科研活动组织模式始于第二次世界大战前后。第二次世界大战期间，美国通过实施"曼哈顿工程"，集中当时最顶尖的科学家，动员10万余人，历时3年，成功研制了原子弹，开创了集中优秀人才以占领科技、军事制高点的先河。第二次世界大战后的几十年间，美国的"阿波罗计划"与"星球大战计划"、欧洲的"空中客车计划"、日本的"超大规模集成电路计划"等重大高科技计划，形成了国际竞争的战略优势，培养造就了大批经验丰富的专业人才队伍，也带动了复杂系统组织管理科学的产生和发展，成为支撑综合国力的坚强后盾。

——从我国国情实际看，我们有"两弹一星""载人航天"等重大科技计划的光辉典范，更有解决关键核心技术"卡脖子"问题的迫切需要。计划经济时期，"两弹一星"充分发挥社会主义集中力量办大事的制度优势，将有限的资源向战略目标领域动员和集中，解决重大科技课题，快速实现了重大突破，是举国体制的成功实践。改革开放以来，载人航天工程也采用了这种方式，取得了巨大成功。但在民口领域，1985 年我国开始实施科技体制改革，比较多地强调了"放"和市场机制的作用，在如何发挥政府作用方面有所减弱。进入 21 世纪，随着我国经济迈入"由大变强"的重要节点，关键领域技术"卡脖子"问题日益凸显，迫切需要围绕国家目标，筛选出若干重大战略产品、关键共性技术或重大工程，发挥政府主导作用集中攻关，力争取得突破，实现以科技发展的局部跃升带动生产力的跨越发展，并填补国家战略空白。在此背景下，关系国计民生和国家安全关键领域的科技重大专项应运而生。

二、组织实施重大专项成效显著、影响深远

10 年来，重大专项坚持"自主创新、重点跨越、支撑发展、引领未来"的指导方针，瞄准突破关键核心技术和实现产业化的目标，取得了一批有影响力的标志性成果，辐射带动了我国科技实力的提升，有力支撑了经济社会发展。

（一）显著提升了自主创新能力，在诸多领域填补了国家战略空白

主要是围绕被国际封锁和垄断的领域，突破了一批关键技术。比如，集成电路领域实现了高端装备制造从无到有，光刻机曝光光源、光学系统、工件台等核心关键技术研发取得突破，90 纳米干式光刻机进入生产线验证，实现了我国自主开发光刻机的跨越。油气开发专项自主研制的3000 型成套压裂设备等一批测井钻井高端装备打破了国外长期垄断。宽带无线通信重点突破终端芯片、重点仪器仪表等薄弱环节，填补了我国相关产业空白。

（二）在一些国际竞争的焦点领域，迈入国际先进水平

比如，核高基专项的众核 CPU 支撑我国超级计算机世界领先地位；嵌入式 CPU 和 OS 研发与应用持续扩大，移动智能终端 SoC 取得突破，形成国际产业竞争能力。宽带无线通信专项的系统和多模终端设计技术、大型先进压水堆 CAP1400 和高温气冷堆核电技术居世界领先水平。无线通信领域的 TD-LTE-A 成为 4G 国际标准，拓展了国际市场，我国成为 5G 技术标准的主导者之一。

（三）推动了专项成果产业化，成为新动能加速成长的创新源头

创新成果的加速转化，催生了一批新产业、新业态、新模式，带动了传统产业的转型升级和战略性新兴产业的培育，促进了经济提质增效。高档数控机床专项自主研发了高档型、中档型数控系统，实现国产数控系统在航空航天、汽车、发电设备等设备制造企业应用。宽带无线通信专项推进了 LTE 宽带集群（B-TrunC）系统的标准化和产业化，相关产品已经进入政务、公安、电力、城市轨道交通、港口等行业应用。油气开发专项突破了深层和低渗致密油气勘探开发关键技术，推动了 21 个大型油气田的发现和增储。打造了"集成电路封测产业链技术创新战略联盟""中国汽车电子基础软件自主研发与产业化联盟"等若干创新联盟，建成了一批创新技术平台、研究或产业化基地，促进产学研合作，推动技术联合攻关、知识产权共享，为各类企业提供技术、设备、材料、成果转化等服务，为"大众创业、万众创新"提供了重要支持。据不完全统计，"十二五"期间，民口 10 个专项成果应用产生的新增产值达 1.4 万亿元，实缴税金 1300 多亿元。

（四）解决了一系列突出的瓶颈问题，有力支撑了民生改善

围绕环境治理、疾病防控等领域的瓶颈问题，加强相关技术的研

发和推广。比如，新药创制专项研制了阿帕替尼等重大新药。传染病专项完善了新发突发传染病防控体系，在应对 H7N9、埃博拉等疫情中发挥了重要作用。转基因专项培育了一批具有自主知识产权的转基因动植物新品种，转基因棉花实现了商业化推广，取得了巨大经济效益和生态效益。2008—2015 年，转基因棉花在主产棉区累计辐射推广 4 亿亩，减少农药用量 40 万吨，实现经济效益 450 亿元。水污染防治专项创新集成我国冶金、石化、造纸等重点行业水污染全过程控制技术系统，突破了城镇污水高标准稳定达标与再生利用整装成套集成技术。这些成果对提升环境质量、提高公众健康水平、改善民生福祉等产生了重要影响。

（五）探索了"新型举国体制"，成为科技体制改革的"试验田"

围绕制约科技创新的体制机制瓶颈，不断深化改革，探索了在市场经济条件下发挥集中力量办大事优势的"新型举国体制"。积极探索用新机制新方法发挥政府主导作用，统筹中央、地方和市场资源，集成优势力量开展"大兵团"联合攻关。尤其是突出了企业技术创新主体的作用，"十二五"期间企业牵头的课题比例为 52.3%。更加注重科技、产业、金融等多方面的协同创新，探索形成了"创新链、产业链、资金链、政策链"四链融合的技术创新模式。根据专项特点，改进研发组织模式，形成了围绕产业链（如宽带无线通信专项）、龙头企业主导（如油气专项）、产业创新联盟（如集成电路专项）等多种形式的协同攻关模式。加强项目管理，建立责任考核和问责机制，探索"决策、执行、咨询、监督"分工协调的运行机制，形成"下家考核上家、系统考核部件、应用考核技术、市场考核产品"等成果评价方式。鼓励形成多元化、多渠道的投融资体系，率先设立间接费，率先实行年度报告制度等，对科技体制改革产生了重要影响。

三、重大专项积累的经验应予高度重视

实践证明，党中央、国务院审时度势作出组织实施重大专项这一战略决策是及时的、正确的。重大专项着力探索的市场经济条件下的新型举国体制，是我国社会主义优越性的重要体现。外媒评价说，"没有一个国家能像中国这样，围绕一个目标以只争朝夕的方式全面推进"。重大专项的组织实施，不仅为今后实施好重大专项类科研计划积累了经验，也为在科技体制改革中处理好政府与市场的关系，推动科技与经济社会发展深度融合，提供了借鉴。

（一）明确的目标导向是重大专项启动实施的前提

重大专项从部署到启动，历经两年多的论证时间，凝练目标是专项论证的重中之重。磨刀不误砍柴工。实践证明，技术预测越充分，专项目标越聚焦，定位越清晰，实施效果就越好。专项涉及多学科交叉研究，组织实施横跨10余年，需要将总体目标分解为多个分领域目标和分阶段目标。分领域目标要相互衔接，牵引相关单位以目标导向实现分工协作、合力攻关；分阶段目标可操作性要强，同时具有一定的灵活度，能够结合专项实施情况和经济社会、科技发展大势动态调整，确保专项的组织实施始终目标清晰、责任明确。

（二）多层次、多形式协同是重大专项有序实施的基石

重大专项的组织实施是一项复杂的系统工程，没有政府的主导难以集聚各类资源，没有市场和企业的积极参与难以实现产业化目标。实践证明，在市场经济条件下开展协同创新，不仅需要行政力量的组织推动，更

需要以健全的体系平台、完善的体制机制，充分利用政府和市场两方面力量，促进科研、产业、资本、政策等要素有机融合。重大专项构建了"技术攻关、产品研制、应用示范、市场推广"的协同组织，围绕产业链部署创新链，建立了"沿途下单"的机制；促进中央和地方联动，通过建立创新战略联盟、技术协同创新中心、产业化基地等多种形式，带动地方创新资源的集聚和区域创新能力的提升。这些做法广泛调动了各创新主体的积极性，平衡了局部利益和整体利益的关系，确保科技目标和产业目标协同实现。

（三）改革创新是重大专项有效实施的动力

重大专项的设立本身就是改革创新的产物，组织实施中遇到的新情况新问题，也需要改革创新予以破解。比如，为了促进行政力量更好服务于技术决策，实行"行政指挥线"和"技术指挥线"两条线的管理方式。针对经费使用不灵活、激励不足等问题，首次提出设立间接费，将专项实施中无法在直接费用中列支的相关费用列入到间接经费中，并确定其中5%经费可用于科研人员的绩效支出。针对重大专项组织实施过程存在的责任落实不到位、问责机制不够健全等问题，三部门和各专项牵头组织对专项每个层级责任人都制定了相应的考核问责办法，建立尽职者免责、失职者问责的机制。实践证明，重大专项实施过程就是不断探索、改革创新的过程，只有依靠改革，才能让相关体制机制更加符合重大专项的任务特点，更具有活力和生命力。

（四）持续稳定支持是重大专项顺利实施的保障

重大专项投入多、研究周期长、难度大，需要在较长期限内持续攻关，相对稳定的发展环境至关重要，必须保持稳定持续投入和人才队伍。10年来，专项注重发挥中央财政资金的撬动和放大作用，鼓励和引导社会资本参与支持研发，促进投融资体系多元化，保证了重大专项较高的投入强度。在人才队伍上，组织了一批国内顶尖的科技力量参与研究工作，涉及全国数千家科研院所、高校和企业、20多万科研人员，核心团队基本保持稳定。实践证明，重大专项的生命力在于，把吸引资金与创造效益结合，把汇聚资源与育人才、出人才结合，为自身可持续发展提供强大内生动力。

四、重大专项实施中存在的问题

总的看，重大专项的成就有目共睹，这毋庸置疑。但也应看到，不同专项之间的进展情况并不平衡，甚至同一个专项内的不同项目进展也有差异。10年来，重大专项在组织实施当中也逐步暴露出不少问题，面临着诸多新的挑战。对此，应高度重视，从取得的成绩中总结经验，从存在的问题和挑战中寻找差距，为进一步实施好专项和其他重大科技计划提供有益借鉴。

（一）有的专项目标凝练聚焦不够、定位不清晰，导致进展和成效不理想，产出效益不高

重大专项的设立，主要定位于通过集成式协同攻关解决"卡脖子"问题，与其他科技计划优势互补、有机衔接。应当说，重大专项在立项之初都有明确的主攻方向，但有的在具体细化和分解目标时，凝练不够，缺乏战略定位研究和科学的技术预测支撑，最后导致专项"变成了一个筐，啥都往里装"。有的专项与其他科技计划的区分不够明晰、落实不够到位，有的甚至为了平衡部门利益，搞"利益均沾"，专项成了"分肥计划"。由于目标相对分散、难以整合队伍，导致专项进展较慢。还有的专项目标

僵化，缺乏根据国家战略需求和科技发展形势变化进行动态调整的机制，使专项成果"完成即过时"，价值大大缩水。与民口一些专项形成鲜明对照的是，军口专项正是由于目标集中而效果显著。

（二）有的专项与经济社会发展目标结合不够紧密，成果不能有效转化为现实生产力

产业化目标是重大专项与其他科技计划项目的重要区别，也是检验重大专项的最终标准。但有的专项过于偏重科学和技术目标，科技目标与产业发展目标结合不够紧密，成果转化不及时，难以产出有竞争力的产品，难以带动我国战略性新兴产业竞争力的整体跃升。有的专项在设计论证阶段就存在战略性不够突出的问题，对国内产业实际分析不足，对市场需求把握不准、理解不够，科学研究与市场应用"两张皮"的问题依然存在。有的在实施过程中未能形成"沿途下蛋"机制，成果止步于验收环节，没有及时转化为现实生产力。虽然企业已经成为承担专项的重要主体，但是实践中企业"当家不做主"的问题比较突出，未能有效利用企业的组织平台和产业化实力带动新兴产业的发展壮大。

（三）组织管理模式不够与时俱进，难以充分发挥政府主导和市场配置资源两种机制，难以适应世界科技发展规律和大科学工程的需要

在市场经济条件下，科研活动往往偏向"小、散、全"，开展"重、大、专"的集中力量研究存在较大障碍和困难，容易"横向分立、纵向割裂"。重大专项是一项系统性科学工程，组织体系复杂，对科技目标的有效分解和系统集成、各领域各环节的有机衔接、创新资源的优化配置、政产学研的有效结合等，都有较高要求，需要高水平的科学管理和系统工程管理。但在现实中，专项的管理方式普遍存在系统化、科学化水平不高等问题，缺少战略科学家、系统科学家，有的专项从重大项目变为上千

个"小散户"的"拼盘";有的跨部门、跨领域、跨单位的强强联合较少,科技与经济融合、央地协同、军民融合也比较欠缺。虽然"行政管理"和"技术管理"两条线管理的模式有利于行政动员和专业技术优势互补,但促进两条线之间的有机结合尚有很多问题需要破解。一些行政负责人往往是单位领导,基本不参与组织管理,技术负责人调配人财物的领导权限、决策力及协调力不足,对课题负责人约束不够,加之组织管理体系层次多、效率低,统筹协调起来难度很大。

（四）需要更加突出"人"的核心作用,更好调动科研人员的积极性创造性,确保既出成果又出人才

重大专项要解决"卡脖子"的关键问题、产生自主创新的"落地成果",就需要一代又一代科学家长期默默耕耘、潜心研究。市场经济条件下,内外环境发生了很大变化,如何建立适合新形势新要求、符合重大专项特点的激励机制尚在探索中,出现了对科研人员评价单一、导向偏差、激励不足等问题。比如,如何解决基本工资与绩效工资的关系问题,成为多年来广受关注和争议、又未能解决的"老大难"问题。科研人员反映,基本薪酬保障偏低,收入的大头往往是通过竞争性科研项目在绩效工资中体现。这就容易导致不得不把精力放在竞争性项目上,从而减少了从事重大专项研究的精力。还有,在资产运作、股权激励、收益分配等方面的现实制约比较多,科研人员往往难以分享重大专项成果转化后的红利。加之"重数量轻质量""重短期轻长远""重引进轻培养""人才帽子满天飞",以"标签搏标签""跟风式科研"等急功近利的现象还在一定程度上存在,浮躁的学术风气比较普遍,都影响了科研人员参与重大专项的积极性。有的单位只是在立项的时候"拉郎配",实际参与重大专项的积极性并不高。除此以外,如何发挥重大专项的育人功能也是亟需破解的问题。一些青年研究人员富有创新活力,但当不了"顶梁柱",只能参与别人的项目"干

点儿零活"，科研"主力"成"苦力"，长远来看不利于人才积累。

应当看到，重大专项参与主体的广泛性、组织管理的复杂性、目标任务的系统性和多领域多学科的集成性都远远超过了一般性的科技计划，在实践中出现这样那样的困难问题都很正常，不可求全责备。对于未能实现预期目标的专项，有的受制于我国经济社会发展水平和科技整体实力，有的反映了科学研究的客观规律；对于技术转化带动作用还不明显的专项，有的还需要更长的时间和更广泛的实践予以检验；对于体制机制存在的问题，有的是科技体制机制尚不完善在重大专项方面的具体体现。对此，我们要客观认识、理性看待。在战略上"咬定青山不放松"，坚持绵绵用力、久久为功，战术上突出改革创新，适应新形势新要求调整目标、完善制度，在中国特色自主创新道路上奋力前行。

五、对进一步实施好重大专项的几点建议

当前，我国在不少重大科技领域由"跟跑者"变为"并跑者"甚至是"领跑者"，来自国外的"围堵""掣肘"必然不断增加。面对激烈的国际竞争形势，我们要从国家发展战略高度出发，坚定走中国特色自主创新道路的信心和决心，坚持不懈实施好重大专项，抢占颠覆性技术发展的先机，形成一批具有自主知识产权与国际竞争力的重大战略产品、关键共性技术和重大工程。

（一）持续实施好重大专项，推动已部署项目与新部署项目形成梯次接续的系统布局

到 2020 年，目前实施的 16 个重大专项即将完成，但对于重大专项的长远布局而言，这绝非"休止符"，而应成为"新起点"。美国新世纪以

来实施的"百万人基因组计划""脑科学计划""肿瘤登月计划"等，都是举全国之力在推进，可以视作某种形式的"重大专项"。面向未来，我国更应发挥新型举国体制的优势，让重大专项焕发新的生机活力，成为建设世界科技强国的重要抓手。习近平总书记强调，我们确定要抓紧实施已有的十六个国家科技重大专项，在此基础上，以2030年为时间节点，再选择一批体现国家战略意图的重大科技项目，力争有所突破。已经部署的项目和新部署的项目要形成梯次接续的系统布局，发挥市场经济条件下新型举国体制优势，集中力量、协同攻关，为攀登战略制高点、提高我国综合竞争力、保障国家安全提供支撑。按照习近平总书记的指示精神，我们已经开始部署科技创新-2030重大项目（以下简称"6+9"项目），这是新时期的重大专项。"6+9"项目的组织实施，要充分吸收重大专项实施10年来的经验教训，加强技术预测预研，在充分论证的基础上，成熟一项启动一项，避免集中式匆忙上马。要加强"6+9"项目与现有专项的有机衔接，比如，新设立的"智能制造和机器人"重大工程项目，可以与之前"高档数控机床与基础制造装备"专项做好衔接，在高起点上实现更大跨越。要强化科技创新战略研究，研判新一轮科技革命和产业变革发展方向，针对发展瓶颈问题，制订我国重要领域科技发展路线图和重要产业技术发展路线图，为"6+9"项目的动态调整奠定基础。

（二）推进重大专项成果与国家战略的有机结合，将重大专项的效用发挥到最大

目前，各重大专项进度不一，需要加强分类指导。对于尚处于推进过程中、特别是遇到技术瓶颈和应用难题的专项，要做好聚焦、瘦身和细化，解决好目标分散和转化难的问题。对于专项技术攻关基本结束的专项，意味着产业应用的全面开始，要促进重大专项产生的成果在各行业各领域的广泛试用和验证，在实践中不断迭代改进，实现可持续发展。要围

绕"中国制造业升级"、现代农业、节能环保等国家发展规划，推动重大专项与国家重大任务实施、与科技创新整体发展、与行业骨干企业紧密结合，持续产出"顶天立地"的重大科研成果。

（三）用好新技术、依托新平台，探索现代科研组织管理模式

重大专项的组织实施需要汇集千千万万的创新资源。如果说强大的行政动员力、完备的组织体系，提供了一种"有形连接"；那么"互联网 +"就是将蕴含于 13 亿多人民中的创新力量整合起来的"无形纽带"。在互联网条件下，重大专项越来越不是科研人员的"专利"，"关起门来"搞专项的方式早已过时，要推动重大专项与"互联网 +""双创"等新平台有机融合，通过开放课题、网上招标、技术并购等手段，打破组织边界、地域边界、技术边界，推动各类主体线上线下广泛协同合作，实现更大范围资源的集成联动，通过资源和成果共享来完善创新价值链，形成完整的创新生态系统。要完善国家科技报告和调查制度，形成信息披露机制，让业界了解专项并参与其中。当前，我们正在部署组建国家实验室，这是一支重要的国家战略科技力量。要发挥好重大专项与国家实验室各自的优势，推动二者在功能定位上优势互补、相互支撑。国家实验室有明显优势的领域，可依托国家实验室为主开展重大专项研究，或利用国家实验室的平台，开展一些预研工作，待时机成熟时设立重大专项。

（四）坚持重大专项与其他科技计划的差异化定位，加强计划之间的协同

2014 年我国将科技计划体系重构为五类计划后，强调不同类型的科研活动根据特点采用不同的科研组织模式。与其他科研组织模式相比，重大专项的突出特点包括：战略性，产出战略产品，以局部突破带动整体跃升；目标性，具有既反映国家重大需求又可实现的明确目标；组织性，强

调国家主导，是组织化程度最为集中的计划；协同性，强调多学科协同、央地协同、产学研协同，强调科技与经济融合、军民融合；长期性，需要持续技术攻关和一定时间的成果转化。这也是确立重大专项的基本原则。对于部分基础性、前瞻性较强的重点任务可纳入其他科技计划，通过基金、重点研发计划等实施，不再设立重大专项。总之，要强化功能定位，防止"重大专项基金化"，防止基金"小而全"。

（与国务院研究室侯万军、陈光华、范绪锋、郑真江、王敏瑶，
中国科学院战略咨询研究院潘教峰、李晓轩、代涛等合作）

率先探索新旧动能转换的有效路径

——在"动能转换、济南先行"论坛上的发言提纲

（2017年6月）

　　新旧动能转换是贯彻新发展理念的重要抓手，是推进供给侧结构性改革的重要着力点，是国家发展进入新阶段的重大战略。它不仅是一个保持经济持续健康增长的动力来源问题，也是转变发展方式、实现经济转型升级的重要路径，是跨越"中等收入陷阱"、向现代化目标迈进的关键举措。

　　山东在新旧动能转换中机遇难得、责任重大。习近平总书记提出山东要"走在前列"的目标要求，寄予厚望。山东把新旧动能转换作为统领发展的重大工程、一号工程，提出"创建国家新旧动能转换综合试验区"，抓住了关键、抓住了突破口。这既是山东自身需要，也是全国的需要。当前山东处于发展爬坡过坎的关键期，全国也需要探索先进经验。我们应该有紧迫感，超前谋划，前瞻部署，大胆探索，加快实现这个转换。

　　山东推进新旧动能转换具有"天时、地利、人和"的优势。天时，就是现在处于新一轮科技革命和产业变革孕育兴起之际，面目越来越清晰，正在深刻改变经济社会发展模式，给人们的思想观念和生产生活方式带来巨大影响，而且具有群体突破、跨界融合、快速应用、开放共享、供需驱动等许多新特点。一些颠覆性技术对传统产业产生"归零效应"，对新兴产业发展持续形成"放大效应"，引领经济长周期的复苏进程，土

地、劳动力、资本等传统要素与知识、技术、人才、信息、数据等新要素全新组合，重构生产、就业、分配、消费等各环节，实现产业革命。这轮变革带有全面性、颠覆性，我国第一次与发达国家处在大致同一条起跑线上，加上新技术的广泛渗透性，谁抓住了谁就能赶超上去。地利，我国的区域经济发展过去是东西问题，现在是南北问题，南北分化加剧。山东处于南北转变的关键位置，经济结构既有体系成熟、新技术新产业发展快等特征，但也有资源化、重型化等困难，不转换也走不下去了。济南市处于承东启西、贯通南北的特殊位置。山东做好了，对全国尤其是北方，既有示范意义，也有带动北方的作用。山东有着完整的产业链条、雄厚的制造基础和强大的配套能力，自身市场需求大，人均可支配收入超过全国平均水平，新消费拉动能力强。人和，就是山东人聪明智慧，乐于接受新事物，开放意识强、改革创新能力强。尤其是省第十一次党代会后，省委省政府高度重视新旧动能转换，上下认识一致，都在深入思考、积极探索，劲往一处使，相信一定能成功。

实现新旧动能转换是个系统工程，涉及方方面面，既有经济因素，也有社会与人文因素，既包括创新发展，也有协调、绿色、开放、共享等内容。总的考虑，要以改革开放为动力，以发挥我国庞大的人力人才创新活力为支撑，培育壮大新动能，改造提升传统动能，提高全要素生产率，推动经济走向"双中高"。作为山东来讲，关键是找准发力点、突破口，研究做哪些事才能真正实现动能深刻转换，做正确的事、正确地做事，使山东真正强起来、高起来、优起来，而不仅是戴个"新旧动能转换综合试验区"的帽子。党中央、国务院已经就新旧动能转换作出部署，国务院也出台了相关文件。比如深入实施创新驱动发展战略，纵深推进大众创业、万众创新，着力振兴实体经济，进一步深化"放管服"改革，营造良好营商环境等。这都是关键而重要的举措，要抓好落实。这里，我从实践与方法相结合的角度来看新旧动能转换，也就是要做到"七个融通"。

一、创新融通

"十三五"时期，国家部署科技重大工程项目的力度很大，如正在建设的北京、上海两大全国科技创新中心，组建国家实验室、综合性国家科学中心，还有一大批国家重点实验室技术创新中心、工程中心、大型科技基础设施等，我国实施的科技重大专项将于 2020 年到期，此后将推出科技创新 -2030 重大项目。以往我国的发展经常是一个产业甚至一个企业带动一座城市的发展，今后，可能是一个科技中心、重大科技工程项目或重大科技基础设施、大的科技企业带动一座城市、一个区域的发展。山东尤其是济南科教资源丰富，要多争取这种项目。因为现在和将来的科技重大工程和项目，组织实施方式是跨行业跨领域、线上线下组合创新资源，同时与产业化同步推进，科技成果转化加快，是基础研究、应用研究与市场开发和产业化的全面融合，这些工程和项目，既是创新的源头，也是产业的龙头。科技创新对经济增长的拉动作用将大不同于以往，科技加速回报的乘数效应、扩散效应非常大。如何实现，我认为这里的关键是推进企业、高校、科研院所的融通创新，打破这些单位之间的壁垒，建立多种形式的创新平台。因为这些单位长期以来基本上是各自为战，尤其是高校和科研院所。融通的方式，一是科研院所、高校建立专业化众创空间、技术转移转化机构、科技园等。二是企业组建研发主体，也可以从内部剥离组建。尤其是大企业都要组建，也可以吸引高校和科研院所参与进来。三是利用互联网创新平台，如众创空间等。四是政府组建公共创新平台。典型的是第一批 28 个"双创"示范基地，第二批是 92 个，分布在高校科研院所、企业等。

这里，重点谈下新型研发机构。现在各地都在大力发展新型研发机构。(如广东省达到180家,仅2016年上半年就组建新型研发机构46家,深圳市达到93家,江苏省达到161家,重庆市培育103家,内蒙古自治区组建38家,等等。这些新型研发机构有些本身已经很成规模,比如华大基因研究院、光启研究院、中科院深圳先进技术研究院等。江苏在新材料、生物医药等领域布局25家产业技术研究所,四川在环保装备、轨道交通等领域成立10余家产业技术研究院,重庆成立了元创工业设计研究院等10余家企业外化的新型研发机构。新型研发机构既分布在新兴产业领域,也有很多面向农业、纺织、食品、服装、煤炭等传统产业转型升级需求,如广东温氏食品集团与中科院、广东科学院、华南农大、中山大学等共建的温氏集团研究院,中国泡菜现代化产业技术创新联盟发起设立的四川东坡中国泡菜产业技术研究院等。)为什么新型研发机构这么火?因为长期以来我们的问题在于,大多数研究机构不接地气,然后从基础研究与应用研究到市场开发之间存在一个空白地带,就是中间研发没有,实际上这部分迫切需要科研力量,也需要企业提前介入。因此,建议山东省或济南市组建一批产业技术研究院,在高校科研院所和企业之间发挥中间研发、成果转化等桥梁纽带作用。要大力引进中科院、清华北大等创新主体。只要这些创新力量融通起来,必将给经济发展提供强大的新动能。

二、企业融通

山东特别是济南历史上有不少好的企业如济钢、济南重汽、济南机床厂等,但不少也面临很大的困难,就是包袱重、层级多、管理僵化、人浮于事、机构臃肿,有的面临产能过剩,又很难改,一改革就容易出现下岗安置、金融风险问题等。企业在形势好的时候养一大堆人,困难的时候就苦挨,等市场好、等国家政策支持,应对市场环境变化的能力较弱。现在国家在国企改革中推出"1+N"政策体系，特别是推进混合所有制改革，就是希望改变企业经营体制机制。我们怎么办？就是要把握企业发展大趋势，对企业进行根本性的重塑和再造。

现在企业发展的一大趋势是平台化，通过平台实现融通研发、融通生产、融通经营、融通物流、融通供需等。一是要打造企业内部的也是对外开放的融通创新平台，使每个人不再是流水线上的机器，而是富有创造力、敏锐把握市场需求变化的"双创"主体。这是大势所趋。如海尔的"人单合一"模式最典型的，主动拆分，取消中层、建立平台，所有业务走上平台，每个人都成为平台上的创新创业者，可以直接参与研发设计、生产制造、物流销售等各环节。这样，一个大企业、大块头就变成许多机制灵活的小组织体，创新能力强又及时有效应对市场变化、深刻挖掘消费者需求的有机体，使企业机制灵活、聪明起来，"大象也能跳舞"。还有华为的"一线呼唤炮火"模式、阿里巴巴的"敏捷前端＋强大后台"模式、腾讯的创客集团模式、阿米巴模式等。国外大企业也在这样做，如GE（美国通用电气公司）的Predix平台等。建议认真总结提炼这些平台建设的经验，选择可学的通用的部分在全省、全市推广。这也是国有企业改革的重要抓手，既打破了国企经营体制弊端，又激发内部每个人的活力。

二是大中小企业融通、社会化协作。过去主要是中小企业给大企业配套，是单向的协作配套关系；现在大企业也可以给中小企业配套，形成相互借力、互利共赢的网状交互格局，大家都是平等的、双向的，不再有主次之分。大企业在裂变，小企业则在聚合，过去社会生产体系的封闭运作、链条式关系，变成了开源开放、网络化关系，实现了社会化大联合、大协作。

三是企业与高校、科研机构的融通平台。如航天科工集团的"航天云网"，已拥有入驻企业近60万户、内部双创团队2000多个，吸引高校科研院所几十家，缩短研发周期60%以上。再如中核集团的"华龙一号"异地综合协同设计平台。

四是企业与行业联盟上下游融通。如西门子公司的上下游联盟企业1500家，既可以联合解决产业共性关键问题，也可以及时协同生产。

五是企业的组织模式融通。现代科技推动生产、管理、营销等模式变革，企业的每一个环节都在发生着深刻变化。在研发设计环节，强调产品设计的个性化、差异化、定制化，通过互联网直接对接用户需求，原本外部的个人是消费者也是创造者，是受益者也是参与者。在生产制造环节，从大规模标准化生产向柔性化制造、网络化生产、智能化工厂转变。在过程管理环节，通过互联网平台实现扁平化管理、分散化运营，通过大数据分析实现精益生产、精准管理、智能决策。在营销服务环节，过去消费者买完了产品就完成了营销，而现在买完产品营销才刚刚开始，消费体验又可以实时传递给研发部门，成为产品改进的基础。在供应链管理环节，通过智慧物流、智能交通实现供需匹配、无缝对接、货通天下。由此看来，目前对传统企业仅进行小修小补是不够的，必须把自上而下与自下而上的创新结合起来，进行系统设计、整体改造，实现企业组织方式和管理模式的根本性重塑。

三、产业融通

山东产业结构偏重、偏资源化，重化工业占工业的45%，同时还有量大面广、技术含量不高的中小企业。怎么进行升级？一是要推动新技术新业态新模式发展并广泛渗透，深度融入各行业各领域。像新一代信息技术产业与制造业、农业、服务业的融通，形成不少新产业，如智慧工厂、智慧农业、智慧医疗、智慧养老、智能交通等。科技发展使产业的界限越来越模糊，一二三产业很难分清，跨界融合的产业越来越多。还有经济与社会方面的融通，比如医疗、养老、教育培训都能成为新的经济增长点。新动能成长既创造新供给，又创造新需求，而且供需对接更加顺畅高效，形成了新的强劲发展动能。

二是推进制造业网络化、智能化、服务化。对传统产业，要用互联网思维和大数据架构进行改造，使"大块头"有大智慧，中小企业走上"专精特深"。国际上很多制造业企业在转向服务业（如 IBM 公司从生产计算机硬件的厂商转型为全球信息系统解决方案提供商，ARM 公司向全球 95% 的智能手机提供半导体芯片架构方案但它自己完全不生产芯片，波音公司来自航材管理和维修服务的收入占到 70%）。我国实施税收"营改增"后，很多研发服务业从制造业中分离出来，实际上还是围绕制造业提供核心技术和系统解决方案，与生产制造的融通创新反而更紧密了。这方面大有文章可做。山东在新技术新产业新业态方面不如南方一些省份，但现在深圳等一些公司有成熟的智能制造解决方案，可以现成的引进来。

三是要形成合理产业布局。一个地方合理的产业体系，应该是成形的高技术产业、发展中的战略性新兴产业以及布局和发现中的未来产业，再加上现代服务业、传统优势产业集群，而且相互融通、相互支持，从而形成合理的产业布局。

四、产品融通

现在人们对产品和服务的需求，不仅仅满足于功能性需求，而是融合了品质、设计、审美、情感、人文等因素的综合性需求、个性化需求。因此，现代产品的发展趋势，不再是工业流水线上生产的标准化产品，而是集质量、标准、技术、信誉、品牌于一体，同时融通科学技术与人文艺术，融通自然科学与社会科学等。这对产品的研发与设计生产提出了更高要求。我们强调"工匠精神"，不仅强调科技上的先进适用、工艺上的精益求精，也强调设计上的独具匠心、文化上的创意想象。像欧洲的一些百年老店企业，其产品体现了欧洲人的美学观念和探究本源、追求极致的哲学思维，美国的苹果手机、迪士尼产品，都浸透了美国的文化价值观。我国是有着五千年悠久历史的文明古国，山东文化底蕴深厚，要把中华民族传统文化的精髓融入产品设计和生产制造之中，让浸润着中华文化的"中国制造"走向世界、影响世界。这是更高的要求。

五、区域融通

这些年，我国推出不少新区、城市群、大湾区等，以及国家自主创新示范区、高新区、经开区、自贸区等。建好这些"区"，既要"硬融通"（如交通、能源、信息等基础设施），还要"软融通"，特别是推动技术、资本、人才、项目等高端要素的融通，使之产生聚变效应。比如在一个区域内搞创新生态的"热带雨林"体系，要提供政策咨询、人才培训、项目落地、供需对接、资金支持等全方位、全链条服务。那些特色小镇以及特色产业，都是围绕某一产业集聚相关要素，搭建创新平台、制造业升级平台，形成规模效应，打造核心增长极。这是个系统工程。（比如建设为区内创新型企业提供资金支持的系统，在企业成长阶段要有股权投资、风险投资；产业化阶段有多种方式的资本市场融资，还有政府的产业化基金等，同时还要有转让、上市、并购等机制；到企业高速成长阶段，就需要银行、保险、信托、债券、基金等长期的、大规模的价值投资主体介入，需要投贷、投保、投债联动等股权债权融资机制。）现在的问题是，创新要素分散、产业形态单一、市场分割较重。要破解这一难题，就要利用现代科技尤其是互联网，突破创新资源匮乏、人才短缺、交通不畅的束缚，推动更大范围内要素融通，打造一种或多种特色优势产业。

六、政策融通

过去我们的一些政策政出多门，条条式、单打一，每个部门只看到职责范围内的东西，缺乏系统观、全局观。比如有的城市对共享单车这样的新业态，城管部门看到有损市容市貌就没收、禁止了，但是从全局看，这就反映出一个城市对新事物新经济的态度。要支持新动能成长，应当采取包容性、融通性、综合性政策，给一个政策缓冲期，或建立"沙箱监管"机制，采取边支持边规范的办法，而不要"一棍子打死"。比如培育战略性新兴产业，不仅要在产业引导基金、财政补贴、信贷政策等方面给予支持，还要在标准制定、研发投入、检验检测、行业规划、产业架构、信息数据、公共创新平台建设等方面，以及融资、用能、土地、物流成本等方面，加大引导扶持力度。这就是面对新动能的融通性政策，是问题导向和目标导向的，而不是从旧有政策职能出发的。这还不仅仅是"一网通办""互联网＋政务服务"等改进服务的方式能够解决的问题，而是政府履行职能方式的根本转变。再如，对新事物尤其颠覆性交叉性产品的监管，很多部门没有把握，没有现成的标准和法规，这时就要包容审慎，采取融通性政策。比如可以有的用判例法，有的用"三个委员会"即科学、法律、道德委员会来判定，有的委托行业协会管理，有的采取信用评级的办法。山东、济南如果能在新主体、新产品、新业态、新技术的市场准入、审批监管、法规标准等方面探索出新经验，既能促进自身发展，又为全国蹚出路子。

七、人才融通

培育新动能必须人才先行，新旧动能转换的关键是新旧人才人力的转换。将来产业升级和结构调整的最大短板是人才和劳动者素质跟不上，关键的问题是把人才引进来、用起来。现在各地对人才争夺得很厉害，如北京提出人才特区概念，完善对外国人才的"绿卡"等政策；深圳出台人才政策更早，除孔雀计划、合办高校科研院所外，对引进的院士给予600万元住房奖励、新毕业大学生可获3万元一次性住房补贴并立即申请公租房等，而且是高中低端人才搭配的。广东的常住人口近年来呈现增加趋势，去年增加了150万，其中深圳增加了50万，对深圳这样寸土寸金的地方，他们的办法是提供人才保障房、同时降低房租等。山东对人才的开放性不够。

国家这几年出台了很多好的人才政策，不过有的落实不够好。比如股权激励及所得税优惠政策，比如科研人员离岗创业、兼职兼薪等人才流动政策、研发费用加计扣除政策、教育费用税前扣除政策，下放科技成果三权、下放高校科研院所权利等，还有改革人才评价体系、加强劳动者教育培训等。深圳的经验是国家每出台新的创新政策和人才政策，它都要加码出台，如研发费用加计扣除国家规定是150%，他们提高到200%，差额由地方财政补齐。如果山东、济南在这些人才激励和培训政策上走得快一些、力度大一些，包括吸引高端人才、吸引外籍人才等方面，就会获得先发优势，形成人才聚居地、创业创新福地，从而为新旧动能转换提供有力的人力人才支撑。

以上是七个融通，"七通"如果再加"一平"，就是营造公平竞争的市场和法治环境，就为新动能起飞和新旧动能转换打下了坚实基础。

"德国制造"何以久盛不衰
"中国制造"如何凤凰涅槃

——赴德国"依靠创新推进新旧动能转换比较研究"
培训考察报告之一

（2017 年 11 月）

为学习借鉴德国经验，探索我国经济推进新旧动能转换、迈向高质量发展的路径，近期，由国务院研究室牵头，教育部、科技部、工信部和吉林、山东、云南、甘肃等部门和地方同志参加，赴德国进行了培训考察。期间，培训团与联邦和州政府有关部门、科研机构、大学、行业协会、大中小企业及我驻德使馆相关负责人进行了深入交流，现场考察了部分企业和工业园区。总的感到，德国经济韧性强、动力足，在欧洲率先摆脱了2008 年国际金融危机影响。多年来，德国经济保持强劲的关键，在于其始终高度重视实体经济，特别是依靠创新打造持续升级、动力转换的强大制造业，不断培育新动能。为系统了解这一体系，我们从"德国制造"品牌塑造、工业4.0、产学研融通创新、中小企业"隐形冠军"、企业组织结构变革、双元制教育、工匠精神、营商环境等不同侧面，进行了深入考察，并结合我国实际梳理了发展思路和政策建议，形成了系列考察报告。

"德国制造"享誉全球，一定程度上代表了德国形象。德国经济能够历经多次危机而安然屹立，并保持了极强竞争力，其秘诀正是始终致力于做强以"德国制造"为代表的实体经济。"中国制造"正处于转型升级关键期，借鉴德国经验，擦亮"金字招牌"，对提高我国经济发展质量、实现新旧动能转换，具有重要意义。

一、"德国制造"成功之道

考察中我们强烈感受到，"德国制造"的强大绝非偶然。多年来德国形成了一整套支撑体系，从战略到战术、从宏观到微观、从体制到环境，都协同发力，使"德国制造"成为动力强劲的"德国战车"。

（一）坚守制造业立国战略

德国经济政策以稳健务实著称，历届政府都把做强制造业作为核心战略。无论是德意志统一、备战、重建、东西德合并，还是应对经济金融危机，工业始终是基石。2008 年国际金融危机前，德国没有走一些发达国家去工业化、吹大资产泡沫的路子，而是执着于发展实体经济，坚持稳健的金融政策，才在发达经济体中率先复苏。20 年来，德国制造业占 GDP 比重始终在 22% 左右，而同期英国从 17.2% 降为 9.7%，法国从 15.8% 降为 11.1%，美国从 16% 降为 11.7%。

（二）持续推进产业升级

工业化初期，"德国制造"并非质量可靠、技术先进、信誉上佳的象征，而是价廉质劣的代名词。德国人稳扎稳打推进转型升级，坚持创新导向、质量第一、打造品牌、强化信誉，多年努力才将德国制造塑造成为"精工质优"的形象。19 世纪末德国钢铁、化学和电力工业居世界领先，20 世纪 70 年代起专注知识密集型产品制造，90 年代开始向专、精、特、高发展。进入 21 世纪头 10 年后又率先提出工业 4.0，推进产业智能化数字化。我们考察的奥伯恩堡工业区，原是百年前的纤维生产厂，厂房十分破旧。经过不断改造，引进 30 多家现代企业和研发机构，建成大数据中心，形成产业集群，基本实现了智能生产。

（三）产业战略与创新战略一体推进

德国科技界、教育界与工业界关系紧密，创新与制造业高度契合。但在工业化之初，科研与生产却是相对脱节的。当时尽管德国当时已成为"世界科学中心"，但美国的工业品科技含量更高。后来，德国发现了其中的"秘密"，就是许多美国人从德国拿到学位回国后不是做研究，而是办企业。之后德国提出科技理论与工业实践结合的战略，大力发展应用科学，推动工业走向领先。德国现在著名的大公司大多是那时成长起来的。

（四）中小企业是中流砥柱

德国质量协会董事施瑙贝尔说："德国制造的基础是中小企业，它们才是关键力量。"德国 99% 的企业是中小企业，提供了 60% 的就业，获得 71% 的专利。其中最有名的是"隐形冠军"，全球 2700 多家"隐形冠军"企业中德国就占了 1300 多家。很多公司上百年只做一个产品，成为全球高端制造业的关键材料与核心零部件供应商，效益非常好。我们对德国中小企业的突出印象是，享受政策支持多、公务创新平台多，能获得全方位服务，与大企业结合紧密，国际化程度高。

（五）独具特色的双元制教育提供人才支撑

德国人认为，正是高素质的产业工人和工程师，才将德国制造的品质落实到每道工序、每项操作。产业工人主要来源是双元制教育。学生既是企业实习员工又是职校学生，从入学到学习再到毕业，都充分体现企业需求，实现了教育与职业无缝对接。工程师主要来自应用技术大学。这类大学以实践应用为导向，培养具有较强自主解决问题能力的高级应用人才，培育了 70% 的一线工程师，被称为工程师"摇篮"。

（六）政府创造良好营商环境

德国实行社会市场经济，政府主要保障公平竞争，防止市场失灵，靠缜密制定和严格执行一系列法律法规和行业标准，建立诚信体系，对企业规范引导。我们考察的老鹰工业园区有数千家企业、几万名员工，但偌大园区内，没有任何政府部门进驻，平常也没有任何检查。企业只要守法就可安心经营，不用担心被"骚扰"。

二、"德国制造"最新动态

（一）加紧向工业 4.0 演进

德国于 2011 年提出工业 4.0 战略。据联邦教研部相关负责人讲，工业 4.0 是将生产和需求信息数字化网络化，更新全产业链，让制造业搭上互联网和智能化的"快车"。这一概念已取得共识，从战略、标准到研发制造都在有序推进。联邦教研部、经济部和行业协会、工会、科技界等组成工业 4.0 平台，负责总体统筹。标准也正加紧制定，预计 3—5 年完成。政府还依托科研单位等建了 10 个公共示范中心，计划再建 14 个，发挥引领作用。

（二）制造业平台化共享化服务化趋势明显

制造企业尤其是大企业正在从单一卖产品向建平台、卖服务转变。如西门子公司构建了开放式物联网操作系统 MindSphere，形成"平台提供商＋应用开发商＋用户"的共享型制造业生态系统。制造业还在向共享经济发展，更多机器设备互联互通，实现人机交互，资源共享，大大降低边际成本，提高了生产和创新效率。这样，企业更能即时感知用户需求，实现产品全生命周期监测维护，变一次销售为多次服务，使原本在"微笑曲线"底部的制造业，成为高附加值来源。

（三）大中小企业、传统产业与新兴产业加速融通

德国大中小企业正在更紧密协作，形成强大的全产业链。中小企业决策灵活，更适应个性化需求和定制化生产；大企业人才资金实力雄厚，可以建平台，吸引中小企业形成你中有我、我中有你的关系。比如我们考察的巴斯夫等大公司，把很多环节外包给中小企业，形成了工作网、工业园区。奔驰公司在斯图加特设立新型研发中心，与上下游供应商贸易商及新兴企业协同创新。公司总裁指出："未来对汽车业影响最大的不是日本公司，而是美国的谷歌、苹果、特斯拉等新兴产业公司，如无人驾驶很快就会实现。"新兴产业与传统产业交叉融合，模糊了彼此边界，提升了整体竞争力。

三、打造"中国制造"金字招牌，促进我国经济转向高质量发展

"中国制造"是我国经济的支柱和优势，是立身之本。在新一轮科技革命和产业变革冲击下，全球产业处于大调整大变革之中。这轮迁移背后的真正动力是科技创新与产业升级。我国面临着发达国家重塑竞争优势和发展中国家产业升级夹击的风险。但我国也有市场大、产业完整、供应链

和基础设施完善、人力资源充足等优势，新技术新产业新模式活力迸发。与一些发达国家战略实施中易受地方和大公司掣肘相比，我国还有集中力量办大事的制度优势。只要扬长补短、积极作为，完全能打造"新一代中国制造"，在全球竞争中占据主动。

（一）统筹实施制造强国战略与创新驱动发展战略

我国已进入工业化中后期，中国制造迈向中高端释放出极大创新需求。应促进制造强国战略与创新驱动发展战略对接，防止各自为战和重复投入。在国家科技创新规划和"中国制造业升级"以及战略性新兴产业规划、新一代人工智能规划等实施中，要加强衔接和相互纳入。推进大学、科研机构、创客与企业协同创新、融通发展，把更多科技成果转化为现实生产力。通过重大科研项目、财政奖补、政府购买服务等方式，鼓励制造业企业与科研机构联合攻关。从支持普惠性创新的角度，研究分类降低制造业增值税等税负，鼓励企业加强研发尤其是基础研究，支持制造业企业设立新型研发机构，加快建设一批制造业创新公共平台。

（二）协同推进"互联网＋"与"中国制造业升级"

应当看到，美、德等国推进工业互联网、工业4.0等战略，不同程度上存在产业空心化、信息基础设施滞后、用户接受慢等障碍。我国信息化和数字经济发展很快，不少新兴产业企业已跻身国际一流。这为我国制造业跨越式发展提供了难得机遇。应加快推进"互联网＋"和"中国制造业升级"深度，在智能制造等方面实现弯道超越。加快新一代信息技术、大数据、物联网与制造业深度融合，推动创意设计、节能环保、远程技术、系统流程管理等先进服务业与制造业深度融合；集中攻关智能传感、工业核心软件、工业云平台等瓶颈，打牢智能制造基础；抓紧建设一批制造业与互联网融合发展的示范项目。同时，加快制造企业体制机制创新，推进扁平化平台化管理，构建适应"互联网+"的新型生产经营体制。

（三）质量、技术、设计、标准、品牌、信誉"六位一体"提升"中国制造"品质

"中国制造"与"德国制造"存在全方位差距，不仅在技术、工艺方面，更在于标准、质量、技能、品牌、信誉等方面。目前我国"海淘热"持续升温，从奢侈品发展到生活必需品、家用电器，说明大量产品严重滞后于消费升级需求，"中国制造"遇到了真正危机。连日用消费品都要靠进口，怎么称得上制造强国？这是我们的痛点，必须来一场品质革命。借鉴德国体系化打造"德国制造"的经验，应把质量、技术、设计、标准、品牌、信誉等融为一体，系统推进。建设一批标准化示范区，实施中国制造"精品工程"，支持奖补优秀企业。推进各行业各领域精益生产、精益管理，运用工匠精神精耕细作。制定质量促进法，完善行业标准，加快建设覆盖各领域的广义质量和标准体系，以先进标准倒逼产业升级，提升供给体系质量和效率，不断提高"中国制造"含金量。

（培训考察团成员：苑衍刚　朱　宁　杨　春　朱　峰　李　坤
方　华　张凯竣　高润生　陈克龙　陈敬全
史　锋　张元军　李　宏　吕　学）

借鉴德国工业 4.0 实施经验
把"中国制造业升级"推向深入

——赴德国"依靠创新推进新旧动能转换比较研究"
培训考察报告之二

（2017 年 11 月）

工业 4.0 自提出以来迅速风靡全球，已成为德国的一张"新名片"，并引发了世界范围内新一轮工业转型竞赛，成为当今最具标志性意义的科技和产业革命事件。我们对德国实施工业 4.0 的主要做法、最新动态、存在障碍和下步打算进行了考察，在此基础上对我国如何推进"中国制造业升级"提出建议。

一、德国实施工业 4.0 的主要做法和最新动态

工业 4.0 是德国为保持制造业的未来竞争优势，适应新科技革命趋势，利用"信息物理系统"，推进制造业的数字化、网络化、智能化。2011 年 4 月德国在汉诺威工业博览会上首次提出工业 4.0 概念，2013 年 12 月出台工业 4.0 标准化路线图，2014 年将其列入面向 2020 年高科技战略的"未来工程"。几年来，在德国政府的大力倡导推动下，工业 4.0 从概念愿景

迅速发展成为国家战略，从工业领域渗透到社会生产生活各个方面，政府、企业、科研院所、社会组织等都自觉融入其中，协同推进这项工作。

（一）战略引领

德国把工业 4.0 作为未来的最大挑战和国家的核心战略，总理默克尔不遗余力亲自推动，成为"工业 4.0 超级推销员"。联邦经济部和教研部两大核心部门直接部署，完善顶层设计、制定配套政策、建立推动体系、落实支持资金。德国政府提出了"保持技术领先、商业模式创新、产业生态优化"三大战略目标，还将工业 4.0 作为 2018 年"国家科学年"主题，增进广大公众关注。

（二）搭建架构

德国政府专门成立了"工业 4.0 平台"，作为实施工业 4.0 战略的中枢机构。平台吸引了政府、企业、高校院所、协会、工会等各领域 159 家机构代表参与，拥有 300 多名工作人员，是世界上最大、最多样性的工业网络。平台由联邦经济部和教研部共同领导，下设 6 个工作组，包含标准规范、研究创新、网络安全、法律框架、就业教育培训、其他需求等，各自开展政策研究和实践部署。全国各地设立 10 个工业 4.0 能力中心，重点帮助中小企业解决数字化升级等问题。

（三）企业主导

考察中我们感到，虽然德国政府大力提倡工业 4.0，并反复强调中小企业作用，但背后真正起主导作用的还是大企业。如西门子首先在安贝格建立了工业 4.0 数字化智能工厂，博世的洪堡工厂成为全世界参观工业 4.0 的"样板"。SAP、通快集团等大企业都是工业 4.0 平台的核心成员，深度参与政府的战略性和基础性项目。此外，企业积极与高校院所等机构合作，例如弗朗霍夫学会围绕工业4.0开展了大量研究项目，其中大部分是企业委托开发。

（四）抢占标准

德国是工业标准化的发源地，目前全球不到5万个工业制成品标准中，2.5万个来自德国，德国人对"谁制定标准谁就拥有市场"深有体会。在工业4.0平台中，"标准规范"被列为所有工作组首位。目前，德国已成型的工业4.0标准包括"工业4.0标准化路线图""测量和自动化技术标准"，以及一些信息通信技术、自动化等方面的标准，并力促将工业通信、IT安全等领域的现存标准纳入新的全球性参考标准中。此外，德国还积极在国际展会展示其最先进的标准化系统，邀请其他国家来德学习考察，借机加快德国标准向全球的推广步伐。

（五）注重改造

对工业4.0，德国上下认识并不完全一致。联邦政府层面认为，这是一场涉及产业链、价值链以及人与机器关系、商业模式的根本性变革，是具有跨时代意义的革命。但在州政府和企业尤其是中小企业层面，更多认为工业4.0是一种产业进化，是第三次工业革命的延续，应遵循客观规律，以传统产业升级改造为主要路径。我们考察的奥伯恩堡工业园区具有100多年的历史，他们在传统厂房和生产设施基础上加装传感器、智能模块等，借以保持技术领先。上面关注的是国家挑战，下面更重视效益和实用性，正是在这种上下磨合中，工业4.0将持续改进德国工业未来生产方式，孕育出涵盖产品整个生命周期的智能价值链。

（六）保护数据

德国人强调，数据是新工业时代的"粮食"，智能制造不仅生产实物，更将产生海量数据，而这些信息如何处理、传输和保护将成为大问题。德国《电信法》和《联邦数据保护法》对互联网等领域的数据使用作出了明确规定，企业也会明确告知客户相关数据的用途和保护措施。在此基础上，工业 4.0 平台将进一步研究出台相应的 IT 安全策略、架构和标准，提高整个系统的机密性、完整性和有效性。2016 年推出的"工业数据空间项目（IDS）"，旨在建立一种基于标准通信接口、实现数据安全交换共享的标准化虚拟架构，以保护每个企业的"数据主权"。

（七）培养人才

德国人认为，与工业 4.0 相适应的专业化人才短缺将是未来最大的短板。为此，专门推出了《人才培训与案例》手册，既重视蓝领工人的能力提升、人机协同的发展，又注重管理者素质的完善和复合型人才的培育。及时调整"双元制"教育专业设置，更加突出数字化、智能化相关的前沿知识，联邦职业教育研究所（BIBB）对信息技术专员、IT 系统电子工程师等多个信息技术职业进行了优化更新。企业也通过对员工再培训，帮助他们更好适应工业 4.0 的新要求。

德国工业 4.0 目前发展到什么程度了呢？一方面，成效明显。德国在新工业革命中走在最前面，工业 4.0 最早从学术理论进入工厂车间，一批示范性工厂已经建成，"传感 4.0""机床 4.0"等子概念越来越多，背后都已有成型的产品和技术支撑。在 2016 年汉诺威工业博览会上，展示的工业 4.0 项目超过 100 项，既有机器人、传感器等"硬件"元素，也有数据处理、智能控制等"软件"元素，显示德国工业 4.0 已开始进入应用推广阶段。另一方面，差距还很大。德国政府官员和专家学者普遍认为，目前还没有一个工厂能够完全实现工业 4.0 愿景，博世、西门子等全球领先企业也只在局部生产和管理中实践了工业 4.0 的某些理念。多数一线管理者认为，欧美国家要真正实现工业 4.0 至少需要 15 年时间。

另外，德国在推进工业 4.0 过程中也面临着一些问题和障碍。一是上下协同不够。联邦政府和大企业极力鼓吹工业 4.0，但各州自主权很大，学术界和企业界认识也不一致。柏林应用科技大学梅根斯教授认为，目前称工业 4.0 还为时过早，主要困难在于跨行业的机器设备无法"对话"、计算机计算和处理能力不足、大部分机器数字化改造难度大成本高，无法支撑工业 4.0 的能力要求。这种认识上的差异将影响战略推进的协调性和实效性。二是信息化基础落后。德国经济部部长加布里尔认为，德国在数字化领域不仅落后于美国和中国，甚至落后于欧盟一些国家。欧洲电信网络运营商协会 2014 报告显示，德国光纤到户覆盖率在欧盟排名第 26。基础设施短板制约了德国数字化转型的整体进程。三是理念过于保守。德国企业以严谨稳重、持续创新著称，但也存在保守封闭的倾向，容易在新的科技革命浪潮到来时不敢大胆变革，丧失本应抓住的机遇。例如，出于数据安全、隐私保护等方面考虑，德国企业特别是中小企业对商业领域和内部流程的数字化改造并不积极，导致德国的数字经济、分享经济等发展明显滞后。

二、对我国推进"中国制造业升级"的启示和政策建议

德国工业 4.0 战略的快速展开，体现了德国继续保持世界领先地位的决心和执行力，也让我们感到了加快推进我国制造业升级的危机感和紧迫感。我国作为后发国家，如果不能抓住机会迎头赶上，不仅无法跨入全球价值链和产业分工高端，而且可能再次被发达国家甩在后面，今后也将很难追赶。同时也要看到，我国已处于工业化中后期，如果能用好工业体系完善、信息化程度高、历史包袱小、对新事物接受度高等优势，完全有可能在产业重塑中实现赶超跨越。因此，要从战略和未来全局出发，把握新

科技革命和产业变革大趋势，结合我国制造业实际，找准切入点，加快推进转型升级。

（一）要完善推进机构

应在现有国家制造强国建设领导小组基础上，完善"中国制造业升级"协调机制，负责统筹推进中的重大事项。协调机制下设办公室。协调机制除有关部门参加外，还要从专家委员会、专项工作组、专业服务机构等方面完善体系。专家委员会设置战略研究、政策评估、技术咨询、重点产业等咨询组，吸纳地方政府、企业、协会、科研院所、标准组织等各方代表参加。设立一批专项工作组，聚焦标准规范、技术研发、人才培养、数据安全等重点领域，由各有关部委牵头运行。

（二）要强化政策支持

完善针对"中国制造业升级"项目的财税、金融、产业等支持政策。考虑设立较大规模的"中国制造业升级基金"，吸引社会资本尤其投资机构、央企参与。发改、科技、教育、财政、人社、商务等各相关部门在制定政策和安排预算时，都要明确将"中国制造业升级"作为重点支持方向。国家重大科技专项、重点研发计划、自然科学基金、科技奖励等，都要向"中国制造业升级"倾斜。加强对企业面向工业 4.0 的技术改造升级的引导支持。

（三）要建设公共平台和项目

依托"中国制造业升级"国家级示范区或国家自主创新示范区，构建一批"中国制造业升级促进中心"，推动产学研协调联动和大中小企业融通发展。围绕重点领域建立一批"中国制造业升级"示范项目、旗舰项目，促进新技术新工艺新模式的研究实践和示范推广。建设一批工业大数据平台和工业云平台。鼓励大企业构建开放融合的协作平台或联合攻关平台。

（四）要加快数字经济立法

当前数据信息方面的市场纠纷迅速增加，未来将从消费领域向生产领域蔓延，但在监管处理中经常无法可依。借鉴德国的工业4.0法律架构"Ju-RAMI 4.0"，对产业升级中可能出现的法律风险、涉及的法律领域进行前瞻性梳理研究，坚持问题导向，对现有法律法规进行立改废释。

（五）要抢抓标准主导权

高度重视"中国制造业升级"中的标准制定推广，一方面加强基础研究，加快制定智能制造、基础设备等领域技术标准，提高我国标准与当前国际主流标准体系的兼容性和互操作性。另一方面积极开展对外合作，鼓励和支持企业、科研院所、行业组织等参与国际标准制定，在"一带一路"建设和对外援建中加强推广"中国标准"。

（六）要加强工业信息基础设施建设

我国工业信息基础设施整体比较落后，要突出重点，加快部署低时延、高可靠、广覆盖的工业互联网，提高制造业集聚区光纤网、移动通信网和无线局域网的覆盖范围和质量，实现信息网络宽带升级，增强企业宽带接入能力。要注重整体布局，优先完善经济发达、具备一定智能制造基础地区的工业基础设施，分层分步在其他欠发达、有潜力的地区推开。

（培训考察团成员：苑衍刚　朱　宁　杨春悦　朱　峰　李　坤
　　　　　　　　　方　华　张凯竣　高润生　陈克龙　陈敬全
　　　　　　　　　史　锋　张元军　李　宏　吕　学）

借鉴德国创新从协同到融通经验
加快形成我国创新发展新动能

——赴德国"依靠创新推进新旧动能转换比较研究"培训考察报告之三

（2017 年 11 月）

德国历来高度重视科技与经济融合，强悍的科技创新能力与领先全球的产业竞争力形成了相互协同促进的良性循环。近年来，德国以工业 4.0 为牵引、以高技术战略为支撑，加快推动创新体系从协同向融通转变，其动态值得关注，经验值得借鉴。

一、德国创新历来以协同高效著称

德国是世界公认的创新型国家，第二次世界大战后先后经历了 9 次大的经济危机，但每次都能在不到一年时间里复苏，德国人将其归功于创新体系的协同性、创新链条的完整性和创新主体的均衡性，使科技创新与实体经济产生强大聚合效应，就像有"德国战车"美誉的德国足球队一样高效强劲。一是创新绩效高。德国以占全球 1% 的人口，产出了全球 7% 的论文、14% 的专利。德国高技术产品出口额占全球的 12%，略高于美国，是日本的两倍。二是创新主体健全。德国科研机构密集，科研体系健全，产学研各方主体定位清晰，分布均衡，在各类平台上相互协作、深度交融。三是逆周期创新投入大。每次危机中德国政府创新投入都不减反增，尤其重视加强对中小企业创新的支持。例如 2008 年国际金融危机发生后，德国对"中小企业创新核心计划"的资助迅速从不到 5 亿欧元上升到 9 亿欧元，增幅达 80%。四是企业创新能力强。德国 2/3 的研发投入和 70% 的科研人员都来自企业，除了巴斯夫、戴姆勒等创新型龙头企业外，40% 的中小企业都有专门研发机构，为欧洲最高。五是创新服务体系发达。德国各类专业化创新服务中介十分活跃，包括协会、孵化器、国家技术转移中心等，以及市场化的金融、法律等服务型公司，为企业尤其是中小企业提供全链条、无死角服务，使德国初创企业保持了较高成活率。例如柏林老鹰工业园区自成立以来，创业公司存活率高达 95%。

德国的大学、研究机构、企业、联邦和各州政府等各类主体，形成了产学研协同分工合作的模式。马普学会、赫姆霍兹学会、莱布尼茨联合会、弗劳恩霍夫学会是国际知名的四大研究机构，前三者和大学主要从事基础研究，经费 90% 以上来自政府和社会资助。弗劳恩霍夫学会则是德国产学研合作的旗帜，作为欧洲最大的应用科学研究机构，仅在德国境内就有 67 个研究所，雇员超过 2.4 万人，每年承接 6000—8000 个产业项目，其中 70% 以上来自企业和社会机构的"合同研发"，致力解决技术研发与产业化之间的鸿沟。

二、近年来德国的融通创新趋势

如果说协同创新是各主体密切协作但尚有"你我"之分的话，那么融通创新则是创新主体相互融合，创新链条彻底打通，形成"你中有我、我中有你"的创新共同体。近年来，德国政府明确提出，将促进产学研融合、提高转化效率作为重要方向，在强化协同的基础上着力推进融通创新。

（一）围绕实体经济打造开放式创新网络

从《德国高科技战略（2006—2009）》到《国家高科技战略2020》再到工业4.0计划，德国创新政策的聚焦领域逐渐缩小，但始终围绕制造业这一"硬实力"展开，制造业研发投入占到全社会总体的80%以上。联邦教研部关键技术司司长蔡塞尔认为，未来挑战主要在制造业创新、人工智能、数学、可持续经济、卫生等5大领域，要让大中小企业、大学、科研机构等组成开放式创新网络，让来自不同专业领域的顶尖工程师组成合作研发团队，相互激发创造力。

（二）做大做强枢纽型研发机构

德国政府强调，基础科学、应用科学和社会科学应跨界融合，基础研究要与技术商业化融合推进，其中应用转化型研发机构发挥着举足轻重作用。例如，弗劳恩霍夫学会作为工业4.0的发起者和实施者之一，一方面统筹基础研究与加工技术、电子控制、信息安全等相关科研，另一方面让其研究所与西门子等伙伴企业组成共同体，通过"自我控制生产模拟"进行共同研发。

（三）打造融通创新平台

由于德国中小企业创新需求高，各类促进创新主体融合的平台本来就很多，在网络时代这一趋势更为加强。如联邦政府主导的工业4.0平台，负责政府、企业、大学、研究机构、中介等的协调对接，并在全国设立6个综合性创新中心。以慕尼黑工业大学国际有限公司为代表的高校主导平台，致力于全球范围内科研成果转移转化和科技园区规划开发。以经济合理化建议委员会（RKW）为代表的社会组织平台，面向企业开展技能培训，对政府的研发支持项目进行效果评估，推动中小企业更好投入研发。

（四）建设创新产业园区

在德国，产业园区不仅是新兴产业的聚集地，更是研究所、大学等创新主体交互融合的加速器。例如，柏林老鹰工业园区拥有6个洪堡大学下属研究所、10家非大学研究机构，设立了8个技术中心、3个孵化器和1个媒体城，吸引了1000余家企业入驻，企业和研究院所之间的共生协同效应显著。2016年园区产值超过18亿欧元，每平方公里产值约34亿元人民币。

（五）鼓励联合研发和成果转化项目

德国国家高科技战略中有许多鼓励产学研合作的措施，例如"研究型校园"项目支持高校、院所、企业针对同一个研究项目开展合作，每个项目每年可获200万欧元资助，为期可达15年。联邦经济部实施的"中小企业创新核心计划"，为中小企业间、企业与科研机构间合作提供资助。联邦教研部每年也推出大量面向企业的研发促进项目，许多把产学研合作作为获取资助前提，尤其是中小企业与高校、院所的合作项目最容易获批。

（六）促进大中小企业融通发展

德国大企业顺应互联网时代，一改传统的封闭研发制造模式，积极搭建开放创新平台。例如西门子公司构建MindSphere云平台，打造基于工业互联网的制造生态，已有多家大型企业合作伙伴，吸引了众多中小企业入驻。与此同时，中小企业通过成立联合研究机构，共同研究、共享资源来降低研发成本，许多传统的家族式中小企业也在走向联合。目前德国有 100 多个合作研究机构，拥有中小企业会员 5 万多家，有力推动着联合攻关。

（七）全面放开高校科研机构人员创新创业

在德国，教授只要完成规定课时，科研人员只要完成规定任务，可以自由创业，我们见到的一位教授就拥有 6 家公司；也可自由开展多点研究，并不局限于本单位，如马普学会中 80% 获得讲学资格的研究员都在大学教课，大学教授也可在马普学会建立研究小组。同时，高校科研院所通过创办企业推动成果转化。例如，柏林工业大学建立了德国第一个科学技术转让机构，支持院系和教师与产业界签订研究合同，已累计孵化 330 个公司，仅在柏林地区就创造了 6800 个高科技工作岗位。

（八）优化创业创新生态环境

德国是欧盟内唯一没有研发税收优惠政策的国家，但创新能力仍名列榜首，关键在于科技服务体系高度发达。德国法律规定，所有德国境内企业都必须加入工商会（IHK），工商会全方位提供咨询、个性化解决方案、市场拓展等服务。德国市场化的服务机构也更趋活跃，提升了创新效率。我们访问的国际金融服务公司（UFS），专门为中小企业提供金融、法律、人力资源等方面的咨询服务，但收费也较高。

三、对我国推进融通创新的启示和建议

我国正处于深化供给侧结构性改革、加速新旧动能转换的关键阶段，对融通创新提出了前所未有的迫切需求，同时融通创新适应了当前"双

创"和开放式创新的浪潮，有利于创新主体多元互动，创新边界消融打通，支撑平台经济、共享经济等不断涌现。要进一步在推动科技创新与各行业各领域深度融通上下工夫，提高供给体系质量和效率，培育新动能，塑造新优势。

（一）推进科技与经济深度融通

建议在国家科教领导小组领导下，以主体融通、领域融通、产业融通、平台融通、项目融通为载体，打通基础研究、应用研究、技术创新与产业发展，打通创新链、人才链、产业链、资金链。科技、发改、工信等部门加强统筹协调和分工对接促进各类资源的开放共享，尤其是围绕"中国制造业升级"，立足服务实体经济，搭建跨学科、大协作、高强度的综合创新载体，集中优势力量解决难点问题。

（二）多渠道多层次打造创新平台

国家层面，加大公共科技资源和重大科技基础设施开放力度，完善科研事业单位国有科技资产管理办法，可探索作为经营性资产收益归单位支配，且不纳入预算总额；以国家实验室为龙头，建设一批面向全球引领前沿的枢纽型创新基地，打造跨学科、全链条的综合性开放创新平台。区域层面，加强技术交易市场和网络平台、产权市场等建设。微观层面，鼓励大企业发展开放式众创空间，支持大中小企业建立产业创新联盟、中小微企业建立联合创新平台，发展基于互联网的"双创"平台。

（三）培育壮大新型研发机构

与德国相比，我国科研体系最大短板是缺乏像弗劳恩霍夫学会那样联通基础研究和产业应用的中间研发机构，以致很多成果被束之高阁。一方面，推动科研机构和大学向"下游"的应用研究与产业化延伸，推动企业向"上游"的基础研究延伸，实现产学研融通创新。另一方面，加快建设一批以服务企业创新需求为使命的新型研发机构，瞄准产业高端和前沿技术，提升技术转化效率和产业创新能力。鼓励地方创办协同创新研究院、产业技术研究院、军民融合产业研究院等，支持央企和大院大所中从事应用研究和产业共性技术研发的机构独立出来，推动一批科研事业单位企业化改制，从财税政策等方面给予一定支持。

（四）加大人才自由流动力度

人才是融通创新的活力源泉。要进一步完善法规和配套措施，探索科研人员多点从业制度，允许其在完成本单位教学科研任务的前提下，有序自由开展创业或研究。改进人才评价和绩效考核制度，尽快出台职务发明条例，完善职务发明产权归属和利益分享制度，探索单位与发明人共有产权制度。实施顶尖人才全球招聘制度，落实好外籍人才在华申报项目、当首席科学家以及技术入股等制度，营造聚全球智慧的开放创新环境。

（五）强化科研项目融通创新

以重大科技项目为牵引，探索"政产学研金介用"融通创新的模式。有明确产品和工程目标的项目，可由创新能力强的龙头骨干企业牵头实施，推动创新资源向企业聚集。鼓励国家自然科学基金与地方和企业建立更多联合基金。国家重点研发计划应鼓励大学、科研机构与企业联合申报，有的可明确中小企业的参与比例。

（培训考察团成员：苑衍刚　朱　宁　杨春悦　朱　峰　李　坤
　　　　　　　　　方　华　张凯竣　高润生　陈克龙　陈敬全
　　　　　　　　　史　锋　张元军　李　宏　吕　学）

德国中小企业"隐形冠军"的成功之道

——赴德国"依靠创新推进新旧动能转换比较研究"培训考察报告之四

（2017 年 11 月）

德国视中小企业为国民经济的脊梁。我们针对德国发展中小企业尤其是"隐形冠军"的经验，到有关企业、协会及政府部门深入考察，在学习借鉴基础上，对我国中小企业发展提出建议。

一、德国中小企业为什么能够成功

说起德国中小企业，人们首先想到的是"隐形冠军"。德国的"隐形冠军"占据了全球"隐形冠军"的半壁江山，影响力可谓首屈一指。德国管理大师西蒙教授认为，"隐形冠军"是指在全球细分市场中排名前三或在某大洲排名第一、年收入不低于 50 亿欧元、且不为大众所熟知的公司。德国的"隐形冠军"中小企业生存时间都在 30 年以上，其中有不少上百年的，年均增长率达到 10% 以上，平均研发投入比重是大公司的两倍以上，每名员工拥有专利数是大公司的 5 倍以上，在不少高端制造和先进服务的关键材料、核心零部件与服务模式上称霸全球。

实际上，"隐形冠军"只是德国中小企业的一个缩影。德国中小企业的普遍特点是存活率高、创新能力强、专业化国际化程度深、经营机制灵活。德国有360多万个中小企业，占企业总数的99.7%，占全德市场份额的70%—90%，在诸多经济领域占据主导地位。德国人普遍认为，中小企业是"德国制造"的战略支撑，是国家创新的主要力量。那么，德国中小企业是如何成功的呢？

（一）把发展中小企业作为国家战略全面部署

德国专门制定了《反对限制竞争法》和《中小企业促进法》，限制大企业垄断，鼓励中小企业发展。德国领导人出访，谈得最多的是为中小企业争取权益。各类企业协会主要是为中小企业服务。德国政府把促进中小企业发展融入一切政策，重大科研项目、工程项目、投资项目等，只有中小企业参与才能拿到，而且要在其中发挥重要作用。近年来部署的国家高技术战略2020、工业4.0等战略，都对中小企业参与承担任务同步部署，让他们搭上新工业革命快车。

（二）着力打造细分领域"隐形冠军"

德国一些中小企业即使成不了全球或大洲范围内的隐形冠军，核心竞争力也是名列行业前茅，这样的隐形冠军"第二梯队"数量更多。他们的共同做法，一是"窄门"理念。为避免与大企业直接竞争，他们通常将资源集中于某个领域，以平和心态专攻细分行业、专一产品。二是质量为先。持续不断创新技术、改进工艺，将单一产品做到极致，功能强大、质量优越，从而带来高附加值和利润。三是精益经营。在精益生产的基础上完善精益管理体系，包括解决问题的能力、减少系统复杂性、恰当领导和控制原则等。四是国际营销。第二次世界大战以后，在"马歇尔计划"等促进下，德国中小企业一开始面对的就是全球市场的激烈竞争，他们只能选择全球化战略，将精湛技术、专业产品与全球化销售相结合，专注开发缝隙市场，并在该市场获得高认可度，才能有立足之地。

（三）大力度出台中小企业创新支持政策

联邦政府科研资助项目主要以资助中小企业为主，核心任务是提升中小企业价值创造能力。德国每年大约投入500亿欧元用于应用研究，其中约2/3的资金用于中小企业。有65%的中小企业参与研发活动，40%的中小企业拥有专门的研发部门，比例均为欧洲最高。德国政府以各类项目资助的方式支持中小企业创新，如"中小企业专利行动"资金补贴项目、"中小企业创新项目"计划、"中小企业创新核心"计划（ZIM）等，政府资助部分最多可达企业所需资金的50%。如创新成功，可从利润中分期归还，一旦失败，则无须承担债务。此外还有基金项目，为处于种子期的科技型中小企业提供风险投资。如"EPR创新计划"，可向中小企业提供总额500万欧元、长达10年的研发贷款。

（四）政府、科研院所、金融机构、大企业合力支持中小企业

德国各级政府、金融部门和教育培训机构联手，在全国建立了370多个中小企业孵化系统，拨专款实施政府资本参与计划。弗劳恩霍夫学会是欧洲最大的应用科学研究机构，扮演着中小企业的科研"搬运工"角色，针对企业创新的不同环节，即从创意阶段到设计与开发、试生产、批量生产及进入市场各个阶段，提供不同内容的研发服务。过去大企业经常以控股、收购等方式掌握创新力强的中小企业，以在市场上取得垄断地位，现在正朝着协同创新、共同研发、互利共赢的方向发展。

（五）帮助中小企业降低运营成本

虽然德国政府不能对中小企业直接补贴，但加大了财税、金融等方

面扶持力度。一是积极推进税改。如对月销售额不超过 17500 欧元的小微企业免征营业税等。二是支持新创企业。凡经审查符合条件的新创企业，即可获得企业投资总额 33% 的政府资金支持。有的州、市对新创企业给予高达 50% 的资金扶持。一些地方政府建立创业管理中心，为初创中小企业提供低租金厂房和生产设备等。三是贴息。鼓励大银行向中小企业放贷，并对向中小企业贷款的银行提供 2%—3% 的利息补贴，还对这些银行贷款提供担保，承保损失可达 60%。四是每年拨专款资助企业参加国内外展览寻求贸易机会，其中 99% 的经费用于中小企业。还出台政策支持中小企业跨出国门，对在国外设立办事处的中小企业驻外人员进行补贴。

（六）依托双元制教育培养人才

中小企业把人才投资视为长远发展战略，都有专门培训机构和专项培训经费。一些企业培训费用占到纯利润的 20%，企业职员培训率也在 80%以上。德国"双元制"职业教育制度独具特色，《职工技术培训法》强制要求中小企业业主、企业管理人员和初创业者、各类技术工人和青年人，在从事某种专业技术工作时必须先经过 2—3 年的培训，其中 2/3 的时间为企业岗位培训。这种现代学徒制对德国"隐形冠军"企业崛起和工匠精神的形成起到重要支撑作用。

（七）建立全方位服务体系

德国对企业经营限制较少，但法律条文十分烦琐，中小企业往往难以掌握，因而法律服务十分重要。新创办企业主要由工商协会等中介机构，提供咨询服务、信息提供、法律和会计咨询等，以及必要的个性化解决方案。同时也有市场化的服务企业，主要提供管理咨询、金融支持、保险经纪等中高端服务，但收费标准较高。

二、如何推动我国中小企业创新发展

党的十九大提出，加强对中小企业创新的支持。我国中小企业量大面广，在扩大就业、增加税收、促进经济增长等方面具有不可替代的作用。尤其是近年来中小企业成长迅猛，一批瞪羚企业、"小巨人"企业、互联网企业、民营高科技企业等高成长高估值企业诞生出来，并快速发展。中小企业是我国提高供给体系质量、增强经济创新力和竞争力的希望所在。同时也要看到，我国绝大多数中小企业仍处于中低端水平，顶级的中小企业数量极少，迫切需要提质增效升级。借鉴德国培育中小企业尤其是"隐形冠军"的经验，提出以下几点建议。

（一）把支持中小企业创新发展摆在更加突出战略位置

美国、德国、日本等制造强国都设有专门扶持中小企业的机构。我国应加强对中小企业发展的统筹协调和战略规划，要把支持中小企业创新发展作为国家战略，把中小企业政策融入各方面政策，更多实施中小企业发展项目，在政府的重大科研、重大工程、重大投资、政府采购等项目中，规定中小企业参与比例，防止被有实力的企业和机构挤出和排斥。在实施"中国制造业升级"等战略中，都应加大中小企业参与力度。

（二）实施培育中小企业"隐形冠军"计划

目前我国在全球和亚洲能够称得上"隐形冠军"的中小企业极少，中小企业的普遍低层次也难以支撑关键产业迈上中高端。许多中小企业专注度不高、定力不强，稍有发展就多方出击、赚快钱、搞资本运作等，最终拖垮主业。要出台措施，多方引导中小企业专注实体经济，走"专精特新"的路子。可考虑实施培育中小企业"隐形冠军"计划，与我国建设制造强国和创新型国家规划相一致，到 2020 年形成一批品质卓越、技术先进、标准领先、信誉过硬的中小企业"隐形冠军"，到 2035 年形成一大批具有全球竞争力的国际一流中小企业，在更多细分领域尤其是重要产业的关键核心技术和工艺领域，占据国际领先地位。

（三）为中小企业与大企业、科研院所融通搭建更多平台

中小企业势单力弱，发展壮大需要借船出海。要通过高校、科研院所以及政府建设的各类科技园区、孵化器、示范区以及网上众创空间等，为中小企业发展提供技术转化、产品研发、检验检测、资金筹措、市场推广等全方位服务。推动国家和省市级技术中心、工程中心设在中小企业，支持建立公共技术服务平台、中小企业联合创新平台等。现在不少大企业建立众创平台，既鼓励内部职工创新创业，孵化出更多中小企业，也吸引外部中小企业进来，共同攻克难关、拓展市场，要采取措施支持这类平台发展。

（四）进一步完善中小企业支持政策

近年我国加大了对中小企业支持力度，极大促进了中小企业轻装上阵，但也有一些政策可及性不强、真正受益的较少，许多中小企业反映看得见、摸不着。要在进一步加大普惠性税收优惠的同时，简化税制、简化程序，严肃查处对中小企业的乱收费、乱罚款、乱摊派以及侵权行为。针对中小企业融资难融资贵问题，完善多层次金融服务体系，允许民间资本发起或参与设立更多中小商业银行等金融机构，对金融机构发放小企业贷款按增量给予适度补助，建立银行、担保机构、企业贷款风险共担机制和财政风险补偿机制，适当降低担保机构税收负担，鼓励担保机构免除对中小企业融资担保的反担保。另外，对中小企业开展职工职业培训给予支

持，完善培训券、培训补贴等制度，对招用高校毕业生的，予以就业扶持、社保补助等方面支持，使企业招得进、留得住、用得起。

（培训考察团成员：苑衍刚　朱　宁　杨春悦　朱　峰　李　坤

方　华　张凯竣　高润生　陈克龙　陈敬全

史　锋　张元军　李　宏　吕　学）

适应新趋势 推进企业组织结构变革

——赴德国"依靠创新推进新旧动能转换比较研究" 培训考察报告之五

（2017 年 11 月）

近年来，德国企业顺应工业 4.0 趋势，正在对企业组织架构和管理模式进行再造，以达到改善治理、提高效率、增强活力的目的。我国很多企业也在积极推进生产经营方式和商业模式变革。这是大势所趋，先得者为王。最近，我们先后对德国和中国企业的组织结构变革进行了调研，得出一些共性规律和特点，并提出我们的建议。

一、每次工业革命都伴随着企业组织结构重大变革

封建时代主要是手工作坊式生产，资本主义工业革命后才出现了真正现代意义上的"企业"。与第一次工业革命即蒸汽革命相对应的是"直线型"组织结构，工人不再是全才和通才，而只是产业链条中某一环节的操作者，企业自上而下按垂直系统建立领导关系。与第二次工业革命即电力革命相对应的是"层级型"组织结构，以福特流水线为代表的大规模生产逐渐成为社会生产的标准方式，企业按职能进行部门分工来实现规模经

济，封闭式全链条生产的大型企业占据主导地位。与第三次工业革命即计算机与信息技术革命相对应的是"分权型"组织结构，市场需求多样化，纵向一体的产业组织开始解体，事业部制等更符合多元化战略的组织形态成为主体。

当前，以网络化、数字化、智能化等为特征的新工业革命正孕育兴起，带来了企业组织形态的又一次深刻变革，主要有几个特点。一是企业平台化。很多企业自身并不生产商品和内容，而是借助新一代信息技术将生产者和消费者联系起来，创造出新的市场。例如，全球最大的网约车公司优步（Uber）并不拥有出租车，最大的住宿服务提供商爱彼迎（Airbnb）并不持有酒店。二是人机协同化。人工智能、3D打印等技术将改变机器操作界面，人们可以通过操控网络、虚拟环境、模拟设计等，让机器部分替代人的工作。三是生产网络化。利用信息物理系统等嵌入式制造系统，企业的所有业务都将实现数字化改造集成，机器不再是单一个体，而是通过物联网成为体系化生产链的一部分，所有企业将处于同一生产网络中。四是制造柔性化。顺应消费者对个性化、定制化、时效性的更高需求，满足"多样化、小规模、周期可控"的柔性化生产应运而生，企业运用全球化资源，能够以低成本、模块化方式生产出个性化定制产品。五是主体融通化。过去主要是小企业给大企业做配套，现在小企业也能提供重大创新或解决方案，大企业也可给中小企业配套，"大鱼小鱼共生共荣"。一些大企业通过搭建众创空间等平台，孵化出众多中小企业，或吸引中小企业加入进来，形成"你中有我、我中有你"的共同体。六是边界模糊化。互联网、通信、现代物流等的发展极大降低了企业交易成本，企业内外部互动更加直接，与市场的边界越来越模糊，很多制造企业正走向服务型制造。如IBM公司从生产计算机硬件的厂商转型为全球信息系统解决方案提供商。还有不少传统企业借助互联网实现转型升级，一二三产业跨界融合，催生出大量的新产业、新业态、新模式。

二、德国与工业 4.0 相应的企业组织结构变革

在德国考察过程中感到，政府、科研机构、大学等都对工业 4.0 转型中的企业组织结构变革高度关注，德国企业在保持一贯严谨务实作风的同时，也勇于"自我革命"，展示出很强的调整能力。

（一）政府支持引导

德国政府率先提出信息物理系统，其战略意图是将企业的所有业务进行智能化改造，建立以智能工厂为核心的全球生产网络。德国工业 4.0 平台部署了一系列重点研究方向，新型组织方式是其中的重要内容。例如，德国人工智能研究中心"SmartF-IT"项目，聚焦智慧工厂如何通过高度网络化的传感器，实现生产层次由中央控制向分散自组织的转变。由弗劳恩霍夫协会等推出的《工业 4.0 成熟度指数》报告，为企业实施工业 4.0 提供了一套具体可操作的工具指南，其中将组织结构调整作为一个核心方面加以突出。

（二）企业主动调整结构

德国大企业不仅持续提升产品和服务质量，在企业组织管理方面同样不断创新，保持对环境变化的快速响应。例如，西门子在 2014 年实施了大规模的架构重组，将 16 个业务集团合并为 9 个并取消了"业务领域"层级，以减少内部烦冗。德国电信集团也多次调整自身组织结构，重点解决大企业创新力不足、决策速度缓慢等问题，逐步实现了管理分权化和集团扁平化。

（三）搭建开放共享平台

在数字化、智能化时代，各类企业都意识到平台的重要性，纷纷抓紧

布局，推出自己的"基础设施"标准。例如，西门子的开放式工业互联网平台 Mindsphere，为中小企业提供了便捷的智能工厂开发环境，可集成自己的应用和服务。德国的知名汽车厂商也都推出了各自的车联网平台，如奔驰的 Car2X 智能交互系统和宝马的开放移动云平台，吸引大量中小车企、互联网公司加入，共享数据资源和技术信息，已孕育出一系列智能汽车领域的"黑科技"。

（四）创新企业间合作方式

为更好适应工业 4.0 要求，德国的联盟组织也不断加强跨界合作与模式创新。例如，部分德国工业和软件企业组成策略联盟，通过结合最顶尖的软件和工业技术，搭建了一个名为 ADAMOS 的开放平台，为联盟成员提供数字化解决方案，降低中小企业实施工业 4.0 的成本。埃尔斯特（Elster）、费斯托（Festo）和 SAP 三家公司强强联合，组建了创新实验室——"开放集成工厂"，实现生产计划和车间运作的无缝集成，成为德国工业 4.0 的标志性示范项目。

三、我国企业组织结构变革的趋势特点

近年来，我国企业在"中国制造业升级""互联网 +"等战略指引下，积极探索企业组织管理新模式，形成了很多具有中国特色的做法，有的甚至扮演着全球引领者角色。

（一）互联网平台企业大量涌现

以阿里巴巴、腾讯、百度、滴滴等为代表，通过线上线下资源整合，在购物、社交、搜索、出行等服务领域构建起了完善的网络生态体系，海

量消费者和服务商通过平台完成信息交换、需求匹配、资金收付和货物交收等经济活动。截至 2017 年 7 月，全球十大平台型公司市值已超过十大传统公司，其中我国平台企业占据三席。

（二）大企业搭建双创等融通创新平台

一些大企业积极推进众创空间等开放创新平台建设，吸引内部人员和外部高校院所、企业、社会创客等参与进来，成为联合攻关和人才培养的新高地。如航天科工集团的"航天云网"入驻企业突破 100 万户，中小微企业占比 90%，线上协作成交金额 920 多亿元。中核集团的"华龙一号"异地综合协同设计平台，通过互联网以"小平台 + 大前端"的模式，在全国 20 多个城市成立 500 多个创新联盟。

（三）积极探索新型管理模式

企业内部组织架构向平台化转型，使层级式大企业向并联式小团队发展。海尔的"人单合一"模式是典型代表，通过拆分和取消中层，让所有业务走上平台，每个人都可直接参与研发设计、生产制造、物流销售等环节。大企业拆分成许多灵活的小组织体后，创新力增强又能应对环境变化、深入挖掘消费者需求。这种管理模式被国际上称为继福特模式和丰田模式后的第三次革命性突破。此外，还有华为的"一线呼唤炮火"模式、阿里巴巴的"敏捷前端 + 强大后台"模式等，与国际上的阿米巴模式相契合。这些最先进企业的管理模式，可能代表了未来企业管理的发展趋势，需认真研究。

（四）围绕个性化定制调整组织结构

更多企业开始推进柔性化、定制化生产，为此要打破传统架构，提高组织的灵活性。如红领制衣通过构建线上线下个性化定制平台，形成了数据驱动、全球协同、全员在线、实时同步的服装定制模式。装备制造领域的秦川机床形成了包括企业项目制、技能大师工作室、"双革四新五小"在内的"三层级创新体系"，98%的产品实现个性化定制，整规格生产订单数量不断下降。

（五）运用智能制造重塑生产经营各环节

如美的集团通过大数据和云平台对全业务、价值链进行连接，使企业效率大幅提高，固定资产在过去3年下降70亿元。在研发设计环节，通过互联网直接对接用户需求，使外部个人既是消费者也是创造者。在生产制造环节，从大规模标准化生产向柔性化制造、网络化生产转变。在营销服务环节，通过精准营销服务延长价值链条，消费体验可以实时传递给研发部门，成为产品改进的基础。在供应链管理环节，通过智慧物流、智能交通实现供需匹配、无缝对接、货通天下。

（六）推进大中小跨界融通发展

越来越多的大企业向中小微企业开放自身资源，实现大中小微企业的深度融通。例如，百度打造开放式深度学习平台，广泛吸引社会开发者进行深度智能开发，大幅降低人工智能等领域的创新门槛。阿里巴巴的云工业大脑，已在新能源、化工等领域大量应用实践，如协鑫光伏应用阿里云的数据智能模式，将切片成品率提高了1%，产值增加2亿元。

同时也要看到，我国企业的组织结构创新还停留在个体探索层面，全行业上下一致、协同推进的整体氛围远未形成。大量传统制造企业不仅技术水平停留在2.0甚至1.0时代，管理模式也十分落伍，运行效率低下，与国际先进水平相比还有不小差距。需要进一步加强引导支持，让更多传统企业主动融入组织结构变革的浪潮之中，找到适合自身的路径方法，实现技术升级与组织变革的协同共进。

四、两点具体建议

（一）要促进平台经济健康发展

要鼓励我国企事业单位打造社会化协同研发与制造的各类平台，最大限度利用和共享社会资源，提高研发效率、生产能力和生产效率。要提升重点行业骨干企业的"双创"平台和工业互联网平台普及率，发挥大企业平台的示范效应和规模效应。对面向初创期中小企业和新兴产业、带有公共服务性质的平台企业，要从税费、场地、网络、产业基金等方面提供支持。同时要看到，我国各类平台发展很快，但良莠不齐，要加强包容审慎监管，促进规范发展。

（二）要积极稳妥推进国有企业组织结构改革

认真研究互联网和数字经济时代的企业组织结构变革趋势和规律，把它作为国有企业改革的重要抓手。对我国一些央企、新兴企业的做法进行总结提炼，如"人单合一"模式等，形成一批可复制可推广的经验。逐步建立快速响应市场需求变化、高效配置资源要素、有效激发创新潜力的体制机制，提升企业效益，向着具有全球竞争力的世界一流企业目标进军。

（培训考察团成员：苑衍刚　朱　宁　杨春悦　朱　峰　李　坤
方　华　张凯竣　高润生　陈克龙　陈敬全
史　锋　张元军　李　宏　吕　学）

借鉴德国双元制教育模式
推进我国社会力量办职业教育

——赴德国"依靠创新推进新旧动能转换比较研究"培训考察报告之六

（2017 年 11 月）

　　加快新旧动能转换，关键要加强人力资源开发，促进劳动者素质和技能持续提升。德国的双元制教育为其产业升级源源不断输送了高素质劳动力，被誉为"德国制造"的基石、经济腾飞的"秘密武器"。其经验和做法，对于改革完善我国职业教育体制，促进人力优势转化为人才优势，进而推动经济转型升级，具有借鉴意义。

一、德国双元制教育的特点

　　所谓双元制教育，是指以企业为主导、校企合作培养技能型人才的职业教育模式。接受双元制教育的学生具有双重身份，既是职业学校的学生，又是企业的"学徒工"，既要在职业学校学习理论知识，又同时在培训企业学习实践操作。双元制教育有以下几个特点。

（一）企业主导并且全程深度介入

这是双元制教育的关键所在和成功密码。德国法律规定，职业教育必须是学校和企业联合办学，并且要纳入政府与行业协会的监督。完成义务教育的学生要想参加双元制教育，必须先向有培训资格的企业申请并签订培训合同，再去相应的职业学校登记入学，即招生中企业是主导方，学校是辅助方。培训期间，学生在企业实训操作技能和在学校学习理论交替进行，约70%的时间在企业、30%的时间在学校，企业是职业教育的主阵地。由于双元制教育始终以企业需求为导向进行招生和培训，实现了所学内容与岗位要求的无缝对接，使得学生一毕业就具备实际工作能力、一入职就能胜任相关工作。

（二）社会地位高、吸引力强

德国人认为，双元制教育与大学教育一样，是高素质教育。据统计，德国学生初中毕业后选择参加双元制教育的比例在55%以上，加上高中生后这个比例更高，而就读大学的比例仅为20%左右。近年来，双元制教育开始向高等教育延伸，不少应用科技型大学也加入其中发展高等职业教育。职业教育之所以有如此高的吸引力，是因为技术人才具有较高的社会地位和工资收入，一些"大师级工匠"的收入甚至比企业高管还高。最新一项抽样调查显示，完成高等职业教育的人退休前平均能赚到200多万欧元，而获得一般大学本科及以上学历的平均为230多万欧元。由于两者在整个职业生涯中收入差距并不大，但双元制教育学制短、花费少，而且能获得稳定的就业机会，相对优势显而易见。

（三）学生综合能力强且有发展"立交桥"

双元制职业教育注重实践能力与理论知识相结合，核心是培养学生的职业能力，即应用专业知识和方法解决实际问题的专业能力，与人合作、沟通互动和解决冲突的社会能力，以及通过自我学习以适应更高职业需求的方法能力。双元制教育培养的学生综合素质高，职业发展前景广阔。同时，德国职业教育与学术教育互通性较强，普通学校的学生可以随时转入职业学校，双元制教育学生也可以经文化课补习后转入普通学校，甚至到应用型大学攻读本科或硕士学位。这就扩大了学生的教育选择权，使之不必担心一旦选择职业教育即丧失获得更高学历的机会。

（四）法律地位和战略定位高

德国是联邦制国家，教育事业通常由州以下地方政府负责，唯有职业教育由一部联邦法律来规范，由联邦政府直接领导和协调。《职业教育法》明确规定了职业教育有关的个人、企业、学校和政府各级机构的权利和义务，从法律上保障职业教育制度的发展和顺利运转。联邦教研部会同有关部门颁布各职业的培训条例，使每一职业都有全国统一的培训标准。联邦政府设有联邦职业教育所，州政府也有相应的机构，会同行业协会、工会等机构，共同监督实施双元制教育。

二、德国双元制教育的地位和作用

双元制教育在德国经济社会发展中发挥着独特而又不可替代的作用。

（一）解决就业问题的主要抓手

据统计，德国青年失业率只有 3% 左右，远低于其他欧洲国家动辄 20%—30% 的水平。当其他国家还在为解决青年就业问题而头疼的时候，德国通过"双元制"教育为青年打开了就业之门。双元制教育的学生 90%

以上都留在企业工作，即便不留，也能凭借技能在市场上找到一份不错的工作。由于培训期学徒工可以从培训企业获得每月 300—1000 欧元不等的工资或生活费补助，基本可以解决日常基本花销。这对减轻年轻人特别是贫困家庭年轻人的经济负担意义重大，使他们不至于因贫失学，有公平机会接受更多教育。

（二）促进产业升级的关键支撑

双元制教育已有 150 多年的历史，这期间德国经历多次经济危机和产业升级，双元制教育每次都能积极适应变革，有力促进了德国经济转型。德国雇主无法通过压低工资来降低成本，只能通过提高员工技能和创新研发来保持竞争力。双元制教育使德国企业不用担心"人才荒"，可以放心追求其长期发展目标，创造出奔驰、宝马、西门子等一大批世界级知名品牌，在激烈的国际竞争中持续稳定地占据优势。德国联邦教研部关键技术司司长蔡塞尔认为，实施工业 4.0 战略需要大批高素质的劳动者和人才，双元制教育也要面向新产业加强相关职业教育和培训，充分发挥其支撑产业升级的关键性作用。

（三）高品质"德国制造"的根本保证

德国人历来信奉高品质的产品是由受过良好职业教育的人生产的。双元制教育不仅培训学徒工的生产技能，更重要的是培养学徒工的质量意识和创新精神。双元制教育把重视品质、追求卓越的工匠精神深深植入到每一个技术工人和技能人才心中，很多人逐渐成长为各行业的专业人才并一辈子扎根其中，深入钻研、不断改进相关工艺方法，有力促进"德国制造"品质不断提升。

三、加快构建我国"校企融通、多元支撑"职业教育新体制的几点建议

党的十九大明确提出，完善职业教育和培训体系，深化产教融合、校企合作，大规模开展职业技能培训。我国有世界上规模最大的人力资源，但也存在"两个矛盾"。一是劳动力供需结构性矛盾，现有劳动者素质不能适应传统产业升级和新兴产业发展的需要，"用工荒"与"招工难"并存。二是职业教育不能适应高质量生产的矛盾，职业院校开展的教育培训与企业需求脱节。很多"中国制造"品质不高，不仅是技术、工艺、材料等问题，更重要的是劳动者的素质跟不上。2016年汉诺威工业博览会上，一位德国"隐形冠军"企业家提到，他在中国的生产线比德国的生产线先进，但次品率是德国的8—10倍，其中差异在于中国工人的素质。因此，要学习借鉴德国双元制教育的做法和经验，积极引入社会力量尤其是企业，多种方式兴办职业教育，加快构建我国"校企融通、多元支撑"的职业教育新体制。

（一）扩大双元制职业教育试点

我国自20世纪80年代初就开始与德国开展双元制教育合作，一些地方也在积极探索订单式、现代学徒制等校企联合培养职业教育模式。要深化这方面的探索，推动企业更深程度地过程参与，形成中国特色的双元制教育模式。一是扩大中德双元制教育示范合作项目。二要借鉴德国经验，结合我国以师带徒以及职业教育新趋势，探索推广"大师工作室"、新型学徒制、"工匠创客"和订单培养等模式，深入推进产教融合工程。三要加大新兴产业集中地区、劳动力资源富集地区和老工业基地等地区的双元

制教育试点。

（二）鼓励大企业兴办职业教育

大企业掌握最先进行业技能、懂得最需要什么样的人才，既有实力为学徒工提供工资，又能够发挥品牌效应吸引学生参加。国内已有部分企业做过相关探索，如茅台学院、吉利大学、海尔学校等。与过去企业办学校不一样，这是一种更为彻底、更加直接的产教融合方式。要加快职业教育领域"放管服"改革，支持大型企业以多种方式兴办职业教育和职业培训。一是鼓励大型龙头企业与职业院校、应用型大学合作，由企业招录学生、签订培训合同、参与课程设置、进行技能实训等，合理利用职业学校的设施设备、师资力量，培养技能型人才。二是支持行业领军型大企业投资举办职业学校。职业教育管理部门要建设性参与，为企业举办职业学校提供指导和服务。同时，支持建设一批面向人工智能等新兴产业的专业化市场化培训机构。为充分调动企业的积极性，要研究完善相关支持政策。如，允许企业职业教育培训经费税前扣除；对举办职业教育培训机构尤其是非营利性机构的，在财税、金融、土地等方面给予政策支持等。

（三）提高技能型人才社会地位和薪酬待遇

现在一些企业技能型人才尤其是"大工匠"的工资收入已经开始提高，但保障机制还不健全。要加快完善高技能人才薪酬体系，稳步提高技术技能型人才待遇水平。鼓励企业建立首席技师制度，试行年薪制和股权、期权制等激励机制。建立"大国工匠"荣誉制度，开展高技能人才评选表彰活动。

（四）畅通职业教育与普通教育转换通道

当前我国职业教育总体上吸引力不强，既与"读职业学校矮人一等、没前途"等偏见有关，也与当前职业教育与普通教育互通性不强有关，一旦就读职业院校就很难再获得更高的学历。要打破职业教育"单行道"，构建职业教育与普通教育互通的"立交桥"，使职业教育学生有机会通过自身努力切换回普通教育。一要落实职高学生参加普通高考、"专升本"和专科毕业生参加研究生考试等相关政策，消除对职业教育的制度性歧视。二要研究完善职业中学与普通中学互转学习的相关政策，增加学生分流选择机会。三要加快部分地方本科院校向应用型大学转型，建立健全职业教育与应用型大学的升学通道，构建多层次职业教育和普通教育转换通道。

（培训考察团成员：苑衍刚　朱　宁　杨春悦　朱　峰　李　坤
　　　　　　　　方　华　张凯竣　高润生　陈克龙　陈敬全
　　　　　　　　史　锋　张元军　李　宏　吕　学）

以工匠精神打造"中国制造"卓越品质

——赴德国"依靠创新推进新旧动能转换比较研究"培训考察报告之七

（2017 年 11 月）

工匠精神作为德国制造的精神动力和成功密码，发挥着重要的隐形力量，代表着德国的国家软实力。学习借鉴德国有益经验，传承弘扬中国匠心文化，大力塑造培育中国工匠精神，建设一支高素质技能人才队伍，对于打造"中国制造"卓越品质、提升中国经济发展质量，具有十分重要的意义。

一、什么是德国工匠精神

造就德国产品如此精密、耐用、值得信赖的源头，就是德国人一丝不苟、精益求精、追求卓越的工匠精神。其实在 19 世纪 70 年代，德国还是假货和仿冒横行的国家，当时英国规定从德国进口的商品必须标注"made in Germany"，以此区分劣质的德国货和优质的英国货。此后的 100 多年时间里，德国知耻而后勇，不断调整和改进，今天的德国制造已经成为质量、标准和信誉的代名词。在这一过程中，除有形的技术创新等因素外，工匠精神作为无形的精神力量同样功不可没。德国人甚至认为，工匠精神是现代工业文明的真谛。经过在德国半个多月的考察了解，我们认为，德国的工匠精神主要体现在以下方面。

（一）对所从事职业和事业的敬畏和热爱

在德国，没有哪家企业是一夜暴富，迅速成为全球行业翘楚的。这些企业往往是几十年、上百年专注于某个领域、某项产品的"小公司""慢公司"，绝不东张西望、盲目扩张。德国人接受职业教育的第一课，首先告诉你今后从事这份工作的目的是什么、有什么意义、你必须做到什么。德国企业员工普遍对职业有矢志不移的热爱，对企业的责任感非常强。他们并不认为辛勤工作只是为了赚钱谋生，而是将它当作一生的职责和使命，一种发自内心的执着，经常数十年在一家企业工作，对每个生产环节高度负责，承担着生产一流产品和提供良好售后服务的义务。这就是在8000万人口的德国能够出现2300多个世界名牌的重要原因。

（二）对产品细节的极致追求和完美至臻的匠心理念

德国制造并不都是围绕机械制造、电气、医药、化工等大工业，我们日常用的自行车、保温瓶、安全气囊等都是德国人发明的，他们从不嫌弃自己的产品和领域不够"高大上"。德国人做事有较真劲儿，如最近明斯特大学有位教授专门研究了自行车为什么不会倒的问题，他将学骑自行车和幼年学步的平衡性进行对比，用鲜活的例子分析了自行车的功率、动力、风阻等问题，指出活动的车把调节方向，以及人身体对自行车的平衡作用等，是自行车得以不倒的关键。德国人做事讲究精确，不精确的话不说，不精确的事情不做。德语有一句谚语："犯错误都要犯得十全十美。"不论是否有人监督，也不论是职业工作还是做家务，做不完美、有瑕疵就深感不安。德国制造的产品一般都具有世界领先水平、高难度、别国一时无法仿造出来的特点。目前德国 30% 以上的出口商品，是在国际市场上没有竞争对手的独家产品。在德国人看来，工匠精神的核心是精益求精、精雕细琢的精神，凭借高超技艺将产品完美度从 99% 提高到 99.99% 的极致，用细节的品质经受住岁月的考验。

（三）质量为先的严谨细致和强烈的标准品牌意识

德国长期以来实行严谨的工业标准和质量认证体系，为德国制造业确立在世界上的领先地位作出了重要贡献。德国标准化学会（DIN）制定的标准涉及建筑、采矿、冶金、化工、电工、安全技术、环境保护、卫生、消防、运输和家政等领域，其中约 90% 被欧洲及世界各国采用。建立独立于政府和行业以外的自主经营的质量认证和监督体系，依照 ISO 和 DIN 等标准，由专门机构对企业产品和制造流程进行检测，并为合格者颁发认证证书。这样既有效协调了本土企业间的竞争，又确保了产品质量，还整体提升了制造业竞争力。据统计，"德国标准"每年为德国创造收益达 180 亿欧元，"德国制造"这一品牌价值达 3.8 万亿欧元。德国人的价值观认为，"没有质量的数量是毫无意义的，没有品质的利润是不能长远的"。虽然目前德国企业也面临着发展中国家低成本的巨大冲击，但其始终强调，"产品没有物美价廉，只有货真价实"，重视提升质量、技术和服务能力，严把生产的原料、工序、技术、质量、检验每一关，力求做到品质最好。

（四）持续不断的创新创造力

工匠精神绝不是保守、没有创新的代名词，它本身就是一种创新精神、创造力量。"工匠精神"不仅强调科技上的先进适用、工艺上的精益求精，也强调设计上的独具匠心、文化上的创意想象。德国制造的发动机为什么被贴上"靠谱"的标签，在德国人看来，制造发动机并不难，但把性能优化成为市场竞争优势，需要大量的实验数据、市场和用户数据的支持，这需要持续的创新积累。工匠精神同样体现为舍得进行创新投入。德国一家生产工业风扇的中小企业，为了检测风扇运行时的噪声，特意建造了先进的静音实验室，置身其中，可以听到自己心跳的声音。这样的产品无疑会具有强大的国际竞争力。

（五）密切协作的团队精神

德国文化历来重视社会凝聚力与社会团结。德国企业正如德国足球队一样具有"德国战车"的美誉，依靠整体力量而不是个人英雄主义，在世界经济舞台上取得辉煌成绩。德国企业对外强调社会责任感，使企业从上到下、从里到外展示给社会的是美好的东西；对内则强调团队精神，在企业内形成一种文化与思想上的共同价值观。比如，宝马公司的企业文化是"只有每一个人都知道自己的任务，才能目标一致"。通过建立科学的企业组织体系，让企业具有自动高效的运转机制，不会因为领导层变更而迷茫，这就是很多德国企业保持数百年长盛不衰的一个重要原因。

（六）德意志民族的立身哲学和文化传承

每一个产品的背后都体现出文化的力量。德国的"百年老店"、精细产品，充分体现了德国人的美学观念和探究本源、追求极致的哲学思维。德国人受地缘特点和文化传统影响，国民精神坚忍而严谨，形成了严守纪律、忠于职守、严谨认真、善于思辨、自强不息、精益求精等精神价值。歌德的《浮士德》讲述的故事反映了德意志民族的这种精神。这些特点在德国工业化进程中发挥了巨大作用，造就了一批又一批高技能工人和高素质科研人员。德国工匠精神还因社会认同而发扬光大，工匠在德国一直拥有较高的社会地位。各行各业平等互尊的观念深入人心，社会上没有瞧不起"蓝领"技工的风气，同律师、经济师相比，他们更尊重工程师。德国普通公务员的收入可能比不上管道工，高级技工的待遇可能会超过大学教授。

二、弘扬中国工匠精神，打造卓越"中国制造"品质

工匠精神在中国自古有之且底蕴更为深厚。在《诗经》中，就有"有匪君子，如切如磋，如琢如磨"的诗句，表现出古代工匠仔细、专注、求精的态度。中国历史上不乏匠人匠心。如以鲁班等为代表的"匠人文化"，干将莫邪为铸宝剑而身死的传说，庖丁解牛的故事，魏晋时期的"百炼钢"之术，清代同仁堂"炮制虽繁必不敢省人工，品味虽贵必不敢减物力"的百年铁律，等等。新中国成立后，不断涌现出以石油工人王进喜、纺纱工人郝建秀、火箭焊接技师高凤林、"航空手艺人"胡双钱、深海钳工管延安等为代表的一大批大国工匠，靠着传承和钻研，凭着专注和坚守，实现职业技能的完美和极致，在各自平凡的工作岗位上作出了伟大的奉献。改革开放以后，工匠精神仍在各行各业各个岗位上发展，但也出现了一些违背工匠精神的趋势和现象。比如制假售假、低质伪劣，职业精神丧失，做产品差不多就行、做事业急功近利，缺乏人文关怀和个性需求等。这些都是制约中国产品迈向中高端的障碍。当前，推动中国经济转向高质量发展，实现中国制造向中国创造、中国速度向中国质量、中国产品向中国品牌转变，以及提升国家软实力，迫切需要树立和弘扬新时代具有中国特色的工匠精神。要将中国工匠精神融入产品研发设计生产之中，打造高品质"中国制造"，让浸润着中华文化的"中国制造"走向世界、影响世界。

（一）重塑和弘扬中国工匠精神

党的十九大提出，弘扬劳模精神和工匠精神。党中央和国务院已经联合发文要求弘扬企业家精神，还要进一步倡导和弘扬工匠精神，使之与企业家精神结合，成为全社会的理念与遵循。其内容要在借鉴德国等经验基础上，传承中国传统工匠文化的精髓，瞄准振兴实体经济和提升"中国制造"质量，总结提炼出来。可以将爱国敬业、创新创造、追求卓越、质量优先、严谨细致、团结协作等内容写入。同时要将工匠精神与网络时代个性化定制、智能制造等结合起来，用匠心开启"智造"之路，赋予工匠精神全新内涵。

（二）实施表彰"大国工匠"工程

目的是在各行各业建立工匠精神激励机制，培养出一大批优秀的工匠人才。一是启动"大师级工匠"表彰工程，与全国劳模、"中华技能大奖"、"全国技术能手"等表彰奖励和职业资格评价机制对接，设立"大国工匠"荣誉称号，对在各行各业和国际国内重大职业技能赛事及实际工作中涌现出的顶尖人才，设立数据信息库和研究项目扶持方案，对促进技术革新、工艺创新和技术成果转化的各类突出技能人才予以重奖。二是分行业培养培育特色工匠。每年由各行业和各系统推荐有深厚造诣和创造精神的技能精英和一线科技人才，予以表彰奖励。三是对青年技能人才和技术尖子作为青年工匠予以表彰奖励。

（三）在全社会培育和弘扬工匠文化氛围

弘扬工匠精神，需要从顶层设计、外部环境、国民教育、企业等多层面共同发力。要将工匠精神融入所有领域所有行业，尤其融入那些不起眼的日用品生产中。学校要将工匠精神融入公共课、专业课和校园文化，使他们在耳濡目染中转变思想观念。要着力消除对技术和劳动的歧视，树立尊重工匠意识，同时提高工匠的社会地位和收入，从根本上纠偏只重学历、轻视技能的旧观念，带动更多青年学技能、钻技能、精技能，在全社会形成尊重技术、崇尚劳动、鼓励创造的良好局面。

（培训考察团成员：苑衍刚　朱　宁　杨春悦　朱　峰　李　坤

方　华　张凯竣　高润生　陈克龙　陈敬全

史　锋　张元军　李　宏　吕　学）

德国政府是如何打造良好营商环境的

——赴德国"依靠创新推进新旧动能转换比较研究"培训考察报告之八

（2017 年 11 月）

面对创新创业的浪潮，政府应该扮演什么角色、发挥什么作用？这是我们推动新旧动能转换必须解决好的重大问题。在与德国企业界和政府部门交流中，我们深切感到，"德国制造"和技术创新之所以具有强大实力，与德国政府创造的良好环境密不可分。据世界银行相关研究报告显示，2016 年德国的营商环境在全球排名第 14 位，比我国高 64 位。德国也被多家机构评为欧洲最受欢迎的投资目的地。德国的经验值得我们学习借鉴。

一、德国政府打造营商环境的主要做法

第二次世界大战后，在联邦德国政府总理阿登纳及后来的艾哈德总理的大力推进下，德国逐渐形成了"社会市场经济"模式。这种模式以维护市场自由公平竞争为重点，同时政府实施积极有限的干预和高效监管，并注重优化政务服务。据了解，德国市场上活跃着约 360 万个市场主体，而

联邦和地方政府中仅有经济和能源部、教育和研究部等屈指可数的几个部门行使对市场行为和创新活动的管理职能。德国政府的管理和服务有四个显著特点。

（一）实行开放透明的市场准入和监管政策

我们接触到的德国企业家、行业协会人员和政府官员普遍认为，对市场经济的监管主要靠法律，而不是政府部门。除了涉及食品安全、金融等法律有明确限制的少数领域外，各类市场主体皆可自由进入各种行业，无须得到政府的许可或批准，民众创业比较自由，是真正的负面清单管理。德国企业经营一般不会有政府监管部门上门打扰，除非监管部门接到群众举报或者有证据认为企业涉嫌重大违法。我们考察的柏林老鹰科技园区，是欧洲最大的综合性一体化技术园区，入驻企业1000余家、科研机构16家，员工近1.7万人，但园区里并没有任何监管部门和政府机构进驻。对于外商投资，对内资开放的领域一般都允许外商投资。对于网约车、共享单车、共享房屋等新业态，因为没有相应法律，只要其相关产品和服务符合相关传统业态监管的法律规定，就允许投资运营。此外，德国工业产品除涉及食品安全等方面，很少需要生产批文。特别是对于那些不直接面向消费者而是提供给其他制造商的工业产品，豁免取得生产许可。

（二）注重发挥行业协会和商业机构的作用

很多企业家和行业协会人员对我们说，德国政府官员与企业打交道是比较忌讳的事情，政府一般不直接管理企业，而多是通过行业协会和第三方实施管理。在德国，机动车排放等行业标准由行业协会制定，并由商业机构负责标准的执行和产品的检测。不仅如此，商品质量检测市场上涌现了多家机构，彼此相互竞争和制约。这些按照市场化原则运作的企业，十分注重保证检测的独立性和公正性，等级评定受商家和消费者高度认可，在德国的电视广告、商品外包装上经常看到他们评定的"优秀"标签，已成为消费者心中权威的代名词。一旦产品被测出"不合格"，销量通常会明显下降。经政府相关部门验证不合格，则违规企业可能面临巨额罚款等较重处罚。

（三）发挥信用监管的强大威力

在德国，街面上很少看到警察、城管和各类执法人员。德国之所以能够以很少的监管力量实现对市场秩序的监管，与德国完善的社会信用体系密不可分。目前，德国信用保障机构SCHUFA，作为德国全民信用数据存储与公示的商业机构，建立了包含520万家公司、各种小微企业和自由职业者以及德国6640万自然人的信用记录数据库。该系统的信用数据，"就像玻璃窗里的陈列品"，对于个人和企事业单位完全公开，可以随时在网上或者打电话查询。一个失信的企业，在贷款、寻找商业伙伴等方面都会受到限制，严重的还会受到刑事处罚。

（四）加强对创新创业的"陪伴式"服务

德国政府十分注重对创新创业的全过程扶持和服务。在资金支持方面，通过扶植私有风投公司、与复兴信贷银行联手设立基金等方式为初创企业提供帮助。在创新条件支撑方面，积极为创新活动提供便利。为支持无人驾驶技术发展，德国修改了相关法律并在首都专门开辟试验路段。在信息咨询服务方面，设立了统一的政府资助信息平台，集中汇总德国联邦、州及欧盟142家资助机构信息，公开所有资助政策、标准和申请程序。同时，还实施了反官僚主义法，以法律形式规范政府经济管理行为，简化经济活动中过于繁杂的管理办法和规定。德国联邦政府承诺实行"一进一出"原则，即新推出一项管理措施，如可能增加了企业负担，则必须在一年内废除其他的管理法规使企业的负担得到一定程度的平衡。

二、对我国优化营商环境的启示和建议

近年来我国推进简政放权、放管结合、优化服务改革取得显著成效，营商环境改进很大，极大激发了市场活力和社会创造力。很多国际机构给予高度评价。但行百里者半九十，"放管服"改革仍处于攻坚期、巩固期。要学习借鉴德国政府治理经验，进一步把"放管服"改革推向纵深，政府既要减少不合理干预又要积极主动有为，引导更多主体投身创业、投入创新，为新动能加快成长提供更肥沃的土壤。

（一）着力打造法治化营商环境

市场经济本质是法治经济，市场主体最关心的还是依法办事。应进一步加强对市场经济的法治化治理，加快法治政府建设。一是将依法管理与清单管理制度更紧密地衔接起来。无论是权力清单，还是市场准入负面清单，都源于法律，都应与法律相一致。对目前公布的清单事项要进行审查清理，坚决剔除混入清单、没有法律法规依据的事项，并督促相关部门将清单管理融入企业登记注册和行政审批系统中，切实依据清单进行市场准入管理、行政审批等管理活动。各级政府都要严格按权责清单规范透明执法，不给所谓"操作"留下空间，让创业创新者对自己的权益和"红线"清清楚楚。二是建立行政管控性措施增减挂钩机制。借鉴德国政府对增加企业负担措施实行"一进一出"的经验，施行各级政府凡是新出台一项增加企业负担的措施，必须同时废除一项别的措施，实现企业负担总体平衡，以此防止通过红头文件等形式滥设烦苛、对企业抽脂掠膏的现象，促进依法行政。

（二）着力营造公平竞争市场环境

目前创新创业仍面临很多羁绊，民营和外资企业投资受到的限制仍然较多，制假售假等不正当竞争现象仍大量存在。为此，一是破除对民间资本的准入和经营的不公平待遇。除有特别规定的外，对民间资本应同国有企事业单位一样对待，禁止对民间资本单独设置歧视性条款。加快清理不利于民营经济发展的政策法规，尤其是在社会领域要加快破除各种不合理高门槛，消除对民间资本的隐性排斥。对社会资本举办养老、医疗、非营利性教育要给予与公办机构同等支持，在竞争性领域施行民间资金优先进入原则，避免挤压民营企业空间。二是扩大对外资开放。减少对外资进入中国市场的特殊限制事项，在互联网增值服务等领域放开外商投资，在新能源汽车制造、铁路客运等领域放开外资股比限制。三是加大对失信企业惩罚力度。改变"以罚代管"的传统监管模式，提高违法失信成本，对严重失信应当追究刑事责任的要及时追责。

（三）完善对新产品新技术新业态的包容审慎监管

与德国相比，目前我国对创新产品的管控仍然较多，一些地方和部门对新业态新产品新模式仍然沿用过去的监管思路和措施，设置过于苛刻的条件，限制了新经济发展活力。此外，对工业新产品的审批较多、标准模糊，一些在国外能够上市的新产品，在国内反而得不到批准、上不了市。为此，应当进一步改进对新产品新业态新模式的监管方式。政府部门不了解把不准的，不打棍子、不预设前提、不一上来就管死，要客观慎重分析其发展趋势、利弊得失，可采取试点先行、协会约束、信用评级、判例示范等方法进行管理。对可能存在的风险，应先观察、细致辨别风险隐患并尽可能对拟采取的措施开展模拟实验，在此基础上确立合理措施，确保既有效管控风险、又便利企业创业。对工业新产品生产许可问题，可以借鉴德国分类管理经验，对不直接面向消费者的"非终端"工业产品，豁免取得生产许可证。

（四）发挥行业协会商会自律作用

推动更多具有含金量的监管职能向行业协会商会转移，依法交由行业协会开展职业资格资质认定、认证、评比、达标、表彰，协助政府制定行业准入标准、完善行业经营规范、协调利益关系、实施违规企业惩戒，增强行业协会促进行业自律的能力。依法依规推进职能部门和行业协会的信息数据共享，为行业协会参与监管创造良好条件。当然，要尽快实现行业协会"去行政化"，加强和改进对行业协会的监管，坚决整治行业协会乱收费和高收费现象。

（五）完善公共服务和公共资源平台

针对中小企业不同发展阶段面临的不同问题，全方位、一站式提供企业注册、融资、研发资助等服务。特别是应当借鉴德国建立统一的政府资助信息平台经验，加快建设我国统一的政府资助服务平台、公共资源平台等，将分散在发改、财政、工信、科技、教育等部门的服务整合到一个平台之上，为企业查询和申请资助提供更大便利，这既能全程留痕又可防止寻租腐败。

（培训考察团成员：苑衍刚　朱　宁　杨春悦　朱　峰　李　坤
方　华　张凯竣　高润生　陈克龙　陈敬全
史　锋　张元军　李　宏　吕　学）

德国巴伐利亚州是如何由农牧业大州
向高新技术强州转型的

——赴德国"依靠创新推进新旧动能转换比较研究"
培训考察报告之九

（2017 年 11 月）

我国不少地方处于创新发展的关键时期，都在探索新旧动能转换的方式和路径。德国巴伐利亚州过去是一个传统农牧业大州，他们以科技与产业结合为抓手，大力兴办教育，重视科技研发，培育产业集群，成功实现了向高新技术强州的转型，迄今发展活力和竞争力仍十分强劲，生物医药、信息、航空航天等高科技产业在德国首屈一指，首府慕尼黑被誉为"欧洲硅谷"。其经验值得学习借鉴。

一、巴伐利亚州成功转型的做法

（一）实施区域发展战略

20 世纪 70 年代以来，德国一些老工业密集区面临结构调整困境，经济中心呈现由北向南转移趋势。联邦政府顺势引导各州（市）发挥优势，推进科技创新和产业转型，打造各具特色、竞相发展的区域经济新格局，不搞同质化竞争。1969 年 2 月，第一个地区计划即"埃弗尔－洪斯吕克计划"生效，重要任务是制定 4 年期限的滚动式总体计划，包括对促进区的划分、发展目标及重点地区的确定及资助款项等。各州充分发挥行政职能和资源优势，加快推进区域发展战略，传统工业区如鲁尔区一带以钢铁、煤炭工业等重工业为主，以巴伐利亚为首的南部工业区以航天、微电子等新兴工业为主，北部工业区如不莱梅、汉堡、柏林等以海洋工业为主，形成了特色化、差异化、集群化的区域发展格局。

（二）增强科技教育潜力

巴州十分注重搭建科技教育平台，政府投资成立了 20 个高科技企业创业中心和多个高新技术园区，由多家公司负责运营。其中巴伐利亚参股投资公司为新企业提供配套风险资本，巴伐利亚创新公司促进研究成果转化；建立生物技术、航空航天等 19 个技术集群，将企业、协会、研究机构、融资机构与促进机构、咨询机构连成网络，促进产学研相互合作。同时，巴州政府一直高度重视大学和研究机构的设立与布局，投资建设 5 所综合大学，成立应用大学和多家研究机构。目前该州共有 11 所综合大学和 18 所应用大学，在校学生超过 11 万人，有德国航空航天研究院、GSF环境和健康研究中心、MPE 等离子物理研究所 3 个大型科研机构，以及9 个开展应用技术研究的弗劳恩霍夫协会研究所。通过开展"双元制"教育，每年输送大量高素质的劳动力。巴州已成为德国科研实力最雄厚的地区之一，每年专利申报数量占全德 25% 以上。

（三）积极培育优势产业集群

面对经济全球化的激烈竞争，巴州政府从 2004 年开始酝酿进一步深化产学研合作，促进相关产业集群化发展。2006 年 2 月，巴州政府决定在"巴伐利亚创新联盟"框架下，实施产业集群政策，并于当年出资5000万欧元，扶持19个产业和技术领域。高科技产业集群上，包括生物工程、航空航天、卫星导航、信息与通信技术、环保和医疗技术；生产型产业集群上，包括汽车业、化工、电子元件与传感技术、食品业、木制品生产与森林开发、金融服务业、媒体行业、能源技术、铁路技术、物流；综合技术集群上，包括纳米技术、微电子与自动化以及新材料。每个产业集群均由专门集群办公室负责，其注册形式为非营利性协会。集群办公室按企业模式管理，全体大会为最高权力机构，任命代言人、总经理等人员。

（四）以科技创新引领改造传统产业

巴州动用各种资源开展公关活动，主动提供工业用地及优惠政策，成功引进西门子、奥迪、捷德等企业，通过引进先进的设备和工艺，改造提升传统工业。例如依托西门子的信息与通信基础设施，推动电子元件、集成电路制造业的发展和计算机的普及，给机电设备制造业带来新的活力，精湛的机电设备制造一直是巴伐利亚的支柱产业。自20世纪90年代起，巴州政府将高科技产业作为促进政策的重中之重，先后实施"巴伐利亚未来攻势"和"高技术攻势"，投入大量资金，支持并推动生命科学、信息与通信技术、新材料、环保和机械电子等相关行业的发展。未来5年，巴州将投入15亿欧元实施工业4.0战略，以数字产业推动传统产业智能化改造。

（五）着力培育创新园区

巴州政府大力支持创新园区发展，不仅在土地、金融方面给予大力支持，还规定政府投资的大学必须同企业进行科技合作，将创新园区搭建为产学研合作平台，为企业发展提供源源不断的创新活力。比如，在奥伯恩堡工业中心（创新园区）发展过程中，巴州政府不仅建好交通、电力等基础设施，还给予包括补贴在内的大量支持。一方面，把一些机构如学校、研究机构和其他机构尽量迁入中心，建立并运作孵化器，政府雇用专业人士提供咨询；另一方面，政府支持所有进入园区的企业建立内外部连接。管理层把园区当作一个品牌来支持，到世界各地进行市场营销。目前，奥伯恩堡工业中心拥有 30 多家国际化企业机构和 3000 多位从业人员，已发展成为集研发、设计、生产、仓储、展销于一体的现代化、综合性产业园区。

（六）打造特色产业小镇

德国产业中心均衡分布在东西南北中各地，每个小城镇都是一个产业中心，各有特色。例如巴州的英戈尔斯塔特小镇，不但是奥迪最大的工厂，也是奥迪公司总部和技术开发部的所在地。目前奥迪公司拥有员工 3 万多人，是该地区规模最大的公司。再比如赫尔佐根赫若拉赫是巴州埃尔朗根—赫西施塔特县的一座古老小镇，是三家全球企业阿迪达斯、彪马、舍弗勒的总部，为当地带来近 2 万个就业岗位。

（七）对东部实行"输血式"援助

1990 年两德统一后，东部地区的生产率只有西部地区的 1/3，区域发展严重失衡成为影响德国经济发展和社会稳定的重要因素。德国政府采取多种措施支持原东德地区，首先就是在原西德的公民中征收"团结税"，同时还规定东德马克与西德马克按 1 : 1 的比例兑换。德国政府还采取包括平衡社会保障、税收优惠、鼓励西部企业到东部投资等"输血式"援助措施。比如巴州就为东德输送大量资金、设备、技术和先进管理经验，既转移自身过剩产能，也促进东部产业结构优化，初步形成了以化学、电子和汽车制造为重点的经济发展格局，工业体系趋向合理。

（八）为中小企业发展营造良好环境

巴州政府历来十分重视中小企业，于 1974 年颁布了德国第一部中小企业专门立法《巴州中小企业促进法》，目的是为中小企业创造良好环境，帮助其渡过创业难关，促进中小企业之间以及与高校和研究机构之间合作。巴州还采取一系列具体措施，比如制定《中小企业贷款计划》《技术咨询计划》《创新促进计划》和《技术引进计划》等，推动中小企业更便利地获得资金、引进技术。成立"欧盟研究与科技联络处"，与欧洲 160 多个机构连成网络，为中小企业引进信息技术、申请专利等提供协助。2003 年年初，巴州提出"新产品、新企业、新市场"倡议，通过提供风险资本、建立创业中心、实施商业计划竞赛等措施，鼓励成立新企业、开发新技术，巴州已成为德国创业气氛最浓厚的地区。

二、对我国区域新旧动能转换的启示

巴州成功转型的一条重要经验是促进科技、教育与经济紧密结合，从而激发了区域发展活力和动力。这对我国各地有重要启示意义。

（一）要建设各类区域创新合作平台

德国多年来的做法是搭建各种类型的产学研合作创新平台，而且成效十分明显。产学研结合主要靠实体经济部门推动，而不能单靠科技和教育部门。现在我国对创新的需求越来越迫切，要引导和支持企业加强技术研发能力建设，优先在具备条件的行业骨干企业布局国家级技术研发平台，使企业集研发创新与成果应用为一体。支持企业与科研院所、高等学校联合组建开放式技术研发平台和产业技术创新战略联盟，合作开展核心关键技术研发和相关基础研究，联合培养人才，共享科研成果。要选择一批代表性区域如南北差距交叉区、老工业基地等，设立新旧动能转换示范区，不拘一格引入创新力量，集聚创新要素，建设创新平台，进行开放式创新，打造区域性创新高地。

（二）要强化新兴产业对传统产业的融通改造

近年来我国不少原字号、初字号、重字号、国字号企业陷入产能过剩、债务沉重的境地，有人说不转型是等死，转型是找死。新一轮科技革命和产业变革为企业转型升级带来了挑战，也带来了机遇。我国近年来涌现的新兴企业不仅掌握新技术，也有全新的运营理念和模式，如百度、腾讯等；也有不少大企业在学习借鉴中探索新模式，如海尔、航天科工等。要推进新兴产业与传统产业融通，将新技术、新理念、新业态和新模式渗入到传统产业，提升管理和服务水平，加速向研发设计、增值服务等价值链高端环节延伸。利用云制造、无人工厂、大规模个性化定制等新型制造模式，推动先进制造业开启智能化进程。

（三）要推进跨界协同创新、融通创新

要以切实服务区域经济和社会发展为重点，打破按行政系统配置资源的旧格局，通过推动省内外高校与当地支柱产业中重点企业或产业化基地的深度融合，搭建跨层级、跨部门的科技与研发协同创新中心，加速技术推广应用和产业化，协作开展产业技术创新和科技成果产业化，快速推动区域创新发展。要以园区等为载体，打破制约跨所有制跨行业创新合作的限制，促进生产要素和生产流程共享，加快建设跨界融合、系统整合的功能性园区。要研究建立有利于国有资本从事创业投资的容错机制，研究突破院所和学科管理限制，在人工智能、区块链、能源互联网、智能制造、大数据应用、基因工程、数字创意等交叉融合领域，营造有利于跨界融合研究团队成长的氛围。

（四）要培育创新型产业集群

产业集群是完善现代供应链条、形成聚合竞争力的重要方式，要将培育创新型产业集群作为重要战略，制定支持政策，建立产学研共同体。可以"无中生有"，在优势科教资源富集的地区建设更多技术转移中心，以科技成果转化打造新型产业集群；可以"有中生新"，对传统产业集聚区进行升级改造，积极搭建创新平台，加强与高校、科研机构的合作，完善配套体系，拓宽产业链，提升价值链，向以高附加值产业和品牌产品为主的现代产业集群升级；也可以"新中求进"，推动高新技术产业集聚区持续向高端攀升，输出服务和模式，在更广范围发挥升级作用。同时，在推进特色小镇建设过程中，要高度重视产城融合，选准产业定位，精心策划项目，着力培育特色优势产业。

（培训考察团成员：苑衍刚　朱　宁　杨春悦　朱　峰　李　坤
　　　　　　　　　方　华　张凯竣　高润生　陈克龙　陈敬全
　　　　　　　　　史　锋　张元军　李　宏　吕　学）

加强国家创新体系建设

（2018 年 3 月）

我国经济已进入高质量发展阶段，在这一阶段上，创新作为引领发展的第一动力和建设现代化经济体系的战略支撑作用更加凸显。李克强总理在十三届全国人大一次会议上所作的《政府工作报告》中强调，加强国家创新体系建设，加快建设创新型国家。要按照党中央、国务院的决策部署，深入实施创新驱动发展战略，加快建设中国特色国家创新体系。这是我国发展进程中具有决定性意义的重大举措。

一、五年来我国创新格局发生重大变化

党的十八大以来，在以习近平同志为核心的党中央坚强领导下，我国科技事业取得长足进步，为推动经济社会发展取得历史性成就、发生历史性变革作出了重要贡献。铁基高温超导、量子科学、暗物质探测等基础前沿领域实现重大突破，载人航天、深海探测、超级计算、卫星导航等战略高技术领域取得原创性成果，大飞机、高铁、特高压输变电、核电等高端装备成为"亮丽名片"，中国速度、中国深度、中国高度令世人瞩目。我国科学家在诸多国际科技大奖中勇夺桂冠，发明专利申请量连续 7 年居世

界第一位，国际科技论文总量连续 9 年居世界第二位。我国科技创新进入跟跑、并跑、领跑"三跑并存"阶段，形成集中爆发期。一些国际权威机构认为，中国主要创新指标进入世界前列，正在成为全球创新引领者。与此同时，大众创业、万众创新广泛开展，全社会创新创业热情极大迸发，我国创新呈现"高精尖"创新与多领域微创新并存、渐进式创新与颠覆式创新并举、技术创新与管理模式创新并生、国有企业创新与民营企业创新并进、企业技术创新"主角"作用与高校科研院所基础研究"主力军"作用并重等诸多新特点。尤为重要的是，创新驱动力越来越大，新动能对经济发展的支撑作用明显增强，我国创新发展特征更加突出。创新加速向各行业各领域渗透覆盖，一批"黑科技""独角兽"等初创企业成长迅猛，高铁、网购、移动支付、共享单车成为外国人心目中的中国"新四大发明"。战略性新兴产业、高技术产业、先进装备制造业增速明显快于一般工业，智能制造、"互联网 +"等新产业新业态新模式蓬勃发展，并加速融入传统产业，对其进行迭代或颠覆式升级改造。科技进步贡献率达到 57.5%，比 5 年前提高 5 个多百分点，带动了全要素生产率、劳动生产率的提升。这几年，我国经济面临复杂严峻国际环境和较大下行压力，但我们没有搞"大水漫灌"式强刺激，而是依靠改革创新激发市场活力和社会创造力，大力培育发展新动能，增强经济的稳定性、协调性和可持续性。据测算，2017 年新动能对经济增长贡献率达到 30% 以上，对新增就业贡献率达到 70% 左右，成为实现经济稳中向好的重要支撑。实践证明，以科技创新为核心的全面创新，在促进新旧动能转换、推动经济结构优化、提升发展质量和效益、扩大就业等方面发挥了关键性作用，正在引领我国发展由主要依靠要素投入向更多依靠创新驱动转变。当然，我国创新体系中还存在基础研究和原始创新薄弱、高水平创新供给能力不足、不少行业关键技术"卡脖子"、科技成果转化率不高、顶尖创新人才缺乏、体制机制不完善等问题，新动能的体量还不够大、未能形成全面接续，制约了经济发展动力、韧性和竞争力提升，创新型国家和世界科技强国建设仍然任重道远。

二、中国何以跑出创新"加速度"

我国创新之所以能在较短时间取得突破性成就、实现跨越式发展，主要有以下几方面原因：第一，坚定实施创新战略。始终把创新摆在国家发展全局的核心位置，对重大科技紧抓不放，前瞻谋划、长线布局。党的十九大在描绘社会主义现代化强国建设蓝图的同时，同步对创新型国家建设作出部署，即到 2020 年进入创新型国家行列，到 2035 年跻身创新型国家前列，到 2050 年成为世界科技强国，同时强调深入实施创新驱动发展战略。第二，依靠改革释放创新活力。通过"放管服"等改革举措，为企业、高校、科研院所等各类创新主体松了绑、助了力，激活了创新要素，优化了创新生态，形成了多主体协同、全方位推进的创新格局。实行以增加知识价值为导向的分配政策，大力度聚才引智，极大调动了科研人员积极性。第三，科技创新与大众创业、万众创新协同发力。持续加大科技投入，5 年来研发经费年均增长 11%，2017 年达到 1.76 万亿元，稳居世界第二位，研发投入强度达到 2.15%。先后出台数百项创新创业支持政策，是力度最大、着墨最多的领域之一，培育大批"双创"公共服务平台，形成了全社会积极投身创新创业的热潮。第四，抓住新一轮科技革命机遇，用好中国市场规模庞大和产业配套完整等优势，与消费需求升级、实体经济升级的需求相对接，广泛开展应用创新、模式创新、交叉创新，推动产业迈向中高端的同时，促进创新也迈向中高端。第五，以点带面、以外促内。通过建设全面创新改革试验区、国家自主创新示范区、高新区、"双创"示范基地等，既形成一批先行先试经验向全国推广，又对周边甚至更大地域产生辐射带动作用。同时打开国门搞创新，坚持引进消化吸收再创新和集成创新，站在前人的肩膀上攀登新高峰。从根本上说，中国创新"加速度"形成的最大源泉，就是13亿多中国人民的智慧和聪明才智。让人民在追求更加美好的生活中迸发出无穷创造力，这是我国创新的最大潜力，也是我国发展最强大、最持久的力量所在。

三、加快建设中国特色国家创新体系

国家创新体系是国家经济创新力和竞争力的集中体现，是新动能成长和经济社会发展的重要源泉。经过多年努力，我国已经初步形成比较完整的创新体系，自主创新能力不断迈上新台阶，但也存在明显短板和弱项。面向未来，要加快建设高效协同的国家创新体系，以高效率的创新体系支撑高水平的创新型国家建设，到2020年基本建成中国特色国家创新体系，到2050年建成世界科技创新强国，成为世界主要科学中心和创新高地。

为此，要重点抓好以下方面：一是系统打造战略科技力量。以国家目标和战略需求为导向，加快在重大创新领域布局国家实验室。2018年重点组建量子信息科学国家实验室，同时启动其他重大领域论证工作，聚焦能源、生命、粒子物理等前沿领域建设一批重大基础设施，开工建设"十三五"规划确定的10个重大科技基础设施优先项目，这些都要高标准、高起点建好。二是建设战略科技创新基地和平台。支持北京、上海建设具有全球影响力的科技创新中心，加快建设北京怀柔、上海张江、安徽合肥3个综合性科学中心，推进雄安新区创新驱动发展引领区、粤港澳大湾区国际科技创新中心建设。同时优化整合或新建一批国家科研创新基地和枢纽型研发转化平台，在新一代信息技术、生物技术等领域布局一批国家产业创新中心，在数据智能、新能源汽车、智能电网、深海装备等领域建设若干国家技术创新中心。三是筑牢基础研究基石。这是制约我国创新体系能力的最大短板，要下决心补好。国务院《关于全面加强基础科学研究的若干意见》已经对基础研究作出新的部署，目的是瞄准世界科技前沿，实现前瞻性基础研究、引领性原创成果重大突破。要坚持有所为有所不为，注重凝练解决产业和社会发展中的基础性科学问题。重点完善对基础研究的长期稳定和多元化投入机制，在持续加大中央和地方财政投入的同时，积极引导有实力的大企业向基础研究延伸，重大项目能由企业牵头的尽量由企业牵头。更好发挥科研机构的骨干作用和高校的主力军作用，加快建设世界一流大学和一流学科、世界一流科研院所。四是完善重大科技项目推进体系。着眼于关键共性技术、前沿引领技术、现代工程技术、颠覆性技术创新等战略必争领域，利用重大项目实施，有效集成科技资源，加快实现突破。制订科技重大专项梯次接续方案，全面启动和拓展实施面向 2030 年的科技创新重大项目，并与重大专项统筹推进、有效衔接。目前我国受制于人的核心技术超过 200 项，一些重要产业技术对外依存度超过 50%。真正的核心技术是买不来的。要聚焦产业升级需要，对关键技术领域排排队，集中力量，尽快实现突破。五是加强以企业为主体的技术创新体系建设。这几年我国企业创新能力大幅提升，在全部研发经费支出中占比超过 78%，但潜力仍然很大。要进一步强化企业创新主体地位和主导作用，以市场为导向推动产学研深度融合，支持企业建设高水平研发中心，深入实施创新企业百强工程，培育一批有国际竞争力的创新型领军企业，支持量大面广的中小企业提升创新能力。六是构建各具特色的区域创新体系。深入开展全面创新改革试验并加快复制推广经验，优化国家自主创新示范区和高新区布局，启动建设新一批创新型城市，开展创新型县（市）建设。区域创新布局要注重各地禀赋优势和东中西部相对平衡，在若干重点区域形成一批创新增长极，发挥创新高地辐射带动作用。七是完善军民融合创新体系。深入实施军民融合发展战略，加强军民科技战略统筹和一体化布局，研究出台促进军民融合产业发展指导性文件，加快推进军民融合重大示范项目和创新示范区建设。八是完善开放式创新体系。我们建设的国家创新体系是开放的，而且开放力度会越来越大。要全方位提升创新国际合作水平，扩大科技计划对外开放，打造"一带一路"协同创新共同体，积极牵头或参与国际大科学计划和大科学工程，鼓励设立国际联合研究中心和技术转移中心，提高我国全球配置创新资源能力。

四、坚定实施创新驱动发展战略

创新驱动发展战略是建设国家创新体系的根本途径，必须在更广范围、更高层次、更深程度上实施这一重大战略，加快形成以创新为主要引领和支撑的经济体系和发展模式，塑造更多依靠创新驱动、更多发挥先发优势的引领型发展。

（一）推进科技创新与经济社会发展深度融合

科技创新正以超乎人们想象的速度广泛融入各行业各领域，重塑现代产业体系，推动经济发展动力变革、效率变革、质量变革，深刻改变社会生产生活方式。目前我国经济对创新需求之强前所未有，创新对经济的依存度之高也前所未有。按照建设实体经济、科技创新、现代金融、人力资源协同发展的产业体系的要求，既要因势利导做大做强新兴产业集群，推动互联网、大数据、人工智能和实体经济深度融合，在中高端消费、绿色低碳、共享经济、现代供应链、人力资本服务等领域培育新增长点，超前布局 5G、云服务、无人驾驶、生命健康、区块链等未来产业；更要运用新技术新产业新业态新模式加快改造提升传统产业，大力发展平台经济、数字经济、大数据经济等，以智能制造为主导，实现制造业的个性化设计、定制化生产、柔性化制造、精益化管理，增加智慧养老、智能医疗、智能交通、数字家庭等中高端服务供给，更多依靠科技创新来化解过剩产能、破除无效供给，提升生产效率，调整经济结构，实现供需新的水平上的动态平衡。还要适应人们新需求，弘扬企业家精神和工匠精神，打造集质量、技术、标准、信誉于一体，融合科学与艺术人文的高品质产品，塑造更多享誉世界的中国品牌，实现中国制造的"品质革命"。加强民生领域科技创新，加快环境治理、癌症等重大疾病防治攻关，使科技更好造福人民。

（二）推动各类主体协同创新、融通发展

协同、融通既是新科技革命的趋势，也符合市场经济规律。我国有世界上规模最大的科研队伍，高校和科研院所加起来超过 6000 所，过去往往各自为战、分散重复，如果真正协同、融通起来，那将释放多大的能量！要推动企业、科研院所、高校和政府高效协同、优势互补，大中小企业融通发展，形成"你中有我、我中有你"的创新共同体。要促进基础研究、应用研究、人文社会科学研究与产业化对接融合，打通创新链、新产业链、人才链、资金链，产生聚变效应。这里的关键是加强创新资源要素开放共享，搭建综合性融通创新和成果转化平台，组建跨学科跨领域交叉团队，发展产学研结合的新型研发机构，使各类主体在一个平台上交流碰撞。尤其要利用互联网、大数据等，建设内部外部、线上线下融通的创新平台，形成开放、共享、低成本的汇众智合作模式，迸发出更大创新潜力。还要加强技术市场、产权市场与创业投资、风险投资等资本市场无缝对接，为科技转化现实生产力提供有效保障。

（三）促进大众创业、万众创新上水平

"双创"是实施创新驱动发展战略的重要抓手，新形势下大有可为。要围绕打造"双创"升级版，面向全社会提供全方位创新创业服务，拓展市场化专业化众创空间，高质量建设"双创"示范基地。要支持大企业、高校院所开展"双创"，吸引中小企业、创客等广泛参与，把顶天立地的科技创新与铺天盖地的"双创"结合起来，既发挥中小企业灵活对接市场需求优势，反过来也促进大企业和大院大所的组织结构与创新模式变革。要鼓励高校毕业生、复转军人、农民工等人员返乡下乡创新创业，实施更加开放便捷的引才用智政策，吸引更多海外留学人员归国创新创业，拓宽外国人才来华通道，开展"双创"国际合作。"双创"讲述了中国创新创业精彩故事，展现出人民创造历史的力量。要推动"双创"向纵深发展，拓展社会纵向流动通道，使人们有更多机会创造更大物质财富、实现自我价值，促进人的全面发展和社会公平正义。

五、完善激发创新活力的制度环境

建设国家创新体系、提升创新能力，根本上要依靠改革重塑创新的"动力源"。过去 40 年我国快速发展，靠的是调动每个主体的积极性，今后发展将更多来自于每个人创新创造活力的迸发。要以改革开放 40 周年为契机，围绕使市场在资源配置中起决定性作用和更好发挥政府作用，坚决破除一切束缚创新的制度障碍和体制机制弊端，构建有利于创新的环境条件。第一，要深化创新成果产权制度和要素市场化改革。人们在创新创业中获得的产权应当得到有效保护和激励。要按照归属清晰、权责明确、保护严格、流转顺畅的要求，落实好科技成果"三放"下放，扩大股权期权激励政策受益面，深化职务发明、国有科技类无形资产管理改革，探索赋予科研人员科技成果所有权和长期使用权。深化知识产权综合管理改革试点，加大知识产权行政和司法保护力度，实行侵权惩罚性赔偿制度，防止动辄被"黑"、被"山寨"，甚至劣币驱逐良币。要打破创新"孤岛"、院所"围墙"和地域界限，促进人才、技术、设施设备等创新要素自由组合与优化配置。第二，要深化科研管理领域"放管服"改革。有悖于激励创新的陈规旧章，要抓紧修改废止；有碍于释放创新活力的繁文缛节，要下决心砍掉。继续对高校和科研院所放权松绑减负，在科研立项、岗位设置、职称评定、绩效考核等方面给予更大自主权，赋予创新团队和领军人才更大的人财物支配权和技术路线决定权。针对填表多、手续繁、耗时长、成本高等问题，改革过于僵化的计划指标管理和烦苛束缚，实行简约高效灵活的科研管理，健全科研信用制度，推行"互联网＋科研服务"，让信息多跑路、科研人员少跑腿。对新技术新业态新模式，要着力完善包容审慎监管制度，营造公平竞争的市场和法治环境。第三，要深化创新收益分配制度改革。制定以增加知识价值为导向分配政策实施相关细则，落实中央财政科研项目资金管理等政策，提高间接费用和人员费用比例，适当降低科研人员成果转化现金奖励税负，修订《国家科学技术奖励条例》，以彰显人才和智力的价值。对承担国家重大科技攻关任务的科研人员，采取灵活的薪酬制度、不受单位绩效工资总额限制。第四，要深化人才发展体制机制改革。完善人才引进、培养、评价等方面制度，实施好各类人才计划，靠制度靠环境靠保障留人，推动科技人才在企事业单位等之间顺畅流动，健全兼职兼薪、多点从研、离岗创业等政策，支持企业提高技术工人待遇，加强高技术人才激励，增加后备人才储备。第五，要完善创新支持政策。加大研发费用加计扣除、高新技术企业税收优惠、固定资产加速折旧等普惠性创新政策的落实力度。同时，2018 年还要扩大享受减半征收所得税优惠的小微企业范围，提高企业新购入仪器设备税前扣除上限，将创业投资、天使投资税收优惠政策试点范围扩大到全国，设立国家融资担保基金，支持优质创新型企业上市融资。通过优化环境和减税减费降负，促进更多科技中小企业成为"小巨人"，培育更多有全球竞争力的世界一流创新型企业。

加快突破关键核心技术受制于人的局面

（2018 年 6 月）

关键核心技术是一个国家的核心竞争能力和发展命脉所在，是真正的大国重器。在复杂严峻的国内外形势下，我们必须以强烈的紧迫感危机感使命感，尽快摸清现状、差距和薄弱点，加快形成突破关键核心技术的方向、目标、思路和重点举措，从根本上改变"卡脖子"的局面。

一、我国有哪些关键核心技术受制于人

近年来，中国科学院科技战略咨询研究院联合行业协会、企业、研究机构等多方力量，通过函评、会评和问卷调查等多种形式，对覆盖国民经济 20 个门类的重点技术领域开展跟踪评估调查。调查显示，我国在 31 个重点技术领域、超过 200 多项技术落后或缺乏（由于分类颗粒度不同，统计口径或有差异），受制于其他国家，技术被国际或垄断或禁运或需高额进口。

总的看，我国核心技术受制于人突出体现在以下几个方面：一是基础软硬件底子薄弱。基础材料、基础零部件等基础硬件，基础工艺、基础系统等基础软件的核心技术自给率低，甚至威胁到国家安全。如核心芯片，

我国信息产业和制造业 90% 的芯片依赖进口，过去 10 年累计耗资达 1.8 万亿美元。高性能传感器芯片进口占比达 90%，动态随机存取存储器（DRAM）90% 的市场被三星、海力士和美光科技三家占据。再如，与"中国制造业升级"密切相关的工控系统仍由外国企业控制，可编程逻辑控制器（PLC）主要依赖进口，工程设计软件、嵌入式软件基本被国外垄断，操作系统市场被微软、苹果和谷歌等几家国际大公司瓜分。二是高端、高附加值技术不多。必须承认，我国绝大部分产业仍处在全球价值链中低端，一些重要产业技术对外依存度超过 50%。我国钢铁产量超过世界一半，却生产不出一些特种优质钢材。"心脏病"问题突出，高性能飞机发动机严重依赖进口，汽车发动机主要是外资或合资品牌。数控机床是装备制造业的"工业母机"，但高档数控机床国产数控系统市场占有率仅 5%。半油机、浮式钻井与生产平台等海洋工程装备初始设计技术主要依赖国外设计。我国在制造业贸易中获得了顺差，但利润的绝大部分却被别人拿走了。三是原创性、战略反制性技术匮乏。麦肯锡研究发现，中国在"创新驱动型"和"客户中心型"行业的创新力不输于美国，但在"工程技术型"行业里的航空、软件、医疗器械和"科学研究型"行业里的特种化学品、生物技术、半导体设计、创新药方面存在巨大差距。我国是医药大国，但仿制药占比超过 90%，高端生物医药、新一代肿瘤免疫治疗或靶向药物等新药物新技术都由跨国公司垄断，高端医疗设备如先进监护仪、呼吸机、影像设备、成像系统等进口占比超过 90%。过去我们为了快速追赶，往往遇到困难问题绕着走，现在不少绕过的困难问题成为隐患，需要补课，能反制别人的技术储备更是不足。四是陷入对国外先进技术的路径依赖。我国许多产业技术源头不在国内，引进之后再创新不够，创新也是习惯于模仿创新、反向创新，被国外牵着鼻子走，不断重复"引进—消化—落后—再引进"的循环，形成产业和技术发展的路径依赖。如汽车工业采取了"以市场换技术"的方式，但却没有掌握汽车制造的核心技术。一些部门和企业不愿承担国内新技术应用的风险，一旦我国突破了一项核心技术，国外立即降低价格，加上其本身具有的质量、寿命、可靠性等优势，往往诱使我们放弃进一步转化应用和研发的努力，又走上引进和路径依赖的老路，技术再突破更难了。五是核心专利、关键标准国际话语权不足。近年来，美国、欧盟、日本等高度重视知识产权全球布局，而我国知识产权面向全球的前瞻性布局方面仍很薄弱，制约了我国技术研发和企业走出去步伐。2017 年我国制造业知识产权使用费进口额 207 亿美元，出口额为 38 亿美元。航空工业中，智能变形结构、先进构型和气动设计、混合动力和电推进、机载系统等大量尖端核心技术专利以及标准，都由美欧等少数航空发达国家掌握和控制。

在全球化背景下，任何一个国家都很难在全产业链都占据优势，大家既分工协作又相互制约，在某些方面受制于人不可避免。但随着我国综合国力上升和科技创新格局性变化，与发达国家正面竞争越来越多，遭遇贸易战、科技战等极端情况的可能性大大增加，被人"卡脖子"又缺乏反制措施，就可能给经济技术和国家安全带来不可估量的损失。

二、哪些颠覆性技术可能重塑竞争格局

颠覆性技术往往代表"未来的关键核心技术"，抓住了，就能在新的轨道上达成"技术突袭"，实现弯道超车、变道超车；抓不住，很可能因技术替代造成新的受制于人，再次拉大差距。近年来，发达国家高度重视颠覆性技术发展，作出了一系列分析研判和战略部署。比如，美国将自动系统、超材料、能量存储、量子信息与量子计算、生物识别、基因编辑、纳米科学、合成生物学等，列为未来的颠覆性基础研究领域。2017年《麻省理工技术评论》发表《未来的高附加值颠覆性技术产业》一文，将机器人、3D 打印、自主控制、脑科学、可控核聚变、材料基因组、超

级电池、人类基因、网络攻击、AR/VR 技术、碳氢快速催化合成、外骨骼等 12 项列为未来可能出现的颠覆性技术。英国将人工智能和大数据、清洁能源、健康、未来交通系统列为颠覆性技术。日本将再生医疗、人工智能、物联网、自动驾驶列为未来关键技术。从不同国家和机构对颠覆性技术的分析研判看：一是发展方向日益清晰。虽然各国对具体的技术类型各有侧重，但大的方向是一致的，大多将脑科学、人工智能、新一代信息技术、量子技术、新材料技术、自主控制系统、生命科学和生物技术、先进制造技术、能源技术等列为重点领域，颠覆性技术呈现多点突破的格局。二是突破周期不断缩短。各类研究报告普遍认为，科学突破、技术积累和各领域的融通创新加快了颠覆性技术的研发进程，未来几十年全球颠覆性技术创新将风起云涌，竞争更加激烈。三是产业化步伐加速。颠覆性技术领域已涌现出不少优秀的创业公司，并引领新的产业发展潮流。四是对前瞻性基础研究和原始创新要求更高。颠覆性技术不是"平地起高楼"，既包括对现有技术的跨界融合创新，也包括重大科学发现带来的技术变革，这对一个国家的现有技术实力和科技基础是重大考验。

三、几点建议

关键核心技术具有独占性、高难度、战略性的特征，取得突破绝非一日之功，必须从战略全局出发，加强顶层设计和系统整合，尊重科研规律，及早谋划、持续发力，坚持有所为有所不为，把大国重器牢牢掌握在自己手里。

（一）优化科技创新战略布局

在梳理编制我国受制于人的关键核心技术清单基础上，根据影响深度、攻关周期、替代预案等排出优先序、时间表，科技创新重大项目要聚焦关键核心技术，力争几年一个台阶取得突破。要将科技创新强国和制造强国两大目标与科技创新规划、"中国制造业升级"两大规划结合起来，统筹制订我国重要领域科技发展路线图和重要产业技术发展路线图。当前，对易受攻击的关键核心技术，要评估不同限制甚至极端条件下的可能影响，制订综合性应对预案。同时，要研究攻关一批可能形成战略反制的"撒手锏"技术，并列入重大项目支持。

（二）加快建设综合性融通创新平台

现代科技创新呈现跨界融合、开放共享等新特点，要建设好各类综合性创新平台，利用"互联网+"等新模式，促进基础研究、应用研究和技术开发相互融通，大中小企业、高校、科研院所相互融通，集中优势创新资源实现关键核心技术突破。要探索适应技术攻关的研发组织体系，在重大选题遴选环节注重形成政府决策、专家判断与市场选择结合，在研发攻关环节要统筹好国家实验室、重点研发计划与以企业为主体的研发联盟等各方面的力量，加快培育一批集源头创新、技术开发与产业化为一体的新型研发机构。

（三）大力引进用好急需特殊人才

技术突破关键靠人才，优秀人才能将科学研究直接带到高端前沿领域。要针对重点攻关方向和创新链薄弱环节，以更大力度、更加开放姿态引进人才智力和研发团队，充分赋予他们在科技决策、科研选题、资源配置、科技评价、人员激励等方面的自主权，集中人力物力财力组织攻关。要深化"放管服"改革，坚决破除制约人才流动和配置的体制障碍，实施股权激励、权益下放等科技成果产权制度改革，完善人才和成果分类评价体系，解决好子女入学、就医、社保、宜居环境等后顾之忧。

（四）完善全链条创新体系

技术突破与产业升级相辅相成。要形成"基础研究＋应用研究＋产业化＋现代金融＋人才支撑"的创新生态系统，使创新链条拉长、完整，促进上下游协同。尤其要加强技术攻关与产业发展的衔接，重点解决好关键核心技术转化应用的"最后一公里"问题，建立重大技术装备政府优先采购、首批次应用保险保费补偿机制，让市场去选择技术、产品和企业，加强后补助和买方补贴，促进自主技术、品牌、标准的成果优先使用，使核心关键技术在市场的反复锤炼中不断巩固提升。

（五）坚持自主创新与开放创新相结合

关键核心技术无疑要靠自主创新，但要在开放中增强自主能力。要鼓励企业等创新主体开展国际科技合作，建立与国际相接轨的技术和产品标准体系。加强专利和标准的全球布局，密切跟踪分析各国的专利战略及各领域重点企业的核心技术专利，突破国外的专利包围，提升我国技术的国际影响力。

（与国务院研究室郑真江，中科院科技战略咨询研究院潘教峰、代涛、陈光华合作）

以"放管服"改革激发科技创新活力

（2018 年 7 月）

近期，我们赴湖北、安徽调研组着重对科技创新领域推进"放管服"改革的情况进行了调研，报告如下。

一、高校和科研院所自主权明显扩大，但不少政策还没有完全落地

两省普遍认为，近年来出台了一系列有力度的放权政策，极大激发了创新活力。湖北以建设国家创新型省份为引领，出台了高校和科研院所"放管服 17 条"，凡是高校和科研院所能够自主管理的事项，尽量全部下放。安徽把促进创新作为重点，采取了一些重大改革举措。两省都有一些新探索。如湖北对事业单位科技成果转化收益、绩效奖励、高层次人才协议工资或年薪等，不纳入单位绩效工资总额控制。安徽探索高校等事业单位"编制周转池"制度，使沉睡的编制"数字"成为活化的"生产力"。湖北省和安徽大学都采取了高校院所承担横向课题经费由研发团队按合同约定自主安排、允许科研人员在课题中获得劳务收入等改革措施。同时，两地反映，高校和科研院所在人员编制、工资分配、选人用人、学科设

置、科研管理、成果评价、职称评审、设施设备开放共享、教研人员临时出国、基建项目审批等方面，自主权还不够或不落实。如，国家鼓励创新团队和领军人才拥有更多的人财物支配权和技术路线决策权，但受制于学校的管理体制、工资总额限制等，难以落实。再如，中国科技大学反映，部属高校和科研院所无法享受地方创新创业政策。还如，国家在推进科研仪器设备开放共享方面已出台具体办法，但由于责权利不明确，一般按成本补偿和非营利原则收取费用，单位往往持"多一事不如少一事"的消极心态，导致共享率很低。

建议：一是加大编制、用人和职称改革力度。统筹事业单位编制资源，推广"编制周转池"制度。落实高校用人自主招聘权。二是扩大高校薪酬分配自主权。重大科技奖励、科技成果转化收益、绩效奖励支出、科研人员兼职兼薪、高层次人才补贴等，可不纳入工资总额控制。对高层次人才可以采取年薪制或协议工资制。对参与国家或地方重大科技攻关的科研人员，采取灵活的薪酬制度。三是落实研发团队科研自主权。研发团队对项目经费使用有充分预算调整权，提高人员费比重，允许有工资性收入的科研人员获得劳务收入。承担横向委托课题的经费，由研发团队按合同约定自主安排，不再按纵向课题管理。四是允许高校、科研院所等事业单位对所属科研设施设备，有自主经营权、使用权和收益权。五是试点允许部属高校、科研院所适用所在地创新创业政策。

二、科技成果转化率有所提升，但需细化完善支持政策

湖北省实施"科技成果大转化工程"，推出"科技十条""新九条"等系列政策，2017 年技术合同交易额超过 1000 亿元。安徽省深挖大院大所资源潜力，设立成果转化基金，推动科技创新与产业创新融合发展。两

地高校院所和企业认为，科技成果转化政策极大激发了科研人员积极性，但实践中仍存在一些亟待完善的地方。如，中国科技大学反映，现行税收政策将科技成果作价入股视同销售行为，单位按规定需要当期缴纳增值税和所得税，不能缓缴，而一旦转化失败，前期纳税直接成为资产损失，单位承担的义务与可能获得的收益不匹配，影响了转化积极性。再如，现行政策明确转化中"勤勉尽责"可豁免决策责任，但有的单位领导倾向于慎用甚至不用免责条款；有些单位设置了国有资产优先保价回购、增资扩股不降低国有股比例等限制性条件，变相抬高了转化门槛；还有的单位"重程序轻结果"，从评估、备案、公示到集体决策，成果转化的"马拉松"现象仍然存在。还如，高校、科研院所和国企普遍担心，科技成果产业化一旦失败，国有资产就不能算是"保值增值"，单位业绩考核就会面临巨大压力，这反过来降低了转化的积极性。

建议：一是降低高校院所科技成果转化的税负。参照科技成果转化中个人税收优惠政策，将单位成果作价入股视同股权转让，当期不缴纳增值税、所得税，待转让、出售等取得实际收益时再征税。二是细化成果转化决策的勤勉尽责规定。重点看是否经集体研究决定、个人是否从中谋利等，只要履行正常手续，就不应事后追究决策责任。三是改革科技成果转化保值增值考核办法，提高对转化失败的容忍度。

三、国有科技类无形资产大量增加，但制度空白亟待填补

近年来，随着科技成果大量交易、转化、应用，管理中的问题暴露出来。目前各高校、科研院所和国有企业的国有科技类无形资产，通常参照有形资产进行管理。而一旦纳入国有有形资产管理，就要在备案、登记、审批、确权、变更等方面履行繁琐的程序，严重制约成果转化效率和科技

类初创企业发展。虽然目前已经将科技成果使用权收益权处置权赋予承担单位，但现实中仍存在很多问题。比如，有关法规已明确科研单位转化科技成果不需审批或者备案，但 2017 年财政部关于《国有资产评估项目备案管理办法》的补充通知，仍要求首先要向其主管部门备案，再向财政部门报送备案汇总表。再如，科研单位一旦采取科技成果作价入股方式，无论参股比例高低，所参股企业在股权登记、增资扩股、股权变更等过程中，都需要履行漫长的国资管理程序。中国科技大学反映，从 2014 年起该校资产公司参股的 20 多家企业陆续提交了产权登记等申请，但至今无一例办结，其中一家"准独角兽"企业错失了上市最佳时机。还如，科技成果转让定价也使高校院所陷入"定高了难以实现、定低了易被指责"的两难境地。

建议：一是抓紧出台国有科技类无形资产管理办法，与有形资产相区分，对其使用处置、评估定价、登记备案、审批考核等作出明确规定，使过程更简约、高效、利于转化。二是将国有科技类无形资产登记、作价方式、定价、股权变更、转让减持等权利赋予高校科研院所，取消大部分审批或备案，并通过事中事后监督来保障国有利益不受损害。三是按照所有权与经营权分离的原则，鼓励高校和科研院所搭建国有科技类资产运营平台，加强统一投资运营管理。四是深化科技成果产权制度改革，选择部分高校院所开展科技成果所有权或长期使用权改革试点，探索科技成果混合所有制、共有产权等新机制。

四、股权激励等人才政策深受欢迎，但受益面仍然较小

武汉东湖国家自主创新示范区是最早开展股权和分红激励的试点地区，迄今已有 72 家国有企业和校办企业试行了股权激励。合芜蚌试验区

实施了 59 家科技企业股权和分红激励。中国电子科技集团第 38 所开展股权激励试点后，大大激发了科技创新和产业化活力，员工收入和积极性明显高于同处合肥的第 16 所、第 39 所。目前主要问题是政策惠及面太小，一些高校科研院所、国有企业仍在观望。同时实施中也有一些具体问题。如针对个人的股权奖励递延纳税没有明确应在哪里、向哪个部门备案，基层税务部门也不熟悉，存在备案难、不备案的情况，增加了科研人员违法违规风险。再如，国企对员工持股的态度较为审慎。2016 年国资委《关于国有控股混合所有制企业开展员工持股试点的意见》提出，员工持股总量原则上不高于总股本的 30%，单一员工持股比例不高于 1%。对一些科技成果作价入股的企业来讲，单一科研人员的持股比例可能要远远超过 1%。还有企业反映，现在科研人员到企业兼职的评价认定问题迟迟未解决，甚至被认为是"捞外快"，而德国等应用型技术大学要求教授必须有非学术性机构从业经历。

建议： 在更大范围内推广股权和分红激励、兼职兼薪等政策，支持国企尤其是国有科技型企业、高校、科研院所加大实施力度，同时加快完善配套政策。

五、大众创业、万众创新活力迸发，但壮大新动能仍需加大"放管服"力度

大家认为，"放管服""双创"与新旧动能转换一脉相承、相得益彰，凡是"放管服"与"双创"搞得好的地方，新动能成长动力更足。同时，创新创业领域还存在一些体制机制障碍。比如，现行法规、监管制度与共享经济等新技术新业态迅猛发展的态势不匹配。有企业反映，现在叉车、场地车等特种设备共享租赁业务蓬勃兴起，但部分地区不接受异地牌照车

辆，制约了流动作业。有企业反映，《消化内镜诊断技术管理规范》对胃镜检查规定了非常严格的要求，只有二级以上医院才能达到，且要求严格的消毒环境，但一次性"智能胶囊"内窥镜上市后，就不需要过去那样的环境，可以在基层医疗机构广泛推开，但按现行技术规范仍不允许。再如，近年来各地新型研发机构成长迅猛，大大加速了科技转化为生产力，但由于这类机构身份和定位不清晰，无法享受国家的一些优惠政策。

今后，对新兴产业，完善监管规则，探索多元参与机制，健全首台套技术装备支持政策；对新兴"双创"平台，加大支持力度，赋予更灵活的用人等权利；对新兴创业群体，完善社会扶持、风险分担及救助、再就业等机制，营造良好的创业创新生态。

（与国务院研究室郑真江、方广宇合作）

当前科研经费使用中的突出问题及政策建议

——科研经费管理改革调研报告（上）

（2018 年 7 月）

　　科研经费问题是目前科研人员最为关注、也是议论和诟病最多的问题之一。针对如何改革和创新科研经费使用管理方式，近日，我们先后到北京大学、清华大学、国家自然科学基金委和湖北、安徽等地调研，并召开多个座谈会，听取意见和建议。

　　大家认为，近年来党中央、国务院加大了科技体制改革力度，出台一系列松绑措施，科研经费管理越来越合理，服务越来越人性化。同时，科研经费管理改革远没有到位，政策落地"最后一公里"问题突出，有人甚至形容是"犹抱琵琶半遮面"，科研人员获得感、认同感不强。大家指出，现有科研经费使用管理制度束缚了科研人员手脚，抑制了创新活力，亟需加快改革。

一、人员费用比例过低

　　劳务费等人员费是科研人员创造性劳动价值的体现。有关政策已明确，财政性科研项目中劳务费不设比例限制。但目前大多数项目中的人员费实际比例仍仅 20% 左右，虽有所提升，但整体水平仍偏低。据国家自然科学基金委统计，近 3 年科学基金项目中，平均劳务费分别占 16%、17% 和 18%，超过 30% 的不足 10%。很多科研人员反映，超过 30% 就可能进入"雷区"。为什么在劳务费比例已经不设限制的情况下还难以提高呢？据大家反映，主要有 3 方面原因：一是如果在科研项目申报预算中劳务费比例过高，很难通过立项。劳务费占比低已成为科研经费预算的"通行惯例"，一些劳务费比例较高的科研项目，在评审中就会成为削减预算总额的"首选"，甚至直接被"毙掉"。如某重大项目列支 300 万元劳务费，预算调整后变成了 30 万元。二是现行政策规定劳务费不能发给参与项目研究的有工资性收入的科研人员，只能发给参与项目研究的研究生、博士后、访问学者及项目聘用的研究人员、科研辅助人员等，这就大大限制了劳务费使用范围。科研人员反映，科研项目现有劳务费标准根本无法请到高水平研究人员，尤其是一些跨行业跨领域融通创新项目。三是对学生劳务费计税较重。目前参与科研的学生获得的助研津贴和勤工俭学等收入，按照劳务所得计算个人所得税，也就是每月劳务收入超过 800 元的部分，按照 20% 缴纳，这对以科研工作收入为主要生活来源的研究生来说，负担较重。

建议：尽快研究解决人员费用比例过低问题。一是科研主管单位在项目预算评审中应鼓励科研人员根据实际需求填报，不以劳务费比例作为审核标准。二是放宽劳务费发放范围，允许有工资性收入人员获得一定比例的劳务收入，允许劳务费中列支研究技术系列人员工资及其住房公积金等成本，体现多劳多得和以增加知识价值导向的分配机制。

二、间接经费无法体现绩效导向

间接费用是用于弥补科研单位为项目研究提供的仪器设备及房屋、水、电、气、暖等消耗以及科研人员的绩效支出。中办、国办《关于进一步完善中央财政科研项目资金管理等政策的若干意见》中提高了间接经费比例，取消了绩效支出比例限制，体现对科研劳动价值的倾斜支持。目前间接经费的分配主要是学校、院系、课题组各占一定比重。一方面，科研人员认为，目前间接费用大部分用于"硬成本"支出，扣除直接费用支出后所剩无几，最终用到"人"身上的比例很小，希望更多用于绩效激励。课题组往往也认为，间接费用应属项目所有，主要用于绩效，单位不应统筹安排。另一方面，科研主管部门认为，如果间接经费比例过高，在总盘子固定的情况下，会降低直接经费比重，影响科研活动。

建议：一是在提高间接经费比例的同时，加大科研投入力度，弥补提高间接经费比例后的财政科研经费缺口。二是建立对科研单位的信用评价制度，对信用评价优秀、科研成效突出的单位，提高间接经费提取比例。三是指导科研单位用好间接经费的自主权，加强对优秀科研人员的绩效激励，绩效奖励支出可不纳入事业单位工资总额限制。

三、科研预算管理过细过于僵化

这是科研人员"吐槽"最多的地方，主要有按行政方式管理科研资金、呆板僵化、过细过死、重物轻人等问题。我国自20世纪90年代开始建立了学术研究"课题制"管理模式，但随着形势发展，科研预算管理制度与科研活动不适应的问题日益突出。一是财务预算的精准性与科研活动不确定性的矛盾。科研人员反映，现行预算要求分类很细，约十个大类，每类下又有多项，如差旅费一项就要填写"调研次数、人数、目的地和每次调研所需经费数额"，科学家需要花费大量时间用于编制预算，把科学家逼成了"会计"。更令人头疼的是，科学家还要成为"预测专家"。科研人员反映，现在预算编制要求准确预测到若干年后用多少瓶何种型号的化学试剂，这根本无法做到。科学家只恨没有未卜先知的能力，无奈之下只好"造假"。二是预算执行的刚性与科研活动灵活性的矛盾。大家反映，科研预算管理从一开始就是"变相逼着科学家撒谎"，而预算执行又要把不合理的预算当作"真实的客观需求"。一些科研预算做得早，采购设备时型号批次可能发生了变化，但又不能擅自按照新的型号或批次采购，再次报批的审批周期很长。同时，一些未在预算中又根据研究需要参加的学术交流等活动，也无从支出。近年来科研领域通报违规最多的是"未经批准擅自调整预算"。三是削减预算随意性大。比如在预算中填写需要 10 瓶试剂，预算评审专家就会质疑为什么用 10 瓶，别人才用 5 瓶，因而削减项目的试剂耗材预算。多位科研人员指出，僵化的科研预算管理制度已经成为创新活动的一大束缚。美国许多项目预算管理采取"模块化资助、框架性经费"管理方式，科研人员只需说明所需经费模块的数量，列明经费框架和概要即可，不用详细预算和细化条目；德国竞争性科研项目经费只要负责人签字就可以支出，不用层层审批。这为科研人员调整预算、自主使用经费预留出了充足空间。

建议：一是借鉴国内外经验，加快探索简约高效的科研预算管理方式，放宽预算编制要求，大幅放宽各类经费比例限制，合并同类项并采取框架式管理，探索"负面清单"管理方式，建立弹性预算制度。二是扩大科研经费定额补助的支持方式，探索模块化管理、分档管理等新型预算管理体制。三是真正向单位和研发团队下放预算调剂权，由项目负责人根据实际情况对经费使用计划进行动态调整，并自行负责，无须审批。四是加强事中事后监管，加大信用监管等力度。

四、经费报销难、程序繁琐

这是科研经费管理中的"老大难"问题。一是报销审批需要闯过"重重关卡"。经费报销需要经过项目组、实验室、学院和财务部门等负责人的重重审批，防范等级甚至超过核电的"四层设防"。一些负责人为了减轻"签字责任"，或多或少都会设置一些门槛，经费监管从"层层设防"发展到"层层加码"。二是报销制度设计复杂且不合理。现行财务制度对什么可以报销、报销标准是什么、怎么报销制定了复杂的规则，科研人员根本不清楚名目繁杂的各类标准。如有的要求出差必须交通费、当地住宿费齐全。一位老教授到香港出差，对方安排了住宿，结果回来后因没有住宿票就不能报销机票。课题组请外国专家学者吃个饭、喝个咖啡，也只能自掏腰包。科研人员调研、会议都有严格的比例和标准限制，机票、高铁座位等次都要按级别购买，完全参照行政机关执行。到偏远地区或到国外出差等难以取得发票的，还连带影响其他发票的报销，只得写说明甚至用假发票代替。多位科研人员反映，现在报销动辄需要提供各类说明，要求科研人员"自证清白"，"发票＋说明"成了报销的新常态。三是横向经费参照纵向经费进行管理。高校院所与企业签订的横向科研项目，经费一旦进入单位财务账户，管理方式与按事业单位管理的纵向经费相同。四是科研经费拨款迟延。科研项目拨款经常滞后于项目进度，有的是下半年甚至是年底才到账，但是要求年底把钱花完，带来执行率低和经费不合理使用的问题。

建议：一要改革完善项目经费管理制度，简化报销流程，关键是下放经费使用审批权，不需层层审批，研发团队对额定范围内经费有充分使用权；取消诸多不合理的报销规定；积极探索包干制等简单实用的管理方式。同时，改革横向课题经费管理办法，允许项目团队根据合同约定自主安排，不再按纵向课题管理。二要推广"互联网＋科研管理"，实现项目从立项登记、预算调整、经费调配、核算报销等全链条网上管理，采用 App 等新模式，推进移动终端办理、自主查询等方式，加大信息共享力度，打造无现金报账系统、网上预约报账系统、网上缴费系统、办公物资和实验材料采购系统等，让大家通过手机或网络就能把事办成。

五、稳定性支持经费不足

近年来，高校和科研院所强化基础研究和原始创新、加强公共创新平台和重大科技基础设施建设，对稳定性支持的需求越来越大。国家和部门出台多个文件强调扩大稳定支持经费规模，但在科研经费总盘子中占比仍很小。一是高校科研院所重竞争性支持、轻稳定性支持。目前高校科研院所科研经费来源的主渠道是竞争性项目经费。而且，纵向科研项目经费结余超过两年，财政部门会将结余经费回收，给高校科研院所利用结余经费开展稳定支持和重大项目前期预研带来障碍。二是高校与科研院所的自主科研经费差距大。目前国家对高校的拨款标准是生均拨款，并不考虑高校有多少科研人员，稳定支持的只有基本科研业务费这个专项，中央部委所属高校每年加起来才 40 亿元，分到每个高校仅数千万到上亿元不等，甚至达不到一个科研项目的经费。三是科研配套支持挤压高校自主经费空间。

建议：一是拓宽对稳定支持渠道，积极探索竞争基础上的稳定支持，对高质量完成科研任务的机构或人员，应通过滚动支持、长期支持等多种形式，鼓励他们开展持续研究和前沿探索。二是废除纵向科研经费结余 2

年后回收的规定，改为由科研单位自主使用。三是推出更多对研究机构和创新团队、优秀人才的稳定支持，看准人、多支持、少干预，为更多"千里马"脱颖而出营造环境。

六、高校和科研院所相关税负不合理

一是横向课题结余资金需缴纳企业所得税。很多高校科研院所将横向科研项目结余经费全部转入科研发展资金，并继续用于科研支出，但税务部门要求就横向科研项目结余资金缴纳 25% 的企业所得税。北京大学、清华大学已收到大额补缴通知。二是单位转化科技成果需要缴纳增值税和营业税。现行税收政策将科技成果作价入股视同销售行为，单位按规定需要当期缴纳增值税和所得税，不能缓缴，这给单位转化科技成果带来很大负担，而一旦转化失败，前期纳税直接成为资产损失。单位承担的义务与可能获得的收益不匹配，影响了转化积极性。

建议：降低高校科研院所科技成果转化的税负，参照科技成果转化个人税收优惠政策，将单位成果作价入股视同股权转让，当期不需缴纳增值税、所得税，待转让、出售等取得实际收益时再征税。

七、科研经费管理制度与监督审计政策脱节

科研领域"放管服"改革放宽了科研资金管理约束，但常常遇到政策不衔接的问题。比如，间接经费是补偿单位科研成本的自主性经费，但一些监督部门仍要求单位提供间接经费的开支清单，甚至因为间接经费开支问题，对项目作出"不予验收""核减经费"等结论。大家形容是"政策

打架、科研人员遭殃"。再如，在严控"三公"经费下，有些单位就把教学科研人员出国学术交流纳入"三公"范围，将出国计划压住不报或取消，或有出国计划却因经费限制难以成行。

　　建议：财税部门、科研主管部门要针对当前科研人员反映的突出问题，主动加强与审计和监督部门的政策沟通，消除不同部门对政策把握和理解的差异，营造良好的科研活动氛围。

（与国务院研究室郑真江、北京理工大学法学院蔡颖慧合作）

关于科研经费的几个争议性问题

——科研经费管理改革调研报告（下）

（2018 年 7 月）

科研经费是科研活动的物质基础，更折射出鼓励创造性劳动的价值取向，科研经费使用好坏，很大程度上影响着整个创新体系的活力。要真正解决科研经费使用中存在的种种问题，提升科研绩效和创新质量，必须从理论上和认识上厘清几个问题。

一、科研人员能否从科研项目经费中"取酬"

换句话说，科研项目经费能否更多直接用于人员费用？人们通常认为，科研经费是为科研需要而实际支出的费用，因此只能开支差旅、会议、设备购置、专家咨询等必需的费用。这种观点不完全正确。科研活动的本质是人的创造性活动，目的是产出创新成果，其中最重要也最必要的支出是科研人员的智力劳动。如果没有这种劳动，再多的设备材料也无法产出创新成果。因此，科研活动不同于工业制造活动，它既是物质创造，更是精神创造；科研项目经费应当既是物质基础保障，也是对智力活动价值的承认和体现。科研项目应当围绕激发人的能动性和创造

力来进行，经费分配应当向人倾斜，创新收益应当让科研人员分享。与
发达国家相比，我国科研经费中人员费比例严重偏低，一般性科研项目
不超过 20%，即使基础研究项目也不超过 30%。而美国科研经费中综合人
员费占 50%—65%，日本占 45%—55%，英国占 52%，一些基础研究甚至占
80% 以上。有研究显示，我国是科研人员数量第一的大国，但科研人员人
均劳务成本仅为日本的 1/12，韩国的 1/6，低水平的人均科研投入强度
不可能支撑我国科研人员向世界尖端科技迈进。这种"重物轻人"的经
费管理导向已经严重制约科研创新活动。至于科研项目经费中多大比例
用于科研人员智力劳动价值，应当区分不同项目，但总的应更多由研发
团队和科研人员支配。

还有观点认为，科研人员已经有稳定的工资收入，就不应再从课题经
费中取酬，科研项目也承担不起调节收入分配的责任。这种观点也不符合
实际。一方面，科研活动具有信息不对称性，很多有形与无形支出难以体
现出来。另一方面，在现行体制下我国科研人员工资只是中低水平的保
障，从事科研活动理应获得额外劳动补偿；在工资水平难以较大幅度提
升的情况下，从项目经费中取得一定报酬是合理的。美国国立卫生研究
院（NIH）规定，科研项目负责人可从科研项目中提取不超过 18.7 万美元
的劳务报酬。美国自然科学基金最高 80% 是劳务费，大学教授 2—3 个月
的工资可以在项目经费中列支。英国制定了一套科研工作全时当量（FTE）
的计算办法，按照标准为科研人员的劳动付出提取相应报酬。正如制度经
济学家科斯所说："一个人的贡献和他本人取得的报酬差距越小，越容易
激发创造性。"法学家也认为，科研人员在科学研究中居于主体地位，项
目经费应当向承担人倾斜，允许他们从中获得类似奖金的报酬合法合规，
也符合科研规律。这有利于调动科研人员积极性，在全社会彰显智力劳动
的价值，鼓励更多创新创造。

二、如何体现"让科研经费为人的创造性劳动服务"

国家设立科研项目、支出科研经费的目的，在于产出更多经济社会发展需要的科技成果，否则就没有意义。科研经费只是科研管理的手段，绝不是目的。但在实践中，两者被颠倒了、模糊了。一些科研人员开玩笑说，科研经费制度设计层层设防，这是把科研人员"当贼防""当犯罪嫌疑人"，因而有很强的不被信任感。这套过严的制度设计背后的理念，是管好科研过程重于产出科研成果，是科研活动服从于科研经费管理。这实际上是"本末倒置"，把科研管理当成了"目的"而不是"手段"，是不符合科研规律和人才发展规律的。科研经费制度管理的目的，应当以鼓励创新创造为导向，最大限度保障和调动科研人员的能动性和创造力，而绝不能把科研人员的积极性管没了，甚至逼着科研人员在经费上"造假"。

不少科研人员反映，现在一些管理部门对科研活动的过程严格把控，但对最重要的科研成果环节却重视不够，追求程序公正而忽视了实际效果。相比之下，发达国家科研项目管理的重心是后端管理，普遍将项目的阶段性报告和结题报告作为评价科研经费使用效率的重要依据，同时制定出完善的科研绩效评价办法。这种以后端管理为主的科研经费管理模式具有双向作用，既可通过结果评价追溯已有科研经费的使用绩效，也能通过结果评价发现未来科研投入的重点对象。我国应当尽快改变科研管理重过程轻结果的倾向，发挥后端管理在检验科研绩效和指导科研投入方向中的作用，"管住两头、放宽中间"，只要把好科研项目"准入关"，让真正有能力的科学家承担题目，同时设计好"出口关"，建立严格科学完善的成果评审程序，保障产出真正合格的成果。至于中间怎么组织科研、经费怎么花，都要尽量宽松，给予项目团队和领军人才更多的自主权。要研究制定面向科研机构和科研人员的信用评价办法，对科研活动的创新成果、经济效益、社会影响以及诚实守信情况开展系统评价，对评价优秀者，应当在长期稳定支持、放松监管要求、扩大自主权等方面体现更多倾斜支持。要积极培育科学共同体，在技术评估、标准研制、成果认定等方面发挥更加积极的作用，让科学的事情由科学家做主。加强科研诚信建设，完善学术道德和学术不端行为惩戒制度，发挥好科学共同体的自律作用，利用科学家所共同接受的学术和道德规范形成强大约束。科学家一旦失信，不要说申请政府资助会受到影响，甚至在科学界无立锥之地。

三、如何在科研经费使用中区分政府、科研机构、科研人员的不同角色

美国学者大卫·古斯顿指出，"政府与科学的关系可以进一步看作特殊的代理关系——委托代理关系"。在这种关系中，政府将科研资源使用权力让渡科研机构和科研人员，科学家作为受托方，拥有自主研究权，是"运动员"；而政府作为委托方，主要职责是监督监管，防止滋生道德风险，是"裁判员"。但在实际操作中，政府对科研成本怎么算、科研经费怎么用、甚至技术路线如何选择等管得过细过严，介入到专业化领域，既当"裁判员"又当"运动员"，挤压了科研人员自由探索的空间，也超越了自身边界。我国现行许多科研经费管理制度"计划模式、行政主导、长官意志"色彩比较浓厚，实际上是没有处理好政府与市场、"裁判员"与"运动员"的关系。政府有关部门的手伸得过长，越俎代庖，有时甚至为了避免承担责任，刻意将管理过程复杂化，那无异于把"运动员"的手脚捆死。同时也造成高校和科研院所一方面有权不敢使，放权不敢接，也不愿制订相关经费管理办法；另一方面相应层层加强管理，科研人员动辄得

咎，稍不注意就会越界、违规，长此下去不敢做、不敢动、怕踩雷，严重影响了创新创业热情。因此，必须进一步明确边界，政府部门把应有的监管和服务职责履行好。

目前科研经费领域案件频发的一个重要原因，是立法滞后或政策制度不合理，一些科研经费法律地位和属性不清晰。大家普遍反映，由于我国没有建立专门的科研经费管理立法，一些科研经费管理简单套用行政机关和事业单位的财务制度，造成管理的混乱局面。根据法学家的观点，政府机关作为甲方的纵向科研合同不同于一般的民事合同，是以公共利益为目的、由政府牵头，与科研机构签订的合同，应纳入行政合同的序列调整。但由企业作为甲方的横向科研合同，本质上属于民事合同，政府介入民事合同监管本身就存在越位的问题。科研经费的法律性质不同，管理方式大相径庭，在具体适用会计、财务、审计等制度方面的要求也不相同。应从顶层上加强立法规范和分类指导，避免政策打架，理顺行政权力与学术权力的关系，规范科研合同实施中的权责利要求。总的来说，要划好底线、守住红线、明确界限，让科研人员放心大胆搞科研。

四、财政性科研经费形成的科技成果产权权益如何界定

这个问题本来已经解决，按照 2015 年修订的《促进科技成果转化法》，财政性科研项目形成的科技成果处置权收益权分配权归承担单位所有，单位可以转让、许可、应用，也可以股权、分红等方式奖励科研人员。这也是国际通行做法。但在实践中，由于我国科研单位基本上都是财政拨款的事业单位（国外科研机构则大多是私有），财政性科研项目经费形成的科技成果产权，仍是完全归国家所有，科研人员并没有相应产权。科技成果是科研人员的创造性劳动和资本共同创造的，产权应当由出资方

和科研人员共同拥有，科研人员有权从中获得相应的产权激励。同时，现行科技成果按国有有形资产管理，加上工商、税务、审计以及评估定价机制不健全等方面因素影响，转化有风险、不转化无责任。作为国有事业单位，因生怕担了造成国有资产流失的罪名，院所负责人签字的笔还是不敢大胆落下去，成果转化就打了折扣。且国有单位持有成果转化技术入股后，企业涉及增资扩股、转让等资本运作都需要主管部门审批或备案，程序繁琐、处置难影响了转化积极性。尽管有尽责免责条款，但由于《国有资产管理条例》没有变，对职务发明没有相应法规，单位领导往往慎用甚至不用免责条款。当前应当深化科技成果产权制度改革，探索科技成果混合所有制或共有产权等新机制，加快探索赋予科研人员科技成果所有权或长期使用权，采取"权属归个人、利益返还单位"等做法，有效平衡国家、事业单位、个人三者利益，从根本解决转化动力和能力问题，更有效打通科技成果转化通道。同时，加快出台职务发明条例，制定事业单位国有科技类无形资产管理办法，同有形资产加以区分。

（与国务院研究室郑真江合作）

大力支持高成长性企业发展

（2018 年 8 月）

近日，我们赴上海等地，就高成长性企业发展情况进行了调研。

一、高成长性企业的发展趋势

一般来说，在我国，高成长性企业包括独角兽企业（成立时间不超过 10 年，获得过私募投资且尚未上市，估值超过 10 亿美元的企业）、隐形冠军企业（在国内外细分市场领域中排名前三位、在高端制造的关键材料、核心零部件或先进服务模式上具有领先地位，并不为大众所熟知的中小企业）、瞪羚企业（创业后跨过"死亡谷"，以科技创新或商业模式创新为支撑，进入高成长期的中小企业）、黑科技企业（掌握颠覆性突破性新技术，研发生产出高技术产品并迅速占领市场，引领新兴产业变革、颠覆传统产业格局的企业）等类型。他们的共同特点是发展速度快，具有高增值能力并带来高效益，处于行业前沿并能引起行业变革。根据某机构发布的独角兽研究报告，2017 年，全球有 252 家独角兽企业，中国有 98 家，占比 38.9%，居全球第二位，在全球估值前 10 名的独角兽企业里，中国有 5 家。其他的隐形冠军企业、瞪羚企业、黑科技企业都在大量涌现。这些高成长性企业的快速发展，正在加快重塑中国经济的增长格局。

从上海的情况看，高成长性企业在促进新旧动能转换、增强发展内生动力上发挥出越来越重要的作用。它们一方面代表着"增量崛起"，在塑造更多依靠创新驱动的引领型发展上走在前列。例如，某医疗设备企业掌握相关高端医疗设备整机技术和核心部件技术后，彻底改变了过去国内相关市场被国外企业垄断的格局，成为行业领航者。另一方面，高成长性企业也在促进着"存量变革"，成为推动互联网、大数据、人工智能和实体经济深度融合的排头兵，不断释放出新动能接续代替旧动能，带动传统产业浴火重生。例如，某工业互联网企业专注于打造面向机加工领域以及数据驱动的一站式工业服务平台，推动传统装备加工制造流程实现转换升级，塑造全新的制造互联共享生态，从而实现新旧动能转换。

二、高成长性企业发展面临的问题

总的看，高成长性企业受益于一系列重大改革举措，特别是"放管服"改革带来的综合效应，实现了较快发展。但仍面临不少发展门槛和制度障碍，政策上也有不少堵点、痛点、难点。

（一）市场准入仍然存在不少壁垒

企业反映，有关部门对新产品新材料上市、进口等审评审批流程长、时间久、门槛多、成本高，经常导致企业丧失宝贵的市场机遇。比如，部分行业的配置许可政策造成新品上市应用难。某医疗设备企业反映，大型医疗设备配置许可有明确配额，企业斥巨资研发的创新性高端医疗设备仅能获得少量配置许可证，面临无法进行广泛临床应用的困境。再如，实验材料进口前置审批影响了企业研发创新速度。某企业反映，医药研发所需实验材料的特点是量少但种类多，需求随机性大，需要分别报关，导致进口耗时较长，实验项目不能与国际同步开展。

（二）对"四新"的包容审慎监管还没有真正落实到位

高成长性企业多与新技术、新产业、新业态、新模式密切相关，但是现有监管方式往往因循旧例、对号入座，难以包容"四新"发展。例如，对汽车行业的监管主要是将研发、生产和销售捆绑，将品牌和制造环节捆绑，但一些新近进入汽车行业的"互联网造车"企业，选择了与现有汽车企业进行生产合作，这种新的生产组织模式的探索至今仍未得到相关政策的认可，给企业经营带来很大不确定性。比如，产品质量到底是由制造方还是品牌方负责，这个问题如不尽快解决，将对企业发展带来很大影响。大量的"互联网+"、跨界交叉融合类企业和平台类企业更是经常遭遇身份尴尬，现行工商登记、税务等的目录对新产业新业态新模式无法及时归类管理。对同一业态，各地可能分别登记为企业类、事业类、民办非营利性等，而归入不同门类直接影响企业的税负。

（三）科技创新缺乏资金、空间和平台支持

现有融资政策难以满足企业需求。不少企业反映，由于研发周期长、投资大，企业上市融资很难符合销售业绩等非创新类指标，再加上知识产权质押贷款落实难，造成资金缺口较大，以致不少企业只能通过抵押个人房产、车辆去贷款。技术落地面临空间限制。新技术成功研发后，受环保政策影响以及环境承载力有限、人力成本高等限制，在进一步扩大发展上面临空间不足的瓶颈问题。例如，上海张江就出现了不少高成长性企业在项目产业化实现后就搬离当地的情况，造成"研发在张江、价值在境外""墙里开花墙外香"的局面。缺乏功能性平台支持。不少企业反映，无法完全依靠自身发展的盈利积累来完成技术的升级换代，在衔接产业链与创新链、促进科技成果转化上仍然存在盲点，亟需相关的公共创新与孵化平台以及融资服务机制等提供支撑。

（四）行业标准建设滞后

高成长性企业发展之快，远远超出现行法规和标准制度的约束范围，不少领域甚至根本就无法可依。比如，我国有些企业具有全球领先的细胞治疗技术，但我国对其临床研究没有明确的管理办法，没有应用研究和产品认定规则，使这一技术迟迟无法产业化。而全球已经批准 20 多个细胞治疗产品上市，欧美日韩等国都出台了政策，我国原本在这一领域领先的技术研究面临着被超越的威胁。既有的行业规范也有待统一。某生物医药企业反映，不同医院的临床试验过程在合同、伦理审核等方面要求不同，国家对此没有统一规范，造成企业花费很多时间去准备材料和跟进流程。部分行业标准与国际相关标准不统一。某企业反映，《中国药典（2015 年版）》的部分标准与国际通行行业标准尚未做到协调和统一，不利于新产品在国际上快速上市，同时也增加了企业申请专利的负担。石墨烯相关企业反映，由于缺乏相关行业标准导致市场鱼龙混杂，一定程度上阻碍了石墨烯产业的健康发展。有企业反映，有的部门要求没有标准产品就不能投入市场，而标准不经过市场经营也制定不出来，实际上成了鸡生蛋、蛋生鸡，新事物还未成长就被扼杀在摇篮中。

（五）公平竞争环境有待进一步优化

企业反映最强烈的，是招投标中对国产自主创新产品的隐形歧视。许多国产品牌性能优于国际品牌，价格更便宜，但现行招投标按体量、案例、市场占有率等指标衡量，而不是重点考量技术水平、匹配程度等，国产品牌往往被排除在外，使初创企业很难打响占领市场的头一炮。某医疗器械企业反映，部分医院在招标过程中设置了不利于采购国产医疗器械产品的招投标参数，国产医疗器械产品被强制分组招标，且价格被要求低于同类进口品牌至少30%，加之患者普遍存在价高质优的心理，使得国产产品推广难度大大增加。

三、相关建议

（一）深化"放管服"改革

要坚决为企业发展打开便利之门，探索保税研发模式，通过加工贸易手册方式实现研发用材料的保税进口，编制专属通关编码，解决实验用材料通关问题。着力加强事中事后监管。凡是技术工艺成熟、通过市场机制和事中事后监管能保证质量安全的产品，一律取消生产许可；对实行配置许可的行业进行配额调整和优化，有效地帮助国产创新设备和技术尽快获得应用和验证的机会。持续推广"负面清单"管理方式。积极营造支持改革、宽容失败的浓厚氛围，鼓励企业把容错机制写入公司章程，解放思想、大胆创新、先行先试。

（二）探索开展高成长性企业培育工程

选取具有代表性的高成长性企业开展相关政策、创新资源等对接服务，根据试点企业融资需求，帮助其通过知识产权质押融资等获得银行中长期借款。优先支持试点企业与相关企业、研发机构、高等院校共建研发机构，开展研究开发、概念验证、中试熟化与产业化开发。将软件、专利、试验、检测等"软投入"支出纳入政策支持范围。

（三）推进研发与成果转化功能型平台建设

通过功能性平台支撑产业链创新，形成对产业链各环节研发与转化过程的技术服务供给；支撑重大产品研发与转化，开展共性关键技术和产品攻关及应用；支撑创新创业，以资源汇集和专业科技服务为抓手，为各类创新创业活动提供引导和支撑。

（四）强化标准建设

统一行业规范。在临床试验项目合同上制定统一的合同模板；顺应医疗行业的需求，探索建立国家层面的伦理委员会。协调国内标准与国际通用标准，在不损害国家利益的前提下，能够采用国际通用标准的采用国际标准。鼓励有条件的高成长性企业和研究机构参与新兴行业标准制定工作，从而加快相关标准的出台，进而规范市场。

（五）开展国产产品质量和效能一致性评价

建议按与进口产品质量和效能一致的原则，分期分批进行质量和效能一致性评价；对达到与进口产品质量和效能一致或超越水平的，列入国家推广目录，并在产品准入审批、政府采购等方面给予相关政策支持。例如，针对国产的高质量生物类似药，可以考虑给予其与进口原研药一样统一不列入药占比考核范畴。

制造业动力变革的新趋势、问题及政策建议

（2018 年 8 月）

　　制造业是实体经济的主体，加快制造业动力变革是推进新旧动能转换的关键。最近，我们围绕制造业动力变革问题，赴上海等地进行了专题调研。

一、制造业动力变革的新趋势

　　我国制造业正处于动力变革的关键时期。上海等发达地区先行一步，经过一段时期调整转型，制造业已经进入新动能加速扩张、传统动能焕发新颜的新时期。2017 年和 2018 年上半年，上海市工业增速一举扭转了连续 6 年低于全国水平的态势，工业投资、税收、利润等指标均创 7 年来新高，而房地产占地方财政收入比重下降到 18%。在这一过程中，展现出制造业动力变革的一些共性趋势，值得总结借鉴。

　　趋势一：以持续突破核心技术为引领，加大知识、技术、信息、数据等新要素投入，带动行业与企业整体创新，促进制造业向全球价值链中高端迈进。上海通过实施产业创新工程、技术改造焕新计划和建设功能性融通创新平台，在工业"四基"及产业技术基础、产业链协同等 48 个重点

方向布局技术攻坚，推动企业改变原先依赖引进技术、产业链掌控力零散薄弱的发展惯性，加快突破一批具有标志性的核心零部件、关键基础材料和先进基础工艺的工程化、产业化，实现自主创新实力跃升。还首次将软件、专利、试验、检测等代表采用新技术新工艺新设备新材料的"软投入"要素，纳入技改政策支持范围。如某液压系统公司持续加大研发创新投入，联合高校、科研院所攻克关键先导伺服技术、超高压阀体材料等"卡脖子"技术，成功打破国外垄断，能够替代国内80%的工业装备和主机应用液压阀门元件的进口配套。

趋势二：**更加注重产业集群化，以龙头企业带动，促进全产业链上下游、左右方"抱团发展"，补齐做强缺失环节，提升产业链整体掌控力和应对风险能力。**上海市聚焦打造电子信息、装备制造与汽车、钢铁、化工、生物医药、航空航天和都市产业等一批世界级先进制造业集群。如新能源汽车行业涵盖了整体制造企业、电池生产企业、零部件制造企业、互联网企业、科研机构、产业投资机构等，共同研发设计、协同突破技术、协作打开市场。其中仅某燃料电池企业的成长，就培育带动了电池系统、电堆、膜电极、双极板、DC-DC、空压机等100余个上游环节和配套加氢设施发展，同时也给下游整车、氢气制备等行业带来新的机遇。这种协同发展模式，既延伸了产业价值，又增强了产业核心竞争力和安全性。

趋势三：**制造业数字化网络化智能化已成必然趋势，从工业互联到万物互联再到智能制造，正在对传统制造业进行全面颠覆式改造，开创"制造＋智能＋服务＋网络"全新制造模式。**工业互联网是新一代信息技术与制造业深度融合的一场革命，将给制造业带来由批量化标准化生产向大规模个性化定制、由单一制造企业向跨界融合企业的深刻转变，对网络、软件和数据的依赖前所未有。上海在这场变革中没有一下子全面铺开，而是采取了从产品研发、设计、生产、服务、营销等各环节各阶段逐步渗透、预留接口、再通过互联网全面连接的办法，形成了系统解决方案服务、支持服务、定制服务、研发设计服务、信息增值服务、网络化协同制造服务等六大主导重点模式，同时建立了"平台、网络、安全、生态、合作"五大公共服务体系。在智能制造方面，上海首先建立了100家示范性智能工厂、1000家左右智能化转型企业，总结形成了离散型智能制造、流程型智能制造、网络协同智能制造、大规模个性化定制、远程运维服务等多种模式。目前全市智能制造平均提升生产效率50%以上，运营成本降低30%以上。

趋势四：制造业生产方式和组织模式变革明显加速，企业加快向平台化、扁平化、生态化演进，开放性组织大量涌现，大大提升资源配置效率和生产效率。从新兴产业看，上海市新技术新产业新业态新模式大量涌现，发展出共享经济、平台经济、数据经济、体验经济等新模式，而且与传统制造业快速跨界融合，对制造业的每个领域、每个环节都在进行渗透，同时孕育出大批新的细分行业。上海市设立"四新"模式与产品推广运用专项资金，并在放宽准入和运营上充分"留白"，目前"四新"经济已经占到30%，对经济增长贡献率超过40%。从支柱产业看，上下游企业、大中小企业正结成各种联盟，与用户共同研发设计，与供应商协作生产，与同行共同突破技术。不少大企业都建立了"小核心、大协作"的创新平台或协同制造平台。从企业内部看，越来越多企业成为每个人发挥聪明才智的创新创业平台，成为制造业大网络下的平台组织。从供需关系看，以消费者共创共享为核心的生产、经营、销售等生态整合模式快速发展。目前在家电、服装、家具、手机等消费品行业，个性化精准营销、网络化协同设计、线上线下融合、基于大数据实现场景等模式已广泛开展，消费互联网与工业互联网进一步联通。

趋势五：以打造高品质、提升附加值为目标，质量、标准、技术、品牌、信誉、文化建设一体化推进，推进制造业服务化，提升制造业供给体系质量。上海对标国际最高标准，提出打响"四大品牌"即"上海服务、上海制造、上海购物、上海文化"，大力发展高端制造、品质制造、智能制造、绿色制造和高复杂高精密高集成制造，力争未来 3 年，3 家左右制造企业进入世界 500 强、形成 8—10 家制造业"独角兽"、200 家左右国内外细分市场"隐形冠军"。为此，将实施名品打造、名企培育、名家汇聚、名园塑造、技术创新、品牌创响、质量创优、融合创智、集群创建、绿色创先等 10 个专项行动，加快迈向全球卓越制造基地。

趋势六：制造业新生产力发展亟需打破传统思维和发展路径限制，加快国资国企改革，以体制机制创新释放发展新活力。上海以改革开放再出发的姿态，下大力气营造支持改革、鼓励双创、宽容失败的浓厚氛围，建立责任豁免条款等容错纠错机制。上海梳理了"四新经济"面临的制度机制障碍，建立了政府产业投资基金、政府采购创新产品和服务首购制度、科技成果转化"投资损失"免责政策等机制。对量大面广、包袱较重的传统制造业尤其是国有企业，采取了混合所有制改革、完善内部激励约束机制、加大全球范围并购重组等措施。目前上海市国资系统混合所有制企业已经占到 67%，整体上市和核心资产业务上市企业占国资系统竞争性企业集团的 2/3。如某老牌缝纫机企业，一方面走出去并购海外企业，获取高端技术及知识产权；另一方面通过国有大股东让渡股份成为无实际控制人的上市公司，并推进管理层和核心团队持股。目前高端缝纫机市场占有率全球第一，并涉足智能制造、航空航天、新材料等众多前沿领域，拥有众多国际一流公司大客户。

二、制约制造业动力变革的主要障碍

（一）变革成本高、风险大、顾虑多

从日韩等国转型经验看，动力变革时期需要较为宽松的宏观政策环境。目前我国企业的土地、用工、资金、用能、物流等成本等，都已经处

于较高水平，这对新动能成长产生"挤出效应"和"虹吸效应"。一些制造企业迫于城市高房价高地价，正在从核心地带向远郊搬迁，但位置太远又难以吸引人才，其土地、房屋如果转型为现代服务业用地用房，又面临规划国土限制。另外，传统制造业体系庞大，要给"傻大黑粗"装上"智慧大脑"，一方面要面对沉重的人员安置、产能淘汰、资产处置、社会维稳等压力，另一方面对新技术新业态新模式不会用、不敢用、不能用。在新动能模式尚未定型情况下，大多制造企业处于观望、等待心态。

（二）制造企业与科技创新结合不紧

制造企业普遍研发投入不足，创新能力不强。部分企业反映，现有科技专项对基础研究和工程化开发的布局不合理，特别是新兴领域一些核心技术已进入工程化阶段，但相关专项仍由科研机构主导，企业只是因"项目要求有企业参与"而参与。

（三）关键核心技术缺乏凸显"断链"风险

我国许多制造业产品规模已经达到世界前列，但核心技术和关键零部件主要依靠进口，又缺乏反制技术和手段，使得这一行业发展如同"沙滩上建楼"。这既表现在传统行业有大量高端设备、基础材料、关键零部件、基础工艺需要进口，也表现在机器人等新兴产业关键核心技术缺乏。比如石墨烯，我国研发主要集中在复合功能材料领域，如储能材料、涂料、改性纤维等，而发达国家已覆盖了通信、电子、医疗健康、仪器设备等多个领域。如不切实增强原创性核心技术供给，我国新兴产业可能又会走上低水平重复投入、高端产业低端化发展的老路。

（四）产业链发展不平衡

突出表现为靠近用户的下游行业动力变革明显加快，竞争力提升，但上游材料、部件和装备领域竞争力薄弱。同时，配套企业转型能力不足。比如燃料电池，目前上游各环节多由相关传统产业转型而来，以分散的中小企业为主，难以承受持续高强度投入。

（五）创新产品首台套首批次推广难

主要面临着市场壁垒和制度壁垒。比如，新材料、高端装备等由于市场长期为跨国企业主导，国内产品缺乏业绩检验，下游用户普遍不愿用、不敢用，难以形成"创新—使用—改进—再创新"的良性循环。许多国产品牌性价比优于国际品牌，但按现行招投标指标衡量，国产品牌往往被排除在外。再如，医疗设备在研发和推广阶段需要大量临床试验验证，但由于医院配置许可证政策限制，新型产品不仅推广数量极少规模扩张减缓，新技术也因缺少临床反馈难以得到快速提升。

（六）赋能型平台发展滞后

无论是传统企业升级还是初创企业发展，单靠自身往往力有不逮，这就需要大量创新创业平台、孵化平台、融资平台、数据平台、云服务平台、检验检测平台等。我国在平台建设方面很不发达，各地都在积极布局建设一批赋能性平台，但还在探索之中，功能定位、平台属性、支持方式、盈利模式等都不清晰。

（七）数据获取和流通困难，数据和信息安全堪忧

从工业互联、万物互联到智能制造，互联网接入设备快速增加，无疑将产生海量数据。一方面，需要加大数据互联与开放共享力度。有部门和企业反映，目前国内很多地区都在探索开放政府数据，但有关顶层设计尚未制定，国家层面仍有大量公共数据还未开放。由于上位法律和标准规范缺失，数据不兼容，数据流通交易也十分困难，这不仅极大制约行业发

展，也滋生黑市交易，造成隐私泄露问题。另一方面，数据的存储、传输、运用如果不能保证安全，将产生极大风险。我国在这方面短板十分突出。我国互联网核心技术缺失，关键信息基础设施、信息数据安全防护薄弱，一旦被别有用心的人攻击，轻则泄密、数据信息丢失，重则造成制造系统、金融系统紊乱、供电中断、交通瘫痪等重大后果。

（八）政策法规标准体系滞后

在制造业这样一个产业链长、高度复杂的系统，其创新发展不仅要求在准入和监管上有所突破，还要在制度供给上因业制宜，完善各种软硬环境。目前在产业政策、技术标准、工艺流程、主体培育、市场引导、法规建设等方面尚缺乏系统性安排。

三、有关政策建议

（一）加强顶层设计

加快形成制造业动力变革的整体战略，协同推进基础研究、应用开发、产业培育、规制变革与应用示范。加快在国家层面建立部门协同联动机制，针对各个行业遇到的差异化需求，逐个梳理瓶颈制约，排出解决问题的时间表和路线图。

（二）完善创新布局

在发展方向较明确的行业，支持企业牵头实施工程化科技创新项目，从单点突破向体系化提升迈进。针对产业链缺失或薄弱环节，建设一批市场化、专业化、网络化的协同创新与成果转化功能性平台。加强公共数据平台或以企业运营的数据平台建设，提高各行业各领域数据互操作性，同步建立数据安全治理框架。

（三）推进产用融合

加强智能制造或工业互联网应用场景建设，形成一批各环节、各行业的智能化改造模式，支持一批系统解决方案提供商发展。设立智能制造或工业互联网产业基金，加大对重大装备首台套推广和关键材料、核心零部件首批次应用政策支持力度，建立智能装备融资租赁等金融支持机制。实施智能化改造投资税收抵免优惠政策，将各类软投入纳入研发费用加计扣除、技改贴息等支持范围。

（四）强化制度供给

对一些我国在应用和研发领域走在前列的战略性新兴产业，不仅要在财政补贴、信贷政策等方面给予支持，还要在标准制定、研发投入、检验检测、行业规划、产业架构、信息数据等方面加大引导扶持力度。对传统行业、产能过剩行业、老工业基地等要制订有针对性的动力变革方案，在用地用房、财税金融、用水用电等方面适当加大支持力度。总结推广一批大企业成功转型的经验做法，对国有企业强化产权激励作用，加快推开混合所有制、股权激励等做法。

关于新旧动能转换的几点思考

（2018 年 12 月）

最近，我们在调研过程中，就新旧动能转换问题进行了研究，形成了一些粗浅认识。

一、关于新旧动能转换的方向和衡量指标

我国改革开放 40 年本身就是新旧动能持续转换、升级的过程。在我国经济由高速增长转向高质量发展阶段，中央提出了我国处于新旧动能转换关键时期的重大判断。新旧动能转换，是新动能的成长和传统动能的自我否定、自我超越，是推进供给侧结构性改革、实现高质量发展、建设现代化经济体系的重要途径，本质上是发挥每个主体的创新创造活力。

新旧动能转换往哪儿转？一般认为有 4 个方面：一是从要素投入驱动转向创新驱动，通过推动创新向各行业各领域广泛渗透覆盖，从原先主要依赖资本、劳动力、土地、环境等要素投入，转化为主要依赖知识、技术、人才驱动增长，成为"创新型经济体"。二是从主要依靠传统产业转向新兴产业和传统产业交融并进，大幅拓展生产可能性边界，颠覆性变革生产经营组织方式，提升产业价值与财富创造能力，成为"混合动力

型"经济体。三是从主要靠投资出口拉动转向主要靠消费、服务业和内需增长，大大提高资源配置效率和经济增长潜力，成为"内需支撑型"经济体。四是从数量规模型向质量效益型转变，收入分配更加合理，中等收入群体持续壮大，成为"橄榄型"经济体。因此，新旧动能转换必然要求在发展动力、运行模式、结构升级、资源要素配置、发展方式转变上进行彻底变革。

如何衡量一个国家、地区是否实现新旧动能转换？从我国"十三五"规划和发达国家动能转换经验及国际组织评价来看，可包括以下指标：

（1）全要素生产率（TFP）。这是最关键的指标，指除劳动和资本投入以外的要素贡献率，主要看科技进步，还有规模效益、资源配置（如城镇化改变人口二元结构、市场机制决定性作用发挥更充分等）、制度创新、管理创新等。如果 TFP 增长率为正，表明经济可依靠创新等持续增长；如果为负，表明经济增长将趋于停滞。从国际经验看，TFP 对经济增长贡献率超过 60%，才能成为以新动能为主的经济体。2008 年国际金融危机使我国 TFP 增长率改变了改革开放以来的上升趋势，一直在下降，2015 年后开始回升，目前 TFP 增长率超过 3%，TFP 对经济增长贡献率在 40% 左右，展现了供给侧结构性改革成果，但还有较大差距。

（2）全员劳动生产率。主要用 GDP 除以全部就业人员来计算。"十三五"规划提出，2020 年达到 12 万元／人年，目前不到 10 万元／人年。这里的关键要使劳动生产率增长高于或持平工资收入增长，防止掉入过度福利化。

（3）资本产出率。是单位资本投入所产出的 GDP，近些年我国信贷等投资效率持续下降，资本产出率高时为 5 左右，即 5 元投入才能获得 1 元产出，而发达国家一般为 2—3，这也加剧了金融系统风险。

（4）科技进步对经济增长贡献率。需要达到 60% 以上，2017 年我国为 57%。世界知识产权组织 2018 年"全球创新指数"首次提出"科技集群"概念，中国排名第二。科技集群既包括一个区域内各类创新主体和创新要素的数量与配置，也包括整个创新体系的完善程度，构建从高校科研院所等基础研究力量、国家实验室等大科学装置与科技基础设施、研发转化平台、众创空间等孵化器、初创企业、创新型企业等全链条创新体系。

（5）研究与发展（R&D）投入强度。发达国家一般为3%—4%，2017年我国为2.15%，主要问题在于企业基础研究投入不足。

（6）每万人口发明专利拥有量。我国"十三五"规划目标是达到12件，到2017年年底是10件左右，达标问题不大，但与发达国家的平均30件以上相比还有很大差距。

（7）教育投入比重。目前我国财政性教育经费投入占GDP的比重保持在4%以上，而发达国家不少达到6%左右，其中高等教育公共投入比重达到1%。

（8）人才指数。包括劳动者受教育年限达到12年以上，目前我国劳动者受教育年限为10.5年。包括战略科学家和学科领军人才数量、高端技能人才数量等，也包括科研人员投入强度等。

（9）创业活跃度。其中包括新增市场主体增速、活跃度和创业投资、风险投资占投资比重等。我国新增市场主体持续快速增加，进入亿户时代，我国是世界第二大创业投资大国，但规模仍然较小。

（10）技术和产权市场发育程度。

（11）就业结构。体现为传统行业就业持续减少和现代服务业、新兴行业就业快速增加。

（12）新兴产业比重。有观点认为，一个国家或地区新兴产业（包括先进制造业、现代服务业、现代农业等）增加值对GDP贡献率达到30%以上，5年内对GDP贡献率达到40%以上，可以认为实现新旧动能转换。我国还提出战略性新兴产业占GDP比重"十三五"要达到15%以上（目前是10%左右），占工业比重达到30%以上。近年来动能转换较快地区的战略性新兴产业增速都在两位数以上，有些发达地区占GDP比重已经达到40%。

（13）新经济比重。我国目前"三新"经济比重为 15% 左右，对经济增长贡献率为 30% 左右。从先行地区经验看，需要达到占 GDP 的 30%、对经济增长贡献率 50% 以上，才算实现新旧动能转换。

（14）绿色发展指标。既包括传统的能耗、水耗、污染物排放强度指标，也包括森林覆盖率等生态文明建设指标。

（15）营商环境方面的指标，包括开办企业、办理施工许可便利度、产权登记、信贷可得性、投资者保护、合同执行保障、市场监管、公共服务优化等。以上这些指标能更好体现核心竞争力、发展后劲和可持续能力等，可以从不同侧面衡量和反映新旧动能转换状况。

新旧动能转换是经济命题，更是战略命题。有学者指出，"历史上凡是能够最有效地从人类活动的一个领域迈向另一个领域的国家，都取得了巨大战略优势"。英国、法国、德国和美国等先后抓住机遇，通过动能转换，实现了崛起。美英世界霸主地位的转换，很大程度上也是他们在新旧动能转换中的不同表现造成的。我国能否抓住机遇，跨越中等收入陷阱，实现现代化目标，关键在于能否抓住这一轮科技革命机遇，成功实现新旧动能转换。

二、关于新动能培育

新科技革命加速孕育产生新产业新业态新模式，进入全面渗透、跨界融合的新阶段。抓住这一趋势并尽快使新动能成长为支柱动能，关键做到以下几点：一是深化"放管服"改革，进一步解放思想，大幅放宽市场准入，实施包容审慎监管，减少不必要干预，提高政府治理现代化水平。重点解决好新动能面临的准入不准营、新产品审评审批难、竞争不公平、市场歧视、法律主体地位不清等问题。二是培育壮大新兴产业和新型企业。

比如，在相对成熟的新能源、新材料、生物医药、文化创意等战略性新兴领域培育一批百万亿元级产业，在可见未来的生命健康、智能装备、新一代机器人等领域培育 10 万亿元级产业，形成龙头企业带动、大中小企业融通、全产业链支撑的产业集群发展态势。特别要重视培育独角兽企业、隐形冠军企业、瞪羚企业、黑科技企业等高成长性企业，形成一大批在细分领域掌握核心技术和关键市场的中小创新型企业，并能够在体系上与大企业形成互补与替代。三是支持推广平台经济、共享经济、互联网经济、大数据经济、智能经济、云服务经济等新模式，并使之与各领域各行业融合并进，形成更多"+模式""+经济"。四是打造双创升级版。完善"基础研究+应用研究+成果孵化+产业化+社会融资+人才支撑+技术市场"等全链条体系，加强数字基础设施建设，优化创新资源配置，放大要素集聚效应。五是各级政府要加一把推力。保持相对宽松的宏观政策环境，在首台套应用、政府采购、规划引导、公共平台、场地设施、税费优惠、信贷担保等方面出台更多支持政策。

三、关于传统动能提升

我国传统动能正处于深刻变革调整时期，既有科技革命机遇与庞大市场升级的特有优势，也面临转换代价风险与外部战略遏制的双重压力，要迈上全球价值链中高端，必须进行系统设计、整体改造，实现全产业链的脱胎换骨式重塑，在创造、精造、智造上下功夫，打造更多大国重器、大国精器。一是推动"三新"经济与传统产业深度融合。传统产业与新动能实际上是你中有我、我中有你，传统产业中蕴藏巨大新动能，新动能壮大也要依托传统产业。要大力发展战略性新兴产业、高端装备制造业和现代服务业，尤其是深入推进"互联网+"一二三产业，推动传统产业加速向数字化、网络化延伸拓展，实现软件定义、数据驱动、平台支撑、服务增值。二是加强赋能型平台建设。建设大批"双创"平台、投融资平台、要素交换平台、数据平台、云服务平台等，支持更多企业向提供系统解决方案服务、支持服务、定制服务、研发设计服务、信息增值服务、网络协同服务转型。三是构建与新动能相适应的产业和企业组织模式。比如，企业内部、大中小企业之间、上下游企业之间、企业与高校、科研院所之间要实现融通创新与协同发展，企业要更多采取"小核心大协作"模式。企业、科研院所等本身也都成为创新创业平台，尤其要加快央企、大型企业的平台化改造、组织架构和激励机制创新。四是重点推进智能制造与工业互联。运用大数据、物联网、云服务和人工智能等技术，对传统生产过程和生产要素全新组合并装上"智慧心脏"，使"微笑曲线"底端成为高点。在研发设计环节，要以应用创新带动基础研究，加快突破关键核心技术，突破基础材料、基础工艺、高端芯片、高端设备等，深度挖掘与直接对接用户需求，强调产品设计个性化、差异化、定制化。在生产制造环节，从大规模标准化生产向柔性化制造、网络化协同转变。在过程管理环节，通过网络平台实现扁平化管理、分散化运营，通过大数据分析实现精益生产、精准管理、智能决策。在营销服务环节，将消费体验可以实时传递给研发部门，成为产品改进的基础。在供应链管理环节，通过智慧物流、智能交通实现供需匹配、无缝对接、货通天下。五是加快实现"品质革命"。现代产品不再是工业流水线上的标准化产品，而是集质量、标准、技术、信誉、品牌于一体，同时满足人们对功能、品质、设计、审美、情感、人文等综合性需求的产品。

四、关于创新主体活力激发

新旧动能转换的关键是新旧人力人才资源转换，要让每个人都成为创新创造的主体。"道并行而不悖，万物并育而不相害"。要改变过去跟跑型创新思路，转到鼓励原创、百家争鸣的创新环境建设上来，将大胆的怀疑精神、颠覆性的创造思维、犀利的批判能力与科学的分析方法、缜密的逻辑推理相结合。要完善创新激励制度，加大对财产权、知识产权等权益保护力度，深化科技成果产权改革，将成果产权明晰到创造发明人。要使各类主体在开放环境中竞争成长，防止保护主义带来生产效率和社会福利降低。要深入推进市场化、法治化、国际化，完善法治、政策、市场、融资等环境，坚持教育先行，全面推行公平有质量的人力资本教育，为每个人创造更加公平的发展机会和上升通道。同时，完善宜居宜业的生态环境、优质的教育医疗体育设施、剧场音乐厅等文化设施、规范化国际化的公共服务体系、便捷的交通运输体系等，提升全民人文精神、科学水平和文明素质，培育人才自由创造所需的社会氛围。